Símbolos de se

Estos símbolos aparecen en las actividades de laboratorio. Te advierten de posibles peligros en el laboratorio y te recuerdan que trabajes con cuidado.

Gafas de protección Usa estas gafas para protegerte los ojos en actividades con sustancias químicas, fuego o calor, u objetos de cristal.

Delantal de laboratorio Usa un delantal de laboratorio para proteger tu piel y tu ropa de cualquier daño.

Rotura de objetos Maneja con cuidado los materiales que pueden romperse, como termómetros y objetos de cristal. No toques cristales rotos.

Guantes resistentes al calor Usa un guante para hornos u otra protección al manejar materiales calientes, como hornillos u objetos de cristal calientes.

Guantes de hule Usa guantes de hule desechables para protegerte del contacto con sustancias químicas u organismos que pudieran ser dañinos. Mantén las manos alejadas de tu rostro, y desecha los guantes según las indicaciones de tu maestro.

Calor Usa pinzas o tenazas para sujetar objetos calientes. No toques los objetos calientes con las manos descubiertas.

Fuego Sujétate el cabello y la ropa que te quede floja antes de trabajar con fuego. Sigue las instrucciones de tu maestro sobre cómo encender y apagar fuego.

Trabajar sin fuego Cuando uses materiales inflamables, asegúrate que no haya llamas, chispas o fuentes de calor expuestas.

Sustancia química corrosiva Evita el contacto del ácido u otras sustancias químicas corrosivas con tu piel, tu ropa o tus ojos. No inhales los vapores. Lávate las manos al terminar la actividad.

Veneno No permitas que ninguna sustancia química te caiga en la piel ni inhales su vapor. Lávate las manos al terminar la actividad.

Vapores Al trabajar con vapores venenosos hazlo en un área ventilada. Evita inhalar el vapor directamente. Huélelo sólo cuando tu maestro te lo indique, abanicando el vapor hacia tu nariz.

Objetos afilados Tijeras, bisturís, navajas, agujas, alfileres y tachuelas pueden cortar tu piel. Dirige los bordes afilados en dirección contraria de donde estás tú o los demás.

Seguridad de los animales Trata a los animales vivos o conservados o a las partes de animales cuidadosamente para no lastimarlos o lastimarte. Lávate las manos al terminar la actividad.

Seguridad de las plantas Maneja las plantas sólo como tu maestro te indique. Avísale si eres alérgico a ciertas plantas; no realices una actividad donde se usen esas plantas. No toques las plantas nocivas, como la hiedra. Lávate las manos al terminar la actividad.

Descarga eléctrica Para evitar descargas eléctricas, nunca uses un equipo eléctrico cerca del agua ni cuando tus manos estén húmedas. Asegúrate de que los cables no estorben el paso. Desconecta el equipo cuando no lo uses.

Seguridad física Cuando un experimento requiera actividad física, evita lastimarte o lesionar a los demás. Avisa a tu maestro si algo te impide participar en la actividad.

Desechos Las sustancias químicas y otros materiales utilizados en la actividad deben eliminarse de manera segura. Sigue las instrucciones de tu maestro.

Lavarse las manos Lávate bien las manos al terminar la actividad. Usa jabón antibacteriano y agua caliente. Enjuágate bien.

Advertencia de seguridad general Sigue las instrucciones indicadas cuando veas este símbolo. Cuando se te pida que diseñes tu propio experimento de laboratorio, pide a tu maestro que apruebe tu plan antes de proseguir.

PEARSON
Prentice Hall

Needham, Massachusetts
Upper Saddle River, New Jersey

PRENTICE HALL Explorador de Ciencias

El agua en la Tierra

Recursos específicos del libro

Student Edition
Interactive Textbook
Teacher's Edition
All-in-One Teaching Resources
Color Transparencies
Guided Reading and Study Workbook
Student Edition on Audio CD
Discovery Channel Video
Lab Activity Video
Consumable and Nonconsumable Materials Kits

Recursos del programa impreso

Integrated Science Laboratory Manual
Computer Microscope Lab Manual
Inquiry Skills Activity Books
Progress Monitoring Assessments
Test Preparation Workbook
Test-Taking Tips With Transparencies
Teacher's ELL Handbook
Reading in the Content Area

Recursos de tecnología del programa

TeacherExpress™ CD-ROM
Interactive Textbook
Presentation Pro CD-ROM
ExamView®, Computer Test Bank CD-ROM
Lab zone™ Easy Planner CD-ROM
Probeware Lab Manual With CD-ROM
Computer Microscope and Lab Manual
Materials Ordering CD-ROM
Discovery Channel DVD Library
Lab Activity DVD Library
Web Site at PHSchool.com

Recursos de la impresión en español

Libro del estudiante
Cuaderno de orientación al estudio y a la lectura
Chapter Tests with Answer Key, versión en español

Acknowledgments appear on page 212, which constitutes an extension of this copyright page.

Portada
Las cascadas Brandywine descienden por una pendiente rocosa en Ohio (arriba). Una gota de agua cae de una hoja de arce (abajo).

ISBN 0-13-190046-3
1 2 3 4 5 6 7 8 9 10 09 08 07 06 05

Autores del programa

Dr. Michael J. Padilla
Profesor de Educación en Ciencias
Universidad de Georgia
Athens, Georgia

Michael Padilla se ha destacado en el campo de la educación media en ciencias. Ha escrito libros y ha sido electo funcionario de la Asociación Nacional de Profesores de Ciencias, además de participar en la redacción de las Normas Nacionales de Instrucción en Ciencias. Como uno de los principales autores del Explorador de Ciencias, Mike ha inspirado al grupo para desarrollar un programa que satisface las necesidades de los estudiantes de educación media, promueve la indagación científica y se ajusta a las Normas Nacionales de Instrucción en Ciencias.

Dr. Ioannis Miaoulis
Presidente del Museo de Ciencias
Boston, Massachusetts

Ioannis Miaoulis, que originalmente estudió ingeniería mecánica, encabeza el movimiento nacional para incrementar el alfabetismo tecnológico. Como rector de la Facultad de Ingeniería de la Universidad Tufts, el doctor Miaoulis estuvo en la vanguardia de la introducción de la ingeniería en los planes de estudio de Massachusetts. Actualmente colabora con sistemas escolares de todo el país para interesar a los estudiantes en actividades de ingeniería y promover el análisis del efecto de la ciencia y la tecnología sobre la sociedad.

Dra. Martha Cyr
Directora de Extensión K-12
del Instituto Politécnico de Worcester
Worcester, Massachusetts

Martha Cyr es una destacada experta en extensión de ingeniería. Cuenta con más de nueve años de experiencia en programas y actividades que hacen hincapié en el uso de los principios de ingeniería, a través de proyectos prácticos, para interesar y motivar a estudiantes y profesores de matemáticas y ciencias en los grados K-12. Su meta es suscitar un interés permanente en las ciencias y las matemáticas a través de la ingeniería.

Autores del libro

Dr. Jan Jenner
Escritor de textos de Ciencias
Talladega, Alabama

Thomas R. Wellnitz
Instructor en Ciencias
Escuela The Paideia
Atlanta, Georgia

Colaboradores

Jeffrey C. Callister
Ex instructor en Ciencias de la Tierra
Academia Newburgh Free
Newburgh, Nueva York

Barbara Brooks Simons
Escritora de textos de Ciencias
Boston, Massachusetts

Asesores

Asesora de Lectura

Dra. Nancy Romance
Profesora de Educación en Ciencias
Universidad de Florida Atlantic
Fort Lauderdale, Florida

Asesor de Matemáticas

Dr. William Tate
Profesor de Educación, estadísticas aplicadas y computación
Universidad de Washington
St. Louis, Missouri

Revisores

Revisores del contenido de la Universidad Tufts

La facultad de la Universidad Tufts desarrolló los proyectos de capítulo y revisó los libros del estudiante del *Explorador de Ciencias.*

Dr. Astier M. Almedom
Departamento de Biología

Dr. Wayne Chudyk
Departamento de Ingeniería civil y ambiental

Dr. John L. Durant
Departamento de Ingeniería civil y ambiental

Dr. George S. Ellmore
Departamento de Biología

Dr. David Kaplan
Departamento de Ingeniería biomédica

Dr. Samuel Kounaves
Departamento de Química

Dr. David H. Lee
Departamento de Química

Dr. Douglas Matson
Departamento de Ingeniería mecánica

Dra. Karen Panetta
Departamento de Ingeniería eléctrica y ciencias de la computación

Dr. Jan A. Pechenik
Departamento de Biología

Dr. John C. Ridge
Departamento de Geología

Dr. William Waller
Departamento de Astronomía

Revisores del contenido

Dr. Paul Beale
Departamento de Física
Universidad de Colorado
Boulder, Colorado

Dr. Jeff Bodart
Escuela Semisuperior Chipola
Marianna, Florida

Dr. Michael Castellani
Departamento de Química
Universidad Marshall
Huntington, Virginia del Oeste

Dr. Eugene Chiang
Departamento de Astronomía
Universidad de California, Berkeley
Berkeley, California

Dr. Charles C. Curtis
Departamento de Física
Universidad de Arizona
Tucson, Arizona

Dr. Daniel Kirk-Davidoff
Departamento de Meteorología
Universidad de Maryland
College Park, Maryland

Dra. Diane T. Doser
Departamento de Ciencias geológicas
Universida de Texas en El Paso
El Paso, Texas

Dr. R. E. Duhrkopf
Departamento de Biología
Universidad Baylor
Waco, Texas

Dr. Michael Hacker
Director adjunto del Centro para la alfabetización tecnológica
Universidad Hofstra
Hempstead, New York

Dr. Michael W. Hamburger
Departamento de Ciencias geológicas
Universidad de Indiana
Bloomington, Indiana

Dra. Alice K. Hankla
Escuela Galloway
Atlanta, Georgia

Dr. Donald C. Jackson
Departamento de Farmacología molecular, fisiología y biotecnología
Universidad Brown
Providence, Rhode Island

Dr. Jeremiah N. Jarrett
Departamento de Ciencias biológicas
Universidad Estatal de Connecticut Central
New Britain, Connecticut

Dr. David Lederman
Departamento de Física
Universidad de Virginia del Oeste
Morgantown, West Virginia

Dra. Becky Mansfield
Departamento de Geografía
Universidad Estatal de Ohio
Columbus, Ohio

Mtra. Elizabeth M. Martin
Departamento de Química y bioquímica
Universidad de Charleston
Charleston, Carolina del Sur

Dr. Joe McCullough
Departamento de Ciencias naturales y aplicadas
Universidad Cabrillo
Aptos, California

Dr. Robert J. Mellors
Departamento de Ciencias geológicas
Universidad Estatal de San Diego
San Diego, California

Dr. Joseph M. Moran
Sociedad Americana Meteorológica
Washington, D.C.

Dr. David J. Morrissey
Departamento de Química
Universidad Estatal de Michigan
East Lansing, Michigan

Dr. Philip A. Reed
Departamento de Estudios ocupacionales y técnicos
Universidad Old Dominion
Norfolk, Virginia

Dr. Scott M. Rochette
Departamento de Ciencias de la Tierra
Universidad Estatal de Nueva York, Universidad en Brockport
Brockport, New York

Dr. Laurence D. Rosenhein
Departamento de Química
Universidad Estatal de Indiana
Terre Haute, Indiana

Dr. Ronald Sass
Departamento de Biología y química
Universidad Rice
Houston, Texas

Dr. George Schatz
Departamento de Química
Universidad Northwestern
Evanston, Illinois

Dra. Sara Seager
Institución Carnegie de Washington
Washington, D.C.

Dr. Robert M. Thornton
División de Biología de las plantas
Universidad de California
Davis, California

Dr. John R. Villarreal
Universidad de Ciencias e ingeniería
Universidad de Texas, Pan American
Edinburg, Texas

Dr. Kenneth Welty
Escuela de Educación
Universidad de Wisconsin, Stout
Stout, Wisconsin

Dr. Edward J. Zalisko
Departamento de Biología
Universidad Blackburn

Revisores de pedagogía

David R. Blakely
Preparatoria Arlington
Arlington, Massachusetts

Jane E. Callery
Secundaria Two Rivers Magnet
East Hartford, Connecticut

Melissa Lynn Cook
Preparatoria Oakland Mills
Columbia, Maryland

James Fattic
Secundaria Southside
Anderson, Indiana

Dan Gabel
Secundaria Hoover
Rockville, Maryland

Wayne Goates
Secundaria Eisenhower
Goddard, Kansas

Katherine Bobay Graser
Secundaria Mint Hill
Charlotte, Carolina del Norte

Darcy Hampton
Preparatoria Deal Junior
Washington, D.C.

Karen Kelly
Secundaria Pierce
Waterford, Michigan

David Kelso
Preparatoria Central Manchester
Manchester, New Hampshire

Benigno Lopez, Jr.
Secundaria Sleepy Hill
Lakeland, Florida

Dra. Angie L. Matamoros
ALM Consulting, Inc.
Weston, Florida

Tim McCollum
Secundaria Charleston
Charleston, Illinois

Bruce A. Mellin
Escuela Brooks
North Andover, Massachusetts

Ella Jay Parfitt
Secundaria Southeast
Baltimore, Maryland

Evelyn A. Pizzarello
Secundaria Louis M. Klein
Harrison, New York

Kathleen M. Poe
Secundaria Fletcher
Jacksonville, Florida

Shirley Rose
Secundaria Lewis and Clark
Tulsa, Oklahoma

Linda Sandersen
Secundaria Greenfield
Greenfield, Wisconsin

Mary E. Solan
Secundaria Southwest
Charlotte, Carolina del Norte

Mary Stewart
Universidad de Tulsa
Tulsa, Oklahoma

Paul Swenson
Preparatoria Billings West
Billings, Montana

Thomas Vaughn
Preparatoria Arlington
Arlington, Massachusetts

Susan C. Zibell
Primaria Central
Simsbury, Connecticut

Revisores de seguridad

Dr. W. H. Breazeale
Departamento de Química
Universidad de Charleston
Charleston, Carolina del Sur

Dra. Ruth Hathaway
Hathaway Consulting
Cape Girardeau, Missouri

Mtro. Douglas Mandt
Consultor en Educación de Ciencias
Edgewood, Washington

Revisores de actividades de campo

Nicki Bibbo
Escuela Witchcraft Heights
Salem, Massachusetts

Rose-Marie Botting
Escuelas del Condado de Broward
Fort Lauderdale, Florida

Colleen Campos
Secundaria Laredo
Aurora, Colorado

Elizabeth Chait
Secundaria W. L. Chenery
Belmont, Massachusetts

Holly Estes
Secundaria Hale
Stow, Massachusetts

Laura Hapgood
Escuela Intermedia de la Comunidad Plymouth
Plymouth, Massachusetts

Mary F. Lavin
Escuela Intermedia de la Comunidad Plymouth
Plymouth, Massachusetts

Dr. James MacNeil
Cambridge, Massachusetts

Lauren Magruder
Escuela St. Michael's Country
Newport, Rhode Island

Jeanne Maurand
Escuela Preparatoria Austin
Reading, Massachusetts

Joanne Jackson-Pelletier
Escuela Secundaria Inferior Winman
Warwick, Rhode Island

Warren Phillips
Escuelas Públicas de Plymouth
Plymouth, Massachusetts

Carol Pirtle
Secundaria Hale
Stow, Massachusetts

Kathleen M. Poe
Secundaria Fletcher
Jacksonville, Florida

Cynthia B. Pope
Escuelas Públicas de Norfolk
Norfolk, Virginia

Anne Scammell
Secundaria Geneva
Geneva, New York

Karen Riley Sievers
Secundaria Callanan
Des Moines, Iowa

David M. Smith
Secundaria Eyer
Allentown, Pennsylvania

Gene Vitale
Escuela Parkland
McHenry, Illinois

Contenido

El agua en la Tierra

Sección de referencia

Discovery Channel School

VIDEO

Mejora tu comprensión con un video dinámico, disponible en inglés.

Preview Motívate con esta introducción al contenido del capítulo.

Field Trip Explora un relato de la vida real relacionado con el contenido del capítulo.

Assessment Repasa el contenido y responde a la evaluación.

Go Online

Web Links

Conéctate con interesantes recursos Web para cada lección, disponible en inglés.

SCiLINKS™ NSTA Busca vínculos Web sobre temas relacionados con cada sección.

Active Art Interactúa en línea con ayudas visuales seleccionadas de cada capítulo.

Planet Diary® Explora noticias y fenómenos naturales con reportajes semanales.

Science News® Ponte al día con los descubrimientos científicos más recientes.

Interactive Textbook

Experimenta todo el libro de texto en línea y en CD-ROM, disponible en inglés.

Actividades Practica destrezas y aprende los contenidos.

Videos Explora el contenido y aprende importantes destrezas de laboratorio.

Apoyo de audio Escucha la pronunciación y definición de los términos clave.

Autoevaluación Usa la retroalimentación inmediata para conocer tus adelantos.

Actividades

Lab zone™ Proyecto del capítulo — Oportunidades para una investigación a largo plazo

Lab zone Actividad Descubre — Exploración e investigación antes de la lectura

Lab zone Actividad Inténtalo — Refuerzo de conceptos clave

Lab zone Actividad Destrezas — Destrezas de investigación científica

Lab zone Laboratorios — Práctica en profundidad de destrezas de investigación y conceptos científicos

Lab zone Actividad En casa — Actividades rápidas y atractivas para realizar en casa y en familia

• Tecnología y diseño • — Diseñar, construir, probar y comunicar

Tecnología y diseño en la historia

Tecnología y sociedad

Proyecto de tecnología del capítulo

Laboratorio de tecnología

Tecnología y diseño en la historia

Ciencias y sociedad

Matemáticas — Práctica matemática relacionada

Analizar datos

Destrezas de matemáticas

active art — Ilustraciones animadas en línea, en inglés

Profesiones en **Ciencias**

A través de la cámara de un oceanógrafo

En la Antártida, un buzo se desliza hacia una medusa.

Norbert Wu bucea para tomar sus fotos. (Él tomó todas las fotografías de esta sección.) Estudió biología marina y pasea bajo el agua en busca de la toma perfecta. "La fotografía se ha convertido en mi vida —dice Norbert—. En mis mejores momentos soy científico y artista a la vez. Fotografiar nuevas formas de vida y conocer los vínculos entre las especies hace que mi trabajo sea una combinación de ciencia y arte. Echar una mirada profunda a los hábitos y el comportamiento de la vida marina se ha convertido en mi especialidad."

Norbert ha seguido el rastro de una manta raya que circula lentamente por la punta de una montaña submarina en las costas de México. Ha fotografiado pulpos y caracoles en arrecifes de coral. Ha nadado con medusas en el océano Antártico.

"He llegado hasta lo más alejado del mar —dice Norbert—. Me enamoré de la Antártida. La primera vez que uno va allá en la primavera antártica, el agua es más transparente que en ningún otro lugar del mundo. Es el último rincón intacto de la Tierra. Eso es lo que me hace regresar."

Entrevista con Norbert Wu

¿Qué protege del frío a los buzos?

La fotografía submarina en las regiones polares es difícil. Para empezar, hace mucho frío. En la Antártida los científicos usaban trajes húmedos, unos trajes que permiten que una capa delgada de agua toque la piel. Ahora los buzos usan trajes secos que son a prueba de agua y están sellados en el cuello y las muñecas. Se puede llevar ropa interior larga o tela de poliéster. Los trajes secos hacen tolerable el buceo polar, pero de todos modos nunca es muy agradable.

Norbert aparece abajo con sus perros Ange, un labrador, y Sam, un cobrador.

Perfil Profesional

Norbert Wu estudió en la Universidad de Stanford, en California, y obtuvo la licenciatura y la maestría en ingeniería eléctrica y mecánica. Luego volvió a la materia que más le gustó en la preparatoria: la biología marina. Fue a la escuela de posgrado en el Instituto Scripps de Oceanografía de San Diego. En 1999 Norbert recibió una beca Pew Marine Conservation para fotografiar hábitats submarinos amenazados.

¿Cómo se convirtió en fotógrafo submarino?

Al salir de la universidad decidí hacer una carrera en biología marina. Conseguí trabajo con un científico que trabajaba en las islas de San Blas, cerca de Panamá. Contaba erizos de mar y medía el crecimiento del coral. Antes del viaje no me había interesado en la fotografía, pero me llevé libros de fotografía y un equipo submarino de cámara y flash.

Mi carrera no se dio de la noche a la mañana. Volví a California a continuar mi posgrado en biología marina. Vendí algunas fotografías que había tomado en San Blas y poco a poco despegó mi carrera de fotógrafo.

¿Cómo localiza a los organismos marinos?

Uno aprende en qué lugares del mundo se encuentran determinados organismos marinos. En las aguas de la Antártida hay focas, pingüinos y medusas. Los calamares están en California en ciertas épocas del año. Los guías locales también lo ponen a uno en el lugar correcto para dar con organismos marinos.

Si uno bucea en un arrecife todos los días, acaba por conocer a los organismos que viven ahí. En los meses que pasé en las islas de San Blas podía volver una y otra vez a fotografiar un pulpo o un caracol pijama. Poder pasar semanas enteras, no sólo fines de semana, es una gran diferencia para las fotos.

¿Cuál es la utilidad de sus estudios científicos?

Hay que saber cómo se comportan los animales marinos y cómo se relacionan unos con otros. He tomado fotos de manta rayas que se acercan a una montaña submarina para que las limpien de parásitos los peces ángel clarión anaranjados. Los parásitos son pequeños organismos que viven en otros organismos, como las manta rayas, y pueden dañarlos. Cuando las manta rayas pasan por la montaña submarina, los peces ángel salen de su refugio, giran y agitan sus cuerpos anaranjados brillantes como si anunciaran su llegada. Las manta rayas se detienen y permiten que los peces las recorran y cojan los parásitos.

¿Por qué su interés en el comportamiento animal?

Comprender el comportamiento y las reacciones de un animal marino es esencial para poder acercarse a tomar una foto. Como la visibilidad bajo el agua es poca, en general estoy cerca de mis sujetos, a veces a no más de un metro. Como buzo, el ruido de las burbujas indica al animal que uno está ahí. Por eso, el fotógrafo debe moverse lentamente y actuar de modo que no amenace ni asuste a los animales.

¿Qué hace en un viaje de buceo cualquiera?

Por lo regular mis viajes de buceo duran de dos a tres semanas. Cuando estoy en el lugar, paso casi todo el tiempo en un bote o preparándome para la inmersión. Mi siguiente viaje es a la isla de Cocos, en Costa Rica, donde voy a fotografiar montañas submarinas. Estas montañas son elevaciones bajo el agua que sirven como sitios de reunión para la vida marina. Atraen animales grandes e interesantes.

Las montañas marinas se forman en zonas de actividad volcánica, donde el suelo oceánico se eleva abruptamente hacia la superficie. Estos puntos calientes volcánicos pueden estar cerca de la costa o a cientos de millas mar adentro. En Cocos hay muchos tiburones que fotografiar, tiburones martillo y de nariz blanca, así como manta rayas y pargos.

Bancos de pargos y pargos rayados nadan alrededor de una montaña submarina frente a la isla de Cocos en el océano Pacífico

Peces ángel clarión limpian una manta raya cerca de una montaña submarina en las costas de México.

¿Qué tecnología nueva usa en su trabajo?

Dos tecnologías nuevas han marcado una gran diferencia: los respiradores de circuito cerrado y las cámaras digitales. Los respiradores de circuito cerrado reciclan las exhalaciones del buzo en un rizo de modo que se puede respirar el oxígeno sin usar tomado en inhalaciones anteriores. Se consiguen hasta doce horas con un tanque de oxígeno. Si se puede respirar una mezcla rica en oxígeno en el mar, se puede estar más tiempo y a mayor profundidad.

Con las cámaras digitales también puedo estar más tiempo bajo el agua sin que se acabe la película. Puedo poner una tarjeta de memoria en la cámara y tomar 300 ó 500 exposiciones (un rollo grande de película tiene apenas 36 exposiciones).

¿Qué le diría a los estudiantes?

He hablado mucho con jóvenes. Me sorprende cuánto saben del mundo y el ambiente. Les digo que cualquier materia que los apasione los llevará a cosas buenas. Soy muy afortunado. He podido combinar muchas cosas que amo en mi carrera: la biología, el buceo y la fotografía.

◀ Norbert en el hielo de la Antártida

Escribir en ciencias

Enlace con profesiones Para Norbert, una clave para tomar excelentes fotografías científicas es estar en el lugar correcto en el momento adecuado. Para ello, dice que se necesita "comprender el comportamiento de los sujetos". Elige un animal que conozcas. Describe en un párrafo el momento y el lugar correctos para tomarle una buena fotografía. Explica tu elección.

Go Online PHSchool.com

Para: Más información sobre esta profesión, disponible en inglés.
Visita: PHSchool.com
Código Web: ceb-3000

Capítulo 1

Tierra: El planeta de agua

Avance del capítulo

1. **Las propiedades del agua**
   Descubre *¿Cuáles son las propiedades del agua?*
   Inténtalo *Sigue la cuerda*
   Actividad en casa *Observar las propiedades del agua*

2. **Agua en la Tierra**
   Descubre *¿De dónde viene el agua?*
   Actividad de destrezas *Calcular*
   Arte activo *El ciclo del agua*
   Laboratorio de destrezas *El agua de los árboles*

3. **Agua superficial**
   Descubre *¿Qué hay en el agua de una laguna?*
   Inténtalo *Inferir*
   Actividad de destrezas *Clasificar*
   Actividad en casa *La divisoria de los nudillos*

4. **Medio ambientes de pantanos**
   Descubre *¿Seco o húmedo?*
   Inténtalo *Un filtro natural*
   Actividad en casa *Escorrentías*

5. **Aguas subterráneas**
   Descubre *¿Adónde va el agua?*
   Analizar datos *Usos del agua*
   Inténtalo *Un pozo artesiano*
   Diseña tu laboratorio *Prueba del suelo*

Interactive Textbook

Esta cascada del noroeste del Pacífico muestra la abundancia del agua en la Tierra.

Discovery Channel School

Earth: The Water Planet

- ▶ Video Preview
- Video Field Trip
- Video Assessment

Lab zone™ Proyecto del capítulo

Cada gota cuenta

Todos los seres vivos dependen del agua para sobrevivir, incluso tú. Para aprender a usar el agua en tu casa y tu comunidad, diseña un método de investigación en el consumo de agua durante una semana.

Tu objetivo Monitorear el consumo de agua en tu casa y en otro lugar de tu comunidad durante una semana

Para completar este proyecto debes

- vigilar tu consumo personal de agua en tu casa
- determinar el total de agua que se usa en tu casa
- averiguar el total de agua que se usa en una empresa, escuela, hospital u otro edificio de tu comunidad
- seguir las reglas de seguridad del Apéndice A

Haz un plan Haz una lluvia de ideas sobre cómo usas el agua en tu casa. Con esta lista haz una tabla para anotar cada vez que realizas esas actividades durante la semana. Repasa el capítulo para saber cómo se usa el agua fuera de tu casa. Luego, entrevista al administrador de un edificio local para determinar cuánta agua usan ahí.

Sección 1

Integración con la química

Las propiedades del agua

Avance de la lectura

Conceptos clave

- ¿Por qué la estructura química de las moléculas de agua hace que se unan?
- ¿Cuáles son las propiedades singulares del agua?
- ¿Cuáles son los tres estados del agua en la Tierra?

Términos clave

- molécula polar
- acción capilar
- tensión superficial
- solución
- solvente
- calor específico
- evaporación
- condensación

Destreza clave de lectura

Desarrollar el vocabulario Una definición establece el significado de una palabra o frase señalando su característica o función más importante. Después de leer la sección, vuelve a leer los párrafos con definiciones de los términos clave. Con lo que aprendas, escribe una definición para cada término con tus propias palabras.

Lab zone Actividad Descubre

¿Cuáles son las propiedades del agua?

1. Vacía una pequeña cantidad de agua en un vaso de plástico. Vacía una cantidad equivalente de aceite vegetal en otro vaso.
2. Recorta dos tiras de una toalla de papel. Sostén las tiras de modo que la base de una esté en el agua y la otra en el aceite.
3. Después de un minuto, mide cuánto ascendió cada sustancia en la toalla de papel.
4. Con goteros de plástico pon gotas iguales de agua y aceite, una junto a la otra en papel encerado.
5. Observa la forma de las dos gotas desde un lado.
6. Sigue las instrucciones de tu maestro para desechar el aceite.

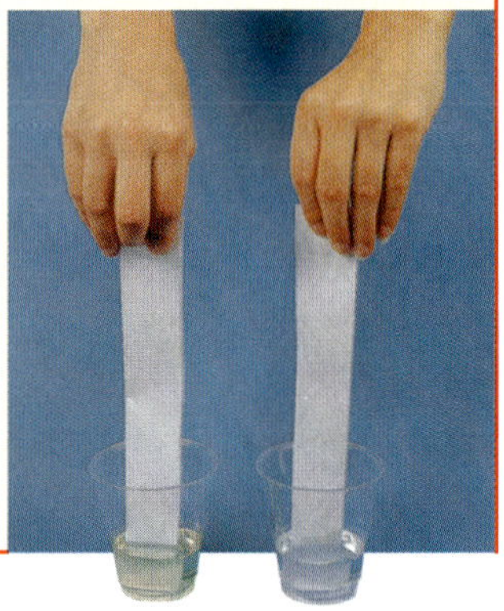

Reflexiona

Observar ¿Qué diferencias observas entre el agua y el aceite en cada experimento?

¿Cómo describirías el agua a alguien que nunca la hubiera visto? Quizá le dirías que el agua pura no tiene color, sabor ni olor. Tal vez hasta le digas que el agua es una sustancia común y ordinaria. Pero si le pidieras a un químico que describiera el agua, te diría que es muy extraña. Sus propiedades son distintas que en la mayoría de las otras sustancias conocidas.

Excursionistas impresionados por las caídas de agua en el Parque Nacional de Yosemite ▶

La estructura del agua

¿Es posible que el químico y tú estén hablando de la misma sustancia? Para entender la descripción que da el químico del agua, hay que saber algo de la estructura química del agua.

Como toda la materia, el agua está compuesta por átomos. Así como las 28 letras del alfabeto se combinan de varias maneras para formar todas las palabras del español, aproximadamente 100 tipos de átomos se combinan para formar todas las clases de materia.

Los átomos se unen, o enlazan, para formar moléculas. Dos átomos de hidrógeno se unen a un átomo de oxígeno para formar una molécula de agua. Una manera abreviada de escribirlo es usar la fórmula química del agua, H_2O.

La Figura 1 muestra cómo se organizan los átomos de hidrógeno y oxígeno en una molécula de agua. Cada extremo de la molécula tiene una ligera carga eléctrica. El extremo del oxígeno tiene una ligera carga negativa. Los extremos de hidrógeno tienen una ligera carga positiva. Una molécula que tiene partes cargadas se llama **molécula polar.** En virtud de que el agua consta de moléculas polares, se llama sustancia polar.

¿Has jugado con imanes de barra? Si es así, entonces ya sabes que los polos opuestos de dos imanes se atraen. Con las moléculas polares sucede lo mismo, salvo que la fuerza que causa la atracción no es magnética sino eléctrica. **Los extremos positivos del hidrógeno en una molécula de agua atraen los extremos negativos del oxígeno de las moléculas de agua cercanas. Por consiguiente, las moléculas de agua se mantienen unidas.**

Verifica tu lectura **Describe la disposición de los átomos en una molécula de agua.**

Go Online — SciLinks NSTA

Para: Vínculos sobre propiedades del agua, disponible en inglés.
Visita: www.SciLinks.org
Código Web: scn-0811

FIGURA 1
La estructura del agua

Cada molécula de agua tiene dos extremos positivos y uno negativo. Los extremos positivos de una molécula atraen al extremo negativo de otra. **Clasificar** *¿Por qué el agua es una sustancia polar?*

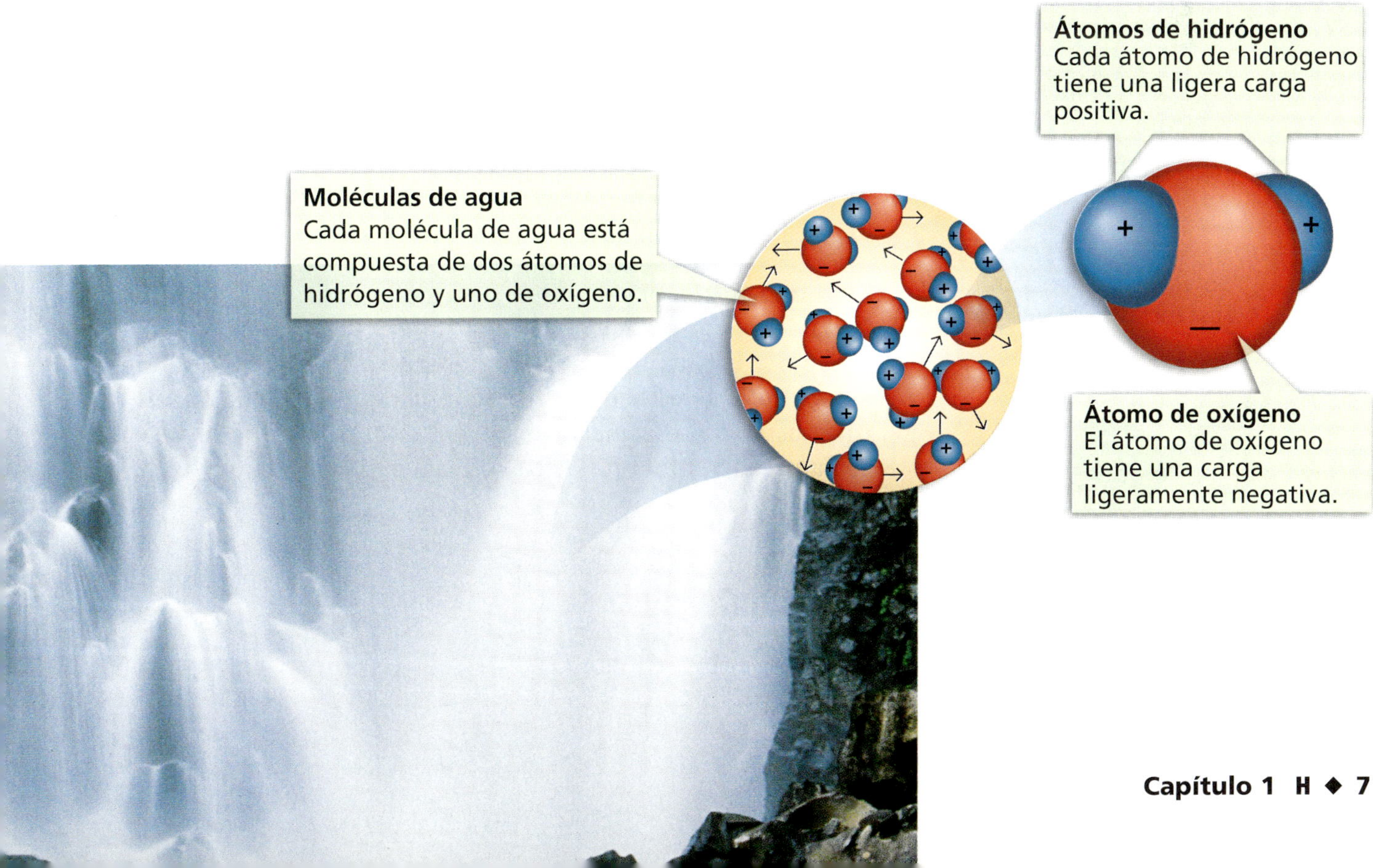

FIGURA 2

Tres propiedades del agua

La atracción entre las moléculas polares del agua es la causa de las propiedades singulares del agua.

Acción capilar: El agua asciende por el tubo.

Tensión superficial: La rigidez de la superficie del agua impide que el tejedor se hunda.

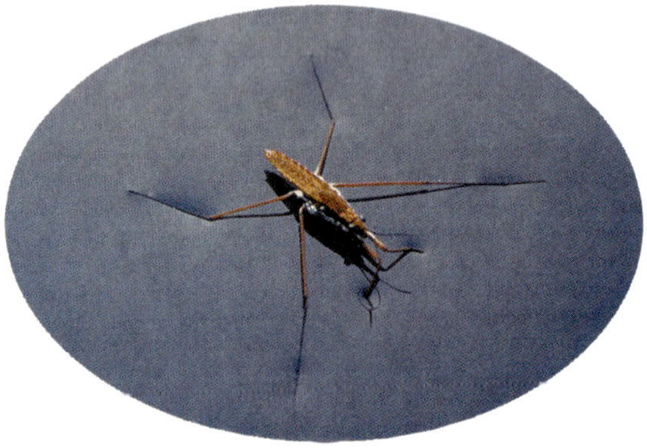

Solvente universal: Muchas sustancias se disuelven en agua.

Propiedades fundamentales del agua

Muchas de las propiedades peculiares del agua se deben a la atracción entre moléculas polares. **Las propiedades del agua incluyen acción capilar, tensión superficial, capacidad de disolver muchas sustancias y calor específico elevado.**

Acción capilar Así como las moléculas de agua se unen entre sí, también se adhieren a los lados de un tubo, como una pajilla. La próxima vez que veas una bebida con una pajilla, mira atentamente el nivel del líquido dentro y fuera de la pajilla. Verás que dentro de la pajilla el líquido está más arriba. Cuando moléculas de agua se unen a la pajilla, jalan otras moléculas de agua. Del mismo modo, el agua asciende por los poros de un ladrillo o una madera.

La fuerza de atracción combinada entre las moléculas de agua y con las moléculas de los materiales contiguos se llama **acción capilar.** La acción capilar hace que el agua se mueva por materiales porosos.

La acción capilar también hace que las moléculas de agua se adhieran a las fibras de materiales como papel y tela. Quizá has visto ropa deportiva o de campo de la que se dice que "seca la humedad de la piel". La acción capilar de las fibras de la tela retira el agua de la piel y, por eso, las fibras nos mantienen secos.

Tensión superficial ¿Has visto tejedores andar sobre la superficie de un estanque sin hundirse? Se sostienen por la tensión superficial del agua. La **tensión superficial** es la rigidez de la superficie del agua causada porque las moléculas polares se jalan unas a otras. Las moléculas de la superficie son jaladas por las moléculas contiguas y las que están debajo. Esta fuerza confiere a la superficie del agua una forma curva. La tensión superficial también hace que las gotas de lluvia formen cuentas redondas cuando caen sobre el parabrisas de un auto.

Solvente universal ¿Qué pasa cuando haces bebida de frutas con mezcla en polvo? Al agitar el polvo en el agua, desaparece. Cuando haces la bebida de frutas, haces una solución. Una **solución** es una mezcla que se forma cuando una sustancia se disuelve en otra. La sustancia que disuelve se llama **solvente.** En este caso, el agua es el solvente.

Como el agua es polar disuelve muchas sustancias. Los extremos cargados de la molécula de agua atraen a las moléculas de otras sustancias polares. El agua disuelve tantas sustancias que se la llama "solvente universal". Puede disolver sólidos, como el azúcar, y líquidos, como el blanqueador. El agua también disuelve muchos gases, como oxígeno y dióxido de carbono. A las sustancias que tienen moléculas sin regiones cargadas se las conoce como sustancias no polares. Las sustancias no polares no se disuelven bien en el agua.

Calor específico Es un día veraniego muy caluroso. El aire está caliente, la banqueta está caliente y la arena de la playa está caliente. Pero cuando te metes al mar, el agua está sorprendentemente fresca. En cambio, si vas a nadar al atardecer, el agua es más cálida que el aire fresco.

Esta diferencia de temperaturas se siente porque el calor específico del agua es singularmente elevado. El **calor específico** es el calor necesario para elevar 1 °C la temperatura de cierta masa de una sustancia. En comparación con otras sustancias, el agua requiere mucho calor para aumentar su temperatura.

El elevado calor específico del agua se debe a la fuerte atracción entre las moléculas del agua. Las moléculas de otras sustancias, como aire y rocas, se atraen con menos fuerza. La temperatura de estas sustancias aumenta más rápidamente que la del agua que se calienta en la misma cantidad.

Un efecto del elevado calor específico del agua es que las tierras situadas cerca de masas grandes de agua sufren cambios de temperatura menos intensos que las zonas de tierra adentro. En el verano, el sol calienta la tierra más rápidamente que el agua. La tierra calienta el aire a una temperatura mayor que el aire que está sobre el mar. El resultado es que el aire de tierra adentro es más cálido que el aire de la costa. En invierno se produce el efecto contrario: la tierra pierde el calor más rápidamente que el agua, de modo que el aire sobre la tierra es más fresco.

Verifica tu lectura ¿Por qué el calor específico del agua es elevado?

Lab zone Actividad Inténtalo

Sigue la cuerda

Haz esta actividad sobre el fregadero.

1. Recorta un trozo de cuerda del largo de tu brazo. Remoja la cuerda.
2. Llena de agua una jarra. Ata la cuerda al asa.
3. Enrolla la cuerda por la boca de la jarra y mete el otro extremo en un vaso de plástico. Pega con cinta adhesiva el extremo de la cuerda dentro del vaso.

4. Sitúa el vaso debajo de la jarra de modo que la cuerda esté tensa. Mientras tu compañero vacía poco a poco agua en el vaso, mueve el vaso hacia la derecha de la boca de la jarra, dejando tensa la cuerda.

Inferir ¿Por qué las moléculas polares hacen que el agua siga la cuerda?

FIGURA 3
Por qué el agua se mantiene fresca
Aunque el aire es caliente, el agua es refrescante. El elevado calor específico del agua impide que se caliente tan rápidamente como otros materiales.

Sólido
Las moléculas del hielo sólido están más juntas y forman una estructura rígida.

Líquido
Las moléculas se mueven con más libertad y el agua adopta la forma del recipiente que la contiene.

Gas
Las moléculas del vapor de agua se mueven con libertad y se dispersan hasta llenar el espacio disponible.

FIGURA 4
Los tres estados de la materia
El agua existe comúnmente en forma de sólido, líquido y gas.
Comparar y contrastar *¿En qué estado las moléculas se mueven más lentamente? ¿En cuál se mueven más rápidamente?*

Cambios de estado

Es un día de verano cálido y húmedo. Para refrescarte, pones hielos en un vaso y viertes agua fría. Te relacionas con el agua en tres estados: sólido, líquido y gaseoso. **El hielo es agua sólida, la forma familiar del agua es el líquido, y el vapor de agua en el aire es un gas.** El agua es la única sustancia de la Tierra que existe comúnmente en todos sus estados. En la Figura 4 se muestra la diferente organización de las moléculas de agua en cada estado.

Ebullición y evaporación Si has vaciado agua en una olla, has visto que el líquido adopta la forma del recipiente. Esto es así porque las moléculas del agua líquida se mueven con libertad y rebotan unas contra otras.

¿Qué pasa si colocas la olla en una estufa y la calientas? Al agregar energía al agua líquida, la velocidad de las moléculas aumenta y la temperatura sube. A 100 °C el agua hierve y se da un cambio de estado. Las moléculas de agua tienen suficiente energía para escapar del líquido y se convierten en vapor invisible. Las moléculas de un gas se mueven todavía más libremente que las de un líquido.

Otra manera en que el agua líquida puede convertirse en gas es mediante evaporación. La **evaporación** es el proceso por el que las moléculas de la superficie de un líquido absorben suficiente energía para cambiar al estado gaseoso. Cuando dejas que se te seque por sí solo el cabello después de ir a nadar, estás aprovechando la evaporación.

Condensación Cuando el vapor de agua se enfría, desprende parte de la energía al entorno. Las moléculas desaceleran y la temperatura baja. Cuando la temperatura del agua baja a 100 °C, el vapor comienza a volver al estado líquido. El proceso por el que un gas se convierte en líquido se llama **condensación.** Cuando empañas el cristal de una ventana si respiras sobre él, ves los efectos de la condensación. El vapor de agua invisible de vaho se enfría con la ventana y forma gotas de agua líquida.

Congelamiento Si esas gotas de agua líquida se enfriaran, las moléculas perderían energía y se moverían cada vez más lentamente. A 0 °C el agua líquida se congela y se convierte en hielo sólido. Si has observado un carámbano que se forma con agua que gotea del techo, has visto en proceso este cambio de estado.

Fusión Supongamos que metes un cubo de hielo en una olla y lo pones en la estufa. Cuando calientas el hielo, sus moléculas se mueven más deprisa. La temperatura sube. Cuando la temperatura llega a 0 °C, el hielo sólido se funde y se convierte en agua líquida.

Verifica tu lectura ¿Qué es la condensación?

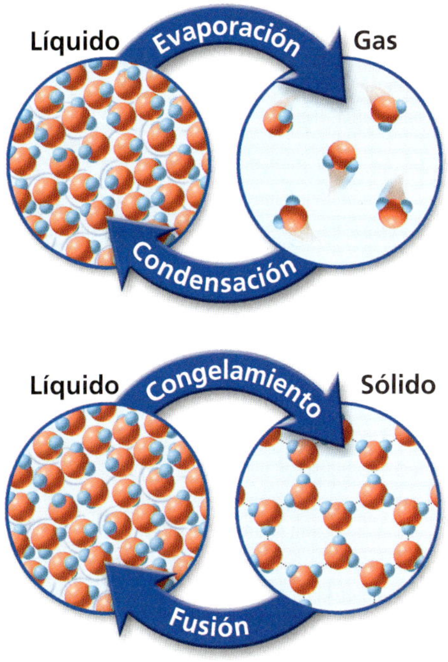

FIGURA 5
Cambio de estado
El agua se mueve entre los estados líquido y gaseoso por evaporación y condensación. El agua se mueve entre los estados líquido y sólido por congelamiento y fusión.

Sección 1 Evaluación

Destreza clave de lectura **Desarrollar el vocabulario** Usa tus definiciones para responder a las preguntas siguientes.

Repasar los conceptos clave

1. a. **Repasar** ¿Qué átomos forman una molécula de agua?
   b. **Describir** Describe la carga eléctrica en cada extremo de una molécula de agua.
   c. **Relacionar causa y efecto** ¿Por qué se atraen las moléculas de agua?
2. a. **Hacer una lista** Señala cuatro propiedades singulares del agua.
   b. **Explicar** Explica brevemente por qué el agua muestra cada propiedad.
   c. **Predecir** El aceite es una molécula no polar. ¿Se disolvería en agua? ¿Por qué?
3. a. **Identificar** ¿Cuáles son los tres estados en que aparece el agua en la Tierra?
   b. **Ordenar en serie** Describe cómo cambia de estado el agua al derretir un trozo de hielo.

Lab zone Actividad En casa

Observar las propiedades del agua Coloca una moneda de un centavo en un papel. Pídele a un familiar que deje caer una sola gota de agua sobre la moneda, con un gotero de plástico o un mondadientes. Pídele que prediga cuántas gotas puede agregar antes de que se derramen de la moneda. Pídele que ponga una gota tras otra hasta que el agua se derrame. ¿Fue distinto el resultado del pronóstico? Explica qué propiedad del agua explica este resultado.

Sección

2 Agua en la Tierra

Avance de la lectura

Conceptos clave

- ¿Cómo usan el agua las personas y otros seres vivos?
- ¿Cómo está distribuida el agua en la Tierra?
- ¿Cómo se mueve el agua de la Tierra a través de su ciclo?

Términos clave

- fotosíntesis
- hábitat
- aguas freáticas
- ciclo del agua
- transpiración
- precipitación

Destreza clave de lectura

Identificar ideas principales
Mientras lees "Distribución del agua de la Tierra", escribe la idea principal en un organizador gráfico como el que sigue. Luego, escribe cuatro detalles de apoyo que expliquen esa idea principal.

Idea principal

El agua de la Tierra se distribuye entre...

Detalle	Detalle	Detalle	Detalle

Lab zone Actividad Descubre

¿De dónde viene el agua?

1. Llena un vaso con hielos y agua. Ten cuidado de no derramar nada. Deja el vaso durante cinco minutos.
2. Observa el exterior del vaso. Levántalo y examina la superficie donde estaba apoyado.

Reflexiona
Inferir ¿De dónde viene el agua del exterior del vaso? ¿Cómo crees que llegó ahí?

En una galaxia llamada Vía Láctea, nueve planetas giran en órbita alrededor de una estrella llamada simplemente el sol. Algunos planetas tienen anillos espectaculares. Otros tienen volcanes más grandes que continentes o tormentas que duran siglos. Pero sólo uno de los planetas, la Tierra, tiene una superficie cubierta principalmente por agua. De hecho, los mares cubren cerca de 70 por ciento de la superficie de nuestro planeta. Por eso a veces se llama a la Tierra el "planeta azul".

La Tierra se distingue de los demás planetas en otro importante sentido. Es el único lugar conocido hasta ahora donde tus compañeros, tus mascotas, tus plantas, tú y todos los demás seres vivos pueden sobrevivir. La enorme variedad de la vida en la Tierra no existiría sin el agua.

▼ Todos los seres vivos necesitan agua.

Todos los seres vivos necesitan agua

Resuelve este acertijo: ¿Qué tienen en común una manzana y tú? Que los dos están formados principalmente por agua. El agua forma una gran parte de todos los seres vivos; compone casi dos tercios de tu masa corporal y el agua es necesaria para que tu cuerpo funcione. **Todos los seres vivos necesitan agua para realizar sus procesos corporales. Además, muchos seres vivos encuentran refugio en el agua.**

Procesos corporales Todos los organismos necesitan agua para realizar sus procesos corporales. El agua permite a los organismos obtener sustancias químicas de su entorno, descomponer los alimentos, crecer, reproducirse y transportar las sustancias dentro de su cuerpo. Los seres humanos y otros animales beben agua o la obtienen indirectamente en comida que contiene agua. Muchos animales pueden vivir varias semanas sin comida, pero sin agua no sobreviven más de unos días.

Las plantas y otros organismos que hacen su propia comida también necesitan agua para realizar ese proceso. Durante la **fotosíntesis** las plantas usan agua, junto con dióxido de carbono y la energía del sol, para hacer su propio alimento. Los animales y otros organismos dependen del alimento fabricado por las plantas. Los animales comen plantas o a los organismos que comen plantas.

Refugio Las masas de agua proporcionan un hábitat para muchos seres vivos. El **hábitat** de un organismo es el lugar donde vive y obtiene lo que necesita para sobrevivir. De seguro conoces grandes organismos que viven en el agua, como los tiburones. Pero la mayoría de los organismos del agua son microscópicos, como las amebas. De hecho, los hábitats acuáticos contienen más organismos que los hábitats terrestres.

Verifica tu lectura **¿Qué es un hábitat?**

FIGURA 6
Esencial para la vida
Como parte de su rutina diaria, estas mujeres paquistaníes tienen que caminar a un pozo para recoger el agua que necesitan. **Interpretar fotografías** *¿Qué infieres sobre el abastecimiento de agua dulce en la región donde viven estas personas?*

Distribución del agua de la Tierra

Mira la Figura 8. Muestra cómo se distribuye el agua de la Tierra en fuentes de agua salada y dulce. **Casi toda el agua de la Tierra (un 97 por ciento) es agua salada del mar. Sólo 3 por ciento es agua dulce.**

De ese 3 por ciento, alrededor de tres cuartos está congelada en masas enormes de hielo en los polos norte y sur. Casi un cuarto del agua dulce es subterránea. Una fracción diminuta del agua dulce de la Tierra se encuentra en lagos y ríos. Una fracción todavía menor se encuentra en la atmósfera, casi toda en forma de vapor de agua invisible, la forma gaseosa del agua.

Océanos Para explorar las aguas de la Tierra, haz un viaje imaginario en barco alrededor del mundo. Comienzas en Florida y te diriges al este del océano Atlántico hacia África. Rodeas la punta sur del continente y entras en el océano Índico, que es menor pero más profundo. Luego atraviesas el océano Pacífico. Este vasto océano cubre un área mayor que toda la tierra junta. Pacífico, Atlántico e Índico son nombres que damos a diversas partes del mar, pero en realidad las aguas están conectadas en un gran océano.

Verifica tu lectura **¿Dónde se localiza la mayor parte del agua dulce?**

FIGURA 7
Los océanos de la Tierra están interconectados, lo que permite a un barco navegar alrededor del mundo. En este mapa se muestran algunos de los principales lagos y ríos. **Interpretar mapas** *¿Qué continentes baña el océano Pacífico? ¿El océano Atlántico?*

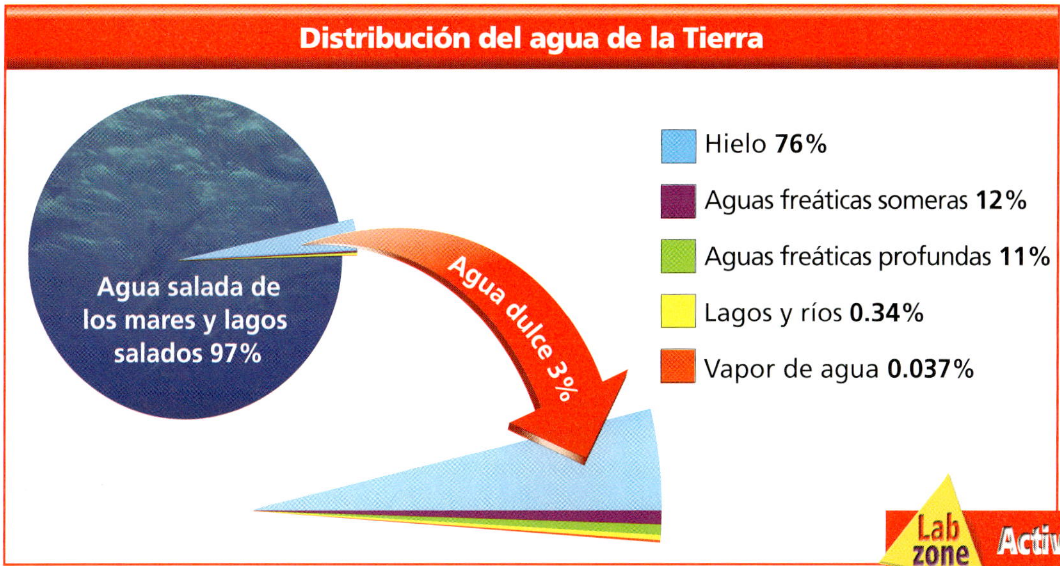

FIGURA 8
Casi toda el agua de la Tierra es salada. Sólo 3 por ciento es agua dulce. De esa agua dulce, sólo una diminuta fracción es para consumo humano.

Hielo ¿Cómo regresas a Florida? Podrías navegar y rodear América del Sur. Pero cuidado con los icebergs. Estos trozos de hielo flotantes están hechos de agua dulce. Los icebergs del sur del Pacífico y el Atlántico se han desprendido de capas enormes de hielo que cubren la mayor parte de la Antártida. Si viajas alrededor del polo norte, también encontrarás icebergs en el océano Ártico y el norte del Atlántico.

Ríos y lagos Para ver agua dulce en ríos y lagos, tienes que tomar una desviación tierra adentro. Navegas al norte, tras Nueva Escocia, Canadá, al inicio del canal de San Lorenzo. Navegas por las esclusas del río San Lorenzo. De pronto, el río se ensancha y entras en el lago Ontario, uno de los Grandes Lagos de América del Norte. Los Grandes Lagos contienen casi 20 por ciento de toda el agua de los lagos de agua dulce del mundo.

Aguas freáticas Parte del agua dulce de la Tierra no puede verse desde un barco. Para encontrarla hay que ir bajo el suelo. Cuando llueve o nieva, parte del agua se hunde en el suelo. Esta agua gotea por los espacios entre las partículas de suelo y roca. Con el tiempo, el agua llega a una capa de roca que no puede atravesar. El agua que llena las grietas y espacios de las capas subterráneas de suelo y roca se llama **aguas freáticas.** Bajo el suelo se encuentra mucha más agua dulce que en todos los ríos y lagos. En la Sección 5 aprenderás más de las aguas freáticas.

Lab zone Actividad Destrezas

Calcular

Esta actividad muestra cómo se distribuye el agua de la Tierra.

1. Llena una botella de plástico de un litro con agua que represente el total de agua en la Tierra.
2. Mide 97 por ciento, o 970 mililitros (mL), del agua y vacíalos en un cuenco grande para representar el agua salada de la Tierra.
3. Marca cinco vasos para que representen las fuentes de agua dulce. En la Figura 8 se indica el porcentaje de agua de cada fuente. Con esta gráfica, calcula cuánto de los 30 mL que quedan debes vaciar en cada vaso.
4. Mide con un cilindro graduado la cantidad de agua para cada vaso. Usa un gotero para medir las cantidades pequeñas con exactitud.

¿Qué vaso contiene agua para uso humano? Compara estas cantidades con la del paso 1.

FIGURA 9
El ciclo del agua
El agua se mueve formando un ciclo, de la superficie terrestre a la atmósfera y de vuelta, impulsado por la energía del sol. **Interpretar diagramas** *¿En qué paso del ciclo el agua vuelve a la superficie de la Tierra?*

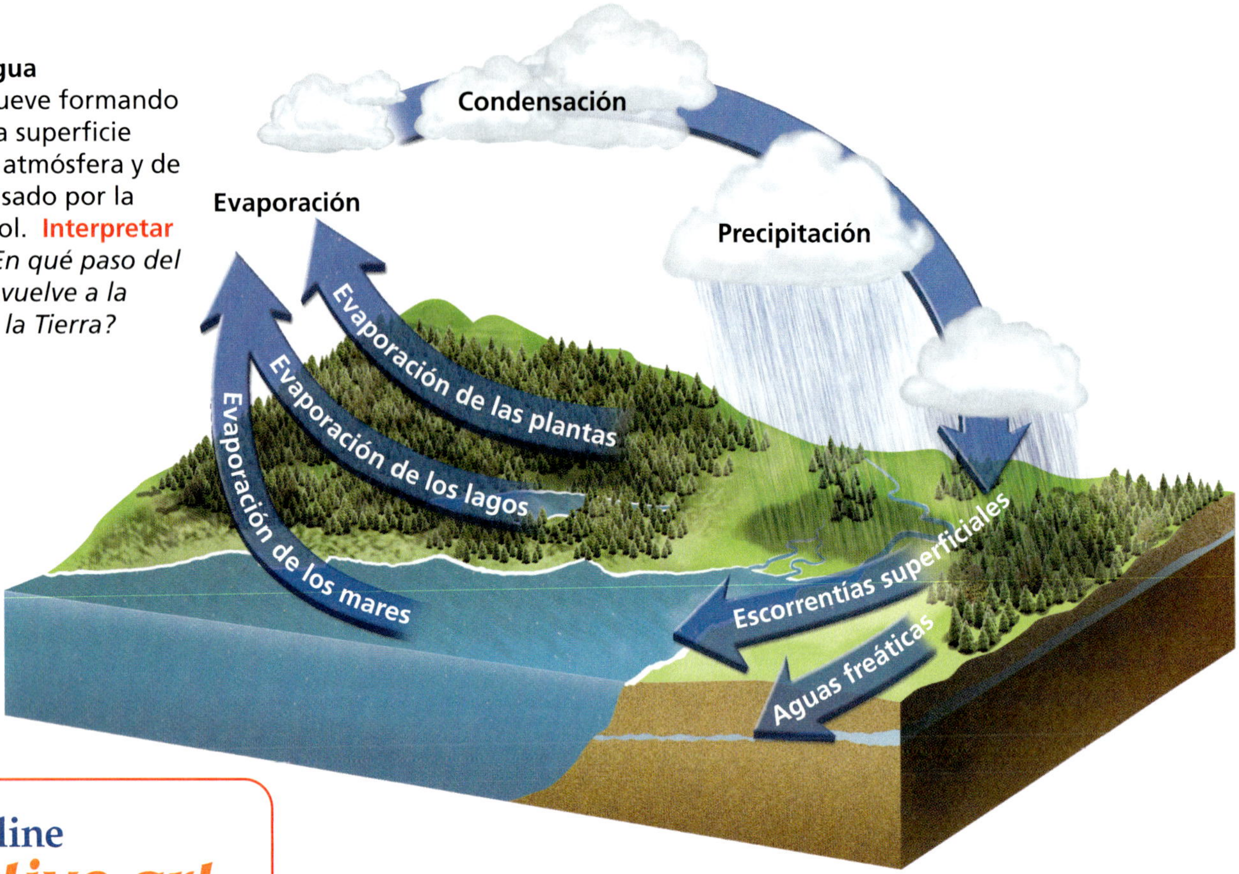

El ciclo del agua

El agua se recicla de manera natural en el ciclo del agua. El **ciclo del agua** es el proceso continuo por el que el agua pasa de la superficie terrestre a la atmósfera y de vuelta. **En el ciclo del agua, ésta pasa de las masas de agua, la tierra y los seres vivos de la superficie a la atmósfera y de vuelta a la superficie.** Como se muestra en la Figura 9, el ciclo del agua tiene tres pasos importantes: evaporación, condensación y precipitación. El ciclo en sí no tiene un comienzo ni un fin, pero está impulsado por una fuente de energía: el sol.

El agua se evapora Como aprendiste arriba, la evaporación es el proceso por el que las moléculas de la superficie de un líquido absorben energía suficiente para cambiar al estado gaseoso. El agua se evapora constantemente de las superficies de los mares y los lagos grandes. Cantidades menores se evaporan del suelo, charcos y aun de tu piel. Las plantas también tienen una parte. Las plantas toman el agua del suelo a través de las raíces. Más adelante, las hojas pierden agua en forma de vapor, en un proceso llamado **transpiración.**

Condensación de las nubes ¿Qué sucede cuando se evapora una molécula de agua? El aire caliente eleva la molécula de agua. A mayores altitudes, el aire se enfría mucho. El aire frío no puede retener tanto vapor de agua como el aire caliente. Por consiguiente, parte del vapor de agua se enfría y se condensa en agua líquida. Las gotitas condensadas se adhieren a partículas diminutas de polvo de la atmósfera y forman nubes.

El agua cae como precipitación Cuando se condensa más vapor de agua, las gotas de una nube crecen cada vez más. Se hacen tan pesadas que caen a la Tierra. El agua que cae a la Tierra como lluvia, nieve, granizo o aguanieve se llama **precipitación.**

Casi toda la precipitación cae en el mar. La precipitación que cae en tierra se evapora inmediatamente o escurre por la superficie hasta ríos y lagos. De ahí se evapora o fluye al mar. Además, parte del agua escurre al subsuelo. Después de mucho tiempo estas aguas freáticas llegan a un río, lago o mar y se evaporan otra vez para continuar el ciclo.

La precipitación es la fuente de toda el agua dulce sobre o debajo de la superficie terrestre. El ciclo del agua renueva el suministro aprovechable de agua dulce. Durante millones de años la cantidad total de agua se ha mantenido muy constante: las tasas de evaporación y precipitación están equilibradas.

FIGURA 10
Precipitación
La precipitación es parte del ciclo del agua. ¡Pero no quieres que caiga sobre tu cabeza!

Verifica tu lectura **Anota tres fuentes de las que se evapora el agua.**

Sección 2 Evaluación

Destreza clave de lectura **Identificar ideas principales** Usa tu organizador gráfico para responder a la pregunta 2.

Repasar los conceptos clave

1. a. **Describir** ¿Cuáles son las dos razones por las que los seres vivos necesitan agua?
   b. **Aplicar conceptos** ¿Por qué los animales no sobreviven más de unos pocos días sin agua?
   c. **Desarrollar hipótesis** Algunos animales del desierto viven muchos días sin tomar agua. ¿Cómo crees que sobreviven estos animales?
2. a. **Hacer una lista** ¿Cuáles son las cuatro principales fuentes de agua de la Tierra?
   b. **Clasificar** ¿Cuál de las cuatro fuentes principales de agua es de agua salada? ¿Cuál contiene agua dulce?
   c. **Emitir un juicio** ¿Qué fuente de agua dulce es más importante para nosotros? Apoya tu respuesta con hechos.
3. a. **Identificar** ¿Cuáles son las tres fases principales del ciclo del agua?
   b. **Ordenar en serie** A partir de un charco un día de sol, describe cómo se mueve el agua por su ciclo y cómo vuelve en forma de lluvia.

Escribir en ciencias

Etiqueta de un producto Escribe una etiqueta de agua embotellada en la que expliques a los consumidores por qué el agua es un recurso muy valioso.

Lab zone **Laboratorio de destrezas**

El agua de los árboles

Problema
¿Cuánta agua pierden las hojas de un árbol en 24 horas?

Destrezas aplicadas
observar, inferir, calcular

Materiales
- 3 bolsas de plástico para emparedado
- báscula
- 3 piedritas
- 3 tiras para atar

Procedimiento

1. Copia en tu cuaderno los datos de la tabla.
2. Coloca las bolsas de emparedado, tiras para atar y piedritas en una báscula. Determina su masa total a la décima de gramo más cercana.
3. Elige un árbol o arbusto con hojas que alcances.
4. Pon una piedrita en una bolsa. Mete una hoja en la bolsa, como se muestra. Ata la bolsa con una tira para formar un cierre firme alrededor del tallo de la hoja.
5. Repite el paso 4 con otras dos hojas y las otras dos bolsas de plástico. Deja las bolsas 24 horas.
6. Al día siguiente, examina las bolsas y anota tus observaciones en tu cuaderno.
7. Quita con cuidado las bolsas de las hojas y vuelve a atar las tiras para que las bolsas queden bien cerradas.

Tabla	
Masa inicial de bolsas, tiras y piedras	
Masa de bolsas, tiras y piedras a las 24 horas	
Diferencia de las masas	

8. Coloca las tres bolsas, con piedritas y tiras, en la báscula. Determina su masa total a la décima de gramo más cercana.
9. Resta la masa original de las bolsas, tiras y piedritas que mediste en el paso 2 de la masa que mediste en el paso 8.

Analiza y concluye

1. **Observar** Con las observaciones que hiciste en el paso 6 explica la diferencia de las masas que calculaste en el paso 9.
2. **Inferir** ¿Cómo se llama el proceso que causó los resultados que observaste? Explica la función de ese proceso en el ciclo del agua.
3. **Calcular** Un solo abedul pierde hasta 260 litros de agua en un día. ¿Cuánta agua liberaría hacia la atmósfera cada año una arboleda de 1,000 abedules?
4. **Comunicar** A partir de lo que aprendiste en este experimento, explica en un párrafo por qué a algunas personas les preocupa la destrucción de los bosques del mundo.

Diseña un experimento
Escribe una hipótesis sobre qué pasaría si hicieras esta actividad con otras especies de árboles. Diseña un plan para poner a prueba tu hipótesis. *Pide permiso a tu maestro antes de hacer tu investigación.*

Sección 3

Agua superficial

Avance de la lectura

Conceptos clave

- ¿Qué es un sistema fluvial?
- ¿Cómo se forman lagos y lagunas?
- ¿Qué cambios se dan en los lagos?

Términos clave

- afluente
- cuenca hidrográfica
- divisoria de aguas
- embalse
- nutriente
- eutrofización

Destreza clave de lectura

Hacer un esquema Mientras lees, haz un esquema de esta sección. Usa los encabezados rojos para las ideas principales y los azules para las ideas de apoyo.

Aguas superficiales

I. Sistemas fluviales
  A. Afluentes
  B.
  C.
II. Lagos y lagunas
  A.

Lab zone Actividad Descubre

¿Qué hay en el agua de una laguna?

1. Observa con una lupa una muestra de agua de laguna.
2. Haz una lista de todo lo que veas en el agua. Si no conoces el nombre de algo, escribe una descripción breve o haz un dibujo.
3. Tu maestro habrá preparado un microscopio con un portaobjetos con agua de laguna. Observa el portaobjetos bajo el microscopio y añade los elementos nuevos a tu lista. Lávate las manos con jabón cuando termines.

Reflexiona

Clasificar Usa uno de estos tres sistemas para dividir los elementos de tu lista en dos grupos: móviles o inmóviles, vivos o sin vida o visibles o invisibles sin microscopio. ¿Qué indica tu sistema de clasificación acerca del agua de la laguna?

Imagínate que eres una gota de agua que cae de las nubes a la superficie de la Tierra. Bajas y bajas y de pronto, salpicas. Llegas a las aguas agitadas de unos rápidos. Estás en una de las fuentes de agua dulce de la Tierra. El agua dulce de la Tierra está en movimiento, como en arroyos y ríos, o quieta, como en lagos y lagunas. Como sea, toda el agua dulce viene de la precipitación. Por ejemplo, el río Grande comienza como hilillos de nieve derretida en lo alto de las montañas San Juan en Colorado. Pero 700 kilómetros corriente abajo el "gran río" está a la altura de su nombre cuando pasa por Albuquerque, Nuevo México.

◄ Descenso en kayak por los rápidos

Sistemas fluviales

Si fueras de excursión por las montañas de Colorado, podrías observar la ruta de las escorrentías de la nieve derretida. Si siguieras un arroyo pequeño corriente abajo, notarías que llega a otro arroyo y se une. Estos arroyos corren hasta un pequeño río. Al final, esta trayectoria te llevaría al propio río Grande. En la Figura 11 se muestran las partes de un río común.

Afluentes Los arroyos y ríos pequeños que desembocan en un río importante se llaman **afluentes.** Los afluentes fluyen hacia el río principal, llevados por la fuerza de la gravedad. **Un río y todos sus afluentes conforman un sistema fluvial.**

FIGURA 11

Explorar un río

Observa los cambios que se dan cuando un río fluye de sus fuentes al océano.

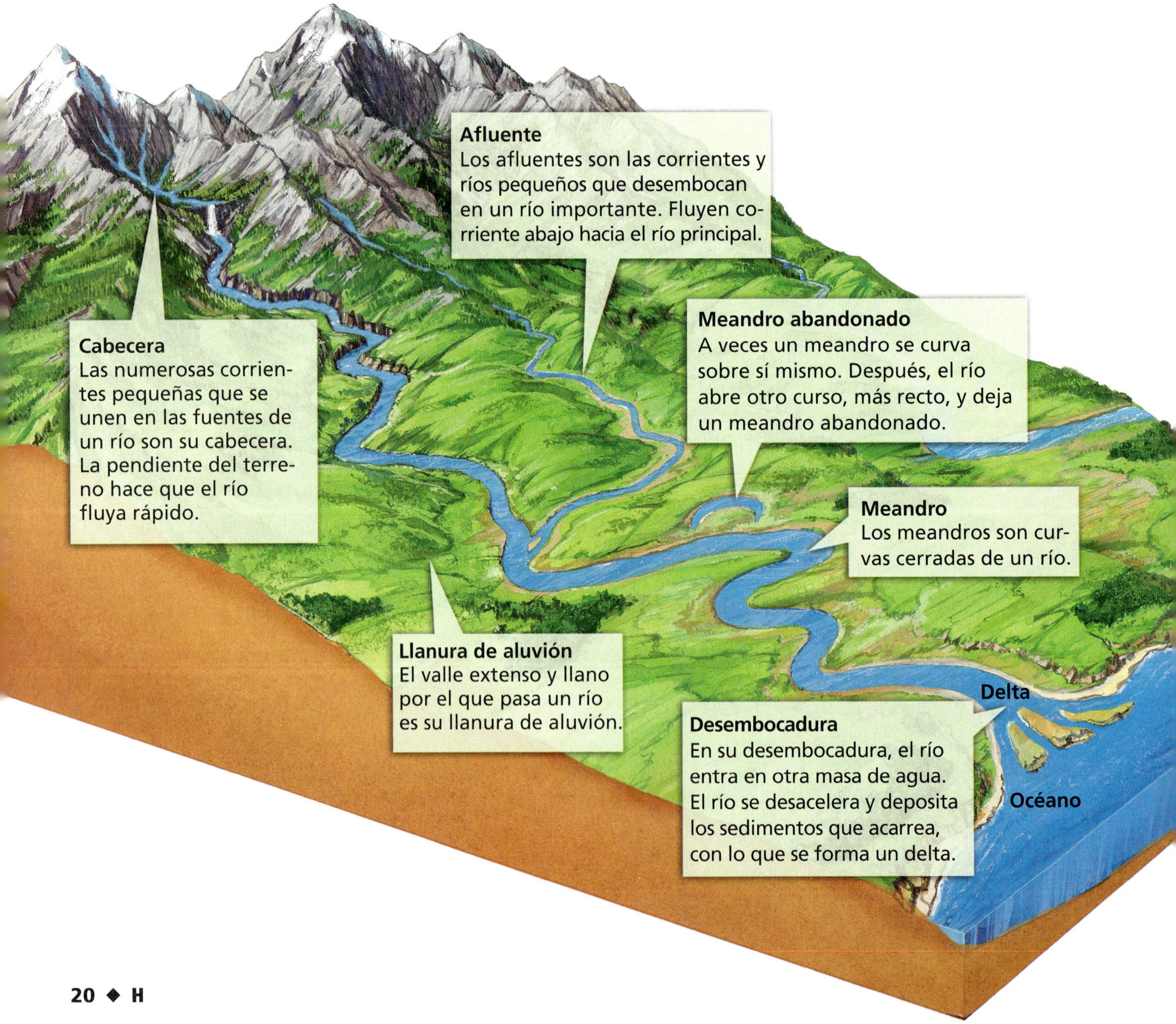

Principales cuencas hidrográficas de Estados Unidos

FIGURA 12
Principales cuencas hidrográficas
En este mapa se muestran las cuencas hidrográficas de varios ríos grandes de la zona continental de Estados Unidos. Cada cuenca está formada por la región drenada por el río y todos sus afluentes. **Interpretar mapas** *¿Qué ríos grandes son afluentes del Mississippi?*

Cuencas hidrográficas Así como toda el agua de una regadera fluye hacia el desagüe, toda el agua de un sistema fluvial drena en un río principal. La región que aporta agua al sistema fluvial se llama **cuenca hidrográfica.** A veces también se llaman cuencas de desagüe.

Como puedes ver en la Figura 12, los ríos Missouri y Ohio son muy grandes. Sin embargo, fluyen al río Mississippi. Así, ríos grandes pueden ser afluentes de ríos más grandes aún. Cuando los ríos se unen a otro sistema fluvial, las zonas que drenan se convierten en parte de la cuenca del río mayor. Para identificar la cuenca hidrográfica de un río en un mapa, dibuja una línea imaginaria alrededor de la región que drenan todos sus afluentes. La cuenca hidrográfica del río Mississippi, el mayor río de Estados Unidos, ¡cubre casi un tercio del país!

Divisorias de aguas ¿Qué separa las cuencas? Una cuenca se separa de otra por una cadena de tierra llamada **divisoria de aguas.** Las corrientes a cada lado de la divisoria fluyen en direcciones diferentes. La divisoria continental, la mayor divisoria de agua de América del Norte, sigue la línea de las montañas Rocosas. Al oeste de la divisoria continental el agua fluye al océano Pacífico o a la Gran Cuenca seca. Entre las Rocosas y los Apalaches el agua fluye hacia el río Mississippi o directamente al golfo de México.

Verifica tu lectura ¿Qué es una divisoria de aguas?

Lab zone Actividad Destrezas

Inferir

El río Nilo de África fluye de sur a norte. ¿Qué puedes inferir sobre la pendiente del terreno por la que fluye el Nilo? (*Pista*: Piensa en los factores que determinan cómo se forma un río.)

Go Online PHSchool.com

Para: Más información sobre las aguas superficiales, disponible en inglés.
Visita: PHSchool.com
Código Web: cfd-3013

Lagos y lagunas

Los lagos y lagunas son masas de agua dulce. A diferencia de las corrientes de agua en arroyos y ríos, el agua de lagos y lagunas está quieta. ¿Cómo se diferencian los lagos de las lagunas? No hay una regla definida. Sin embargo, en general las lagunas son más pequeñas y someras que los lagos. La luz solar llega al fondo de la laguna completa. Casi todos los lagos tienen zonas en las que el agua es demasiado profunda para que la luz solar llegue al fondo.

Los lagos y las lagunas se forman cuando se acumula agua en hondonadas y depresiones de tierra. ¿De dónde viene el agua? Algunos lagos y lagunas reciben el agua de lluvia, nieve y hielo derretido así como escorrentías. Otros se alimentan de ríos o aguas freáticas. Cuando un lago o laguna obtiene agua de estas fuentes, también pierde agua por procesos naturales. Por ejemplo, el agua puede escapar de una masa de agua dulce a un río. El agua también se evapora de la superficie de un lago o laguna.

FIGURA 13

La vida en una laguna

Desde las orillas poco profundas hasta el fondo lodoso, una laguna rebosa de vida. **Inferir** *¿Por qué crecen las plantas en una laguna?*

Exploración de una laguna Una laguna puede parecer tranquila y apacible a primera vista. Pero mira más de cerca: ¿observas los pececillos plateados que se deslizan bajo la superficie? ¡Plop! Una rana saltó al agua. La apacible laguna es en realidad un hábitat próspero que sostiene una gran variedad de seres vivos, como se muestra en la Figura 13.

Si has chapoteado en una laguna, sabes que el fondo lodoso está cubierto de hierbas. Como el agua no es profunda y la luz del sol llega al fondo, crecen plantas en todas las partes de las lagunas. Ahí también viven organismos parecidos a plantas llamados algas. Cuando las plantas y las algas aprovechan la luz solar para producir comida mediante la fotosíntesis, también liberan oxígeno. Los animales del estanque usan el oxígeno y el alimento que proporcionan las plantas y algas.

FIGURA 14

Tipos de lagos

Un lago se forma por procesos naturales o por actividades humanas. **Interpretar fotografías** *¿Cuáles son las tres maneras en que se forman los lagos?*

Lago volcánico
Los lagos volcánicos, como este de Costa Rica, se forman cuando el agua llena los cráteres de volcanes viejos.

Lab zone Actividad Destrezas

Clasificar

Arruga una hoja de papel encerado. Desarrúgala para hacer un modelo de un paisaje con colinas y valles. Dibuja con un marcador permanente líneas por las divisorias más elevadas del paisaje. Luego traza círculos donde se formarán lagos y lagunas en el paisaje. Coloca el papel en el fregadero y rocía agua sobre el paisaje para simular la lluvia. Mira dónde se acumula el agua. ¿Qué zonas clasificarías como lagunas? ¿Cuáles como lagos? Explica tu razonamiento.

Exploración de un lago Supongamos que te muestran una foto de una playa arenosa. Las olas rompen en la costa. El agua se extiende hasta donde se pierde la vista. Las gaviotas chillan en las alturas. ¿Dónde tomaron la foto? Lo primero que pensarías es que en el mar. Pero esta masa inmensa de agua bien podría ser un lago. Podrías estar viendo una foto de una playa en Indiana, en las orillas del lago Michigan.

No todos los lagos son tan grandes como el lago Michigan. Pero recuerda que los lagos son más hondos y grandes que las lagunas. El fondo de un lago está formado por arena, guijarros o rocas, mientras que el fondo de una laguna está cubierto de lodo y algas.

En las aguas someras cerca de las orillas la fauna de un lago es semejante a la de una laguna. Los escarabajos acuáticos se deslizan por las rocas resbalosas, cubiertas de moho. Somorgujos y martines pescadores capturan peces en el agua abierta. Pero la luz del sol no llega al fondo de un lago profundo, como sucede en una laguna. Por consiguiente, sólo algunos organismos pueden vivir en las profundidades oscuras y frías de los lagos. No hay plantas, pero por el fondo se mueven moluscos, como almejas, y gusanos. Viven de las partículas de alimento que caen desde la superficie. Las aguas de los lagos profundos también son el hogar de peces vertebrados grandes, como lucios y esturiones. Estos peces se comen a los pequeños moradores del fondo. También nadan a la superficie para alimentarse de otros peces y aun de aves pequeñas.

Lago glacial
El lago Louise de Alberta, Canadá, se formó por los movimientos de glaciares.

Lago artificial
El embalse del lago Mead es parte del complejo de la presa Hoover en el suroeste de Estados Unidos.

Formación de los lagos Como vimos, lagos y lagunas se forman cuando el agua se acumula en hondonadas y depresiones de tierra. Veamos con más detalles algunos procesos naturales que dan por resultado la formación de un lago. Por ejemplo, el cauce de un río puede cambiar con el tiempo y formar un lago. El río se tuerce y gira cuando encuentra obstáculos en el camino. Con el tiempo, se forma un nuevo cauce que ciega un recodo. El segmento separado se convierte en un meandro abandonado.

Otros lagos naturales, como los Grandes Lagos, se formaron en depresiones creadas por capas de hielo que se fundieron al terminar la glaciación. Otros lagos se originaron por movimientos de la corteza terrestre. Estos movimientos formaron los profundos valles de África central que están bajo los lagos Tanganyika y Victoria. Otros lagos son resultado de volcanes. Un volcán en erupción puede arrojar un flujo de lava o lodo que detenga un río y forme un lago. Algunos lagos se forman en cráteres vacíos de volcanes.

Las personas también creamos lagos al construir una presa en un río. El lago abastece agua potable o sirve para regar campos o para recreación. Un lago que almacena agua para uso humano se llama **embalse.**

Verifica tu lectura **¿Qué es un embalse?**

Cómo cambian los lagos

Un arce en otoño se ve muy diferente que en verano. Las hojas verdes adquieren tonos brillantes de rojo, naranja y amarillo. Los lagos también pueden cambiar con las estaciones. Los lagos cambian por muchas razones. **Además de los cambios estacionales, un lago puede tener cambios de largo plazo que al final provoquen su desaparición.**

Cambios estacionales Los cambios estacionales de los lagos son comunes en las regiones septentrionales frías de América del Norte. En verano el sol calienta las capas altas del agua de un lago. El agua cálida flota sobre la capa más fría, densa y baja. Pero en otoño, la capa superior también se enfría. A medida que se enfría, se hace más densa y se hunde. Esto hace que el agua del lago se mezcle. La mezcla, llamada rotación del lago, hace que asciendan los materiales del fondo del lago. Las rotaciones refrescan el suministro de nutrientes en el lago. Los **nutrientes** son sustancias como nitrógeno y fósforo que permiten el crecimiento de plantas y algas.

Cambios de largo plazo El segundo tipo de cambio de un lago se da en un período prolongado. Los organismos de un lago liberan continuamente en el agua productos de desecho. Los desechos y los restos de los organismos muertos contienen nutrientes como nitratos y fosfatos. Las algas se alimentan de estos nutrientes. Al cabo de muchos años, los nutrientes se acumulan en el lago en un proceso llamado **eutrofización.** Como la eutrofización hace que crezcan más algas, se forma una espuma verde y espesa en la superficie del agua. Recuerda que hay algas tanto en las lagunas como en los lagos, así que también puede haber eutrofización en las lagunas.

FIGURA 15
Cambios de largo plazo en un lago
Lagos y lagunas cambian gradualmente con el paso del tiempo. **Relacionar causa y efecto** *¿Qué efecto tiene un aumento de la concentración de nutrientes en un lago?*

1 El proceso comienza cuando algas y otros organismos añaden nutrientes al lago. Estos nutrientes sostienen el crecimiento de más plantas.

2 Suelo, hojas caídas y materia en descomposición se acumulan en el fondo del lago. El lago pierde profundidad y se hace pantanoso.

3 Con el tiempo las plantas llenan completamente el lago y crean un pastizal.

Desaparición de una masa de agua dulce Cuando la capa de algas engruesa tanto que tapa la luz del sol, las plantas del lago o la laguna no pueden realizar la fotosíntesis. Dejan de producir alimento y oxígeno, y mueren. A medida que se descomponen los organismos muertos, se reduce la cantidad de oxígeno del agua. Muchos peces y otros animales ya no tienen oxígeno suficiente para vivir. Los materiales de plantas y animales en descomposición se acumulan en el fondo y el lago o laguna pierde profundidad. El sol calienta el agua a temperaturas mayores y más plantas arraigan en el fondo lodoso y rico. Con el tiempo, la masa de agua dulce queda ocupada completamente por las plantas. El resto del agua se evapora y un pastizal ocupa el sitio del antiguo lago o laguna.

La eutrofización no es el único cambio que produce la desaparición de un lago o laguna. A veces sale de una laguna más agua de la que entra. Esto sucede cuando la fuente de agua de la laguna (como un río) se seca o se separa del lago por procesos naturales como la erosión. Además, los arroyos y ríos acarrean sedimentos a lagos y lagunas. Al cabo de mucho tiempo, todos estos sedimentos pueden llenar la masa de agua.

Verifica tu lectura **¿Qué clases de materiales se acumulan con el tiempo en el fondo de un lago?**

FIGURA 16
Prevención de la eutrofización
En algunos lugares, la comunidad limpia periódicamente un lago o laguna para prolongar su vida.

Sección 3 Evaluación

Destreza clave de lectura **Hacer un esquema** Usa la información de tu esquema para responder a las preguntas siguientes.

Repasar los conceptos clave

1. a. **Identificar** ¿Qué masas de agua componen un sistema fluvial?
   b. **Resumir** ¿Cómo se relaciona una cuenca hidrográfica con un sistema fluvial?
   c. **Aplicar conceptos** ¿Cómo determinarías los límites de un sistema fluvial estudiando un mapa de Estados Unidos?
2. a. **Repasar** ¿En qué se distinguen los lagos de las lagunas?
   b. **Explicar** Explica cómo se forman lagos y lagunas.
   c. **Comparar y contrastar** ¿Cuál es la principal diferencia entre un embalse y las otras clases de lagos?
3. a. **Explicar** ¿Qué causa la rotación de un lago?
   b. **Ordenar en serie** Describe los cambios que tienen lugar en cada etapa de la eutrofización.

Lab zone Actividad En casa

La divisoria de los nudillos Pide a un familiar que cierre el puño y que ponga la mano sobre una toalla de papel, con los nudillos hacia arriba. Gotea agua con una cuchara de modo que caiga en los nudillos de tu familiar. Mientras observan cómo fluye el agua por la mano, explica por qué los nudillos son un modelo de una cadena montañosa. ¿Qué partes de la mano representan la cuenca hidrográfica?

Sección 4

Medio ambientes de pantanos

Avance de la lectura

Conceptos clave

- ¿Cuáles son los tipos comunes de humedales de agua dulce?
- ¿Qué actividades humanas amenazan los Everglades de Florida?
- ¿Qué funciones importantes cumple un humedal?

Término clave

- humedal

Destreza clave de lectura

Formular preguntas Antes de leer, repasa los encabezados en rojo. En un organizador gráfico como el que sigue, haz una pregunta *qué* o *cómo* por cada encabezado. Mientras lees, escribe las respuestas a tus preguntas.

Ambientes de humedales

Pregunta	Respuesta
¿Cuáles son los tipos de humedales?	Los tres tipos de humedales son...

Lab zone Actividad Descubre

¿Seco o húmedo?

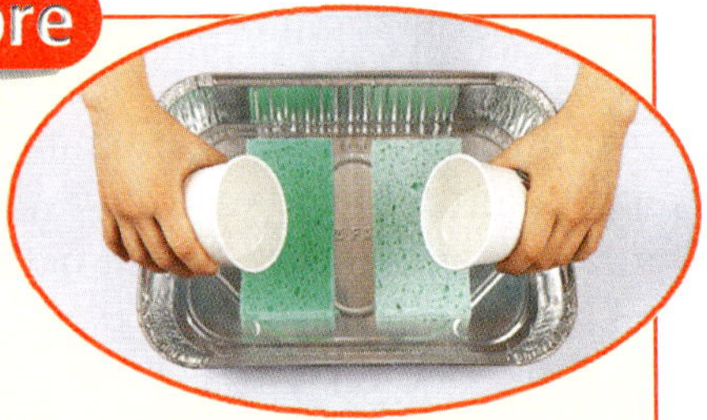

1. Empapa con agua una esponja de cocina. Luego exprime el agua hasta que la esponja esté sólo húmeda.
2. Pon la esponja húmeda con una esponja seca en una bandeja.
3. Vacía agua en dos vasos de papel hasta la mitad.
4. Sostén un vaso en cada mano a unos 10 cm sobre la bandeja. Vacía el agua en las dos esponjas al mismo tiempo.

Reflexiona

Observar ¿Qué esponja absorbió más rápido el agua? ¿Cómo se relacionan tus observaciones con lo que sucedería en un área de tierras secas y húmedas?

Imagínate que vuelves a tu hogar después de un viaje largo y te encuentras que quitaron tu casa y pusieron un estacionamiento. Millones de aves migratorias han tenido la misma experiencia. Pero las personas comenzamos a entender la importancia de los humedales, tanto para nosotros como para la fauna. Un **humedal** es un terreno cubierto con una capa delgada de agua durante una parte o todo el año. Estas regiones anegadas, como veremos, son importantes en muchos sentidos.

FIGURA 17
Humedales de agua dulce
Los humedales de agua dulce difieren de muchas maneras.
Predecir *¿Qué tipos de humedales es más probable que haya en las zonas del norte?*

Marismas Las marismas, como ésta en el estado de Washington, son pastizales cubiertos de agua superficial.

Tipos de humedales

Los humedales ayudan a controlar las inundaciones y son el hábitat de muchas especies. Se forman en lugares donde el agua queda atrapada en zonas bajas o donde las aguas freáticas inundan la superficie. Los humedales pueden ser tan pequeños como una zanja a la orilla del camino o cubrir un área mayor que una ciudad. Algunos humedales se llenan durante las lluvias de primavera y se secan en los veranos largos y cálidos. Otros están cubiertos de agua todo el año.

Los tres tipos más comunes de humedales de agua dulce son marismas, pantanos y ciénagas. Como se muestra en la Figura 17, estos humedales son muy diversos. Las marismas son pastizales cubiertos por aguas someras o por una corriente. Abundan las espadañas y otras hierbas altas. Los pantanos parecen bosques inundados, con árboles y arbustos que brotan del agua. Muchos pantanos se localizan en climas cálidos y húmedos, donde los árboles crecen rápidamente. Las ciénagas son más comunes en las zonas frías del norte. Se forman en las depresiones dejadas por capas de hielo derretidas hace miles de años. El agua de las ciénagas es ácida. En esas condiciones prosperan los musgos.

Los humedales de las costas contienen agua dulce y salada. Entre los humedales costeros se cuentan las marismas salinas y los bosques de mangles. Las marismas salinas se encuentran en las dos costas de Estados Unidos. En los fondos lodosos y ricos de estas marismas crecen hierbas altas. Los bosques de mangles se encuentran en la costa sur de Estados Unidos. En estos bosques los mangles son de poca altura y tienen raíces gruesas y enredadas.

Go Online SCI LINKS NSTA

Para: Vínculos sobre humedales, disponible en inglés.
Visita: www.SciLinks.org
Código Web: scn-0814

Verifica tu lectura **Nombra tres clases de humedales de agua dulce.**

Pantano Los pantanos parecen bosques inundados. Cortinas de musgo negro cuelgan de los cipreses en este pantano de Louisiana.

Ciénaga Los mohos prosperan en las aguas ácidas de las ciénagas. Flores multicolores salpican una cama de moho aterciopelado en esta ciénaga de Montana.

FIGURA 18

Everglades de Florida

Una gran variedad de seres vivos tienen su hogar en los Everglades. **Observar** *¿Por qué los Everglades se llaman a veces "río de hierba"?*

Los Everglades: un humedal

Si recorrieras un trayecto en el Parque Nacional de los Everglades de Florida, sentirías que el suelo chapotea bajo tus pies. El agua es la clave de los Everglades, una región única de humedales. Una corriente de agua se mueve lentamente por una suave pendiente que va del lago Okeechobee al sur, hasta la bahía de Florida. En el agua crecen hojas altas y afiladas de juncia. El crecimiento denso de las juncias le dio a esta región su nombre amerindio, *Pahayokee*, que significa "río de hierba". Por la marisma de juncias sobresalen islas bajas.

Fauna de los Everglades En los Everglades, peces y serpientes devoran organismos pequeños de las aguas cálidas y lodosas. Aves acuáticas de colores brillantes (flamencos rosas, garcetas blancas y gallinetas púrpuras) se paran con piernas flacas en el agua. Un mapache excava buscando huevos de lagarto, sin hacer caso de que el lagarto descansa en las aguas cercanas.

Los Everglades son el hábitat de muchas especies exóticas o en peligro de extinción. La pantera de Florida, que está en peligro de extinción, vive en las partes más silvestres de los Everglades. Muchas especies de aves, como el tántalo americano y la espátula rosada, tienen su zona de anidación en los Everglades. El manatí, la vaca marina, vive en los bosques de mangles de la costa. Como los manatíes nadan lentamente, es fácil que los lastimen las hélices de los botes de motor. Con el incremento del tránsito de botes, se han convertido en una especie en peligro de extinción.

Amenazas a los Everglades Los Everglades son un ambiente frágil. La agricultura cercana ha introducido sustancias químicas en las aguas lentas de la marisma, lo que ha alterado el equilibrio de los nutrientes. Fuera de los límites protectores del parque nacional, los urbanistas han rellenado zonas de humedales para construir casas y caminos. Nuevos organismos traídos por accidente o para control de plagas compiten con los otros por el espacio y la comida. **La agricultura, urbanización e introducción de especies nuevas son algunas actividades humanas que ponen en peligro los Everglades de Florida.**

El agua que antes fluía a los Everglades del lago Okeechobee ha sido desviada para uso agrícola y doméstico. Nuevos canales y diques construidos para abastecer agua potable y controlar las inundaciones han cambiado el flujo del agua que entra y sale de los Everglades. Algunas zonas se secan, mientras que otras se inundan.

Conservación de los Everglades Durante muchos años científicos, ciudadanos preocupados y funcionarios gubernamentales han tratado de trazar un plan para conservar los Everglades y salvar su fauna en peligro de extinción. Un plan consiste en construir un sistema complejo de tuberías y canales para rellenar parte de las zonas desecadas con agua dulce. El Servicio de Parques Nacionales, el estado de Florida y el Cuerpo de Ingenieros del Ejército de Estados Unidos colaboran para administrar el suministro de agua a las zonas dentro y fuera de los Everglades.

Discovery Channel School

Earth: The Water Planet

Video Preview
▶ Video Field Trip
Video Assessment

Verifica tu lectura **Señala un daño de la agricultura en los Everglades.**

Lab zone Actividad Inténtalo

Un filtro natural

1. Cubre tu superficie de trabajo con periódico. En un extremo de un molde para pan construye una colina de tierra húmeda.
2. Añade agua al otro extremo del molde para formar un lago.
3. Usa una regadera para rociar lluvia sobre la colina. Observa lo que sucede con la colina y el lago.
4. Vacía el agua del molde y reconstruye la colina.

5. Ahora pon una esponja en la tierra a lo largo del pie de la colina para simular un humedal.
6. Repite los pasos 2 y 3.

Observar Basándote en tus observaciones, describe cómo filtran el agua los humedales.

Importancia de los humedales

Si has disfrutado una tarta de salsa de arándanos o un sabroso arroz integral has comido plantas que crecen en humedales. La capa de agua que cubre un humedal va de algunos centímetros a pocos metros de profundidad. Hojas muertas y materias de otras plantas y animales sirven como fertilizantes naturales. Añaden nitrógeno, fosfatos y otros nutrientes al agua y el suelo.

Importancia para la fauna y la flora **Por sus aguas resguardadas y vasta provisión de nutrientes, los humedales son el hábitat de muchos seres vivos.** Recuerda que muchas plantas y animales viven en lagunas o cerca de lagunas: juncos, ranas, caracoles, libélulas, tortugas. Algunos de estos mismos organismos viven en humedales de agua dulce todo el año. Los insectos buscan comida y refugio entre las plantas de los humedales. Las aves anidan dentro y cerca de humedales, para alimentarse de plantas e insectos que pasan por ahí. Además, animales grandes, como manatíes, viven en los humedales todo el año.

Otros animales pasan apenas una parte de su vida en los humedales. ¿Has visto u oído una parvada de gansos que pasa volando? Quizá estos gansos vuelan al sur para hacer un hogar temporal en un humedal. Cuando se acerca el invierno, gansos, patos y otras aves acuáticas viajan de Alaska y Canadá a climas más cálidos. En sus rutas pasan por millones de marismas pequeñas y poco profundas. Las aves se detienen en esas marismas para descansar y alimentarse. Luego prosiguen su ruta a las marismas del sur más grandes, donde pasan el invierno.

FIGURA 19
Fauna de los humedales
Los manatíes dependen del rico hábitat de los humedales para alimentarse y tener a sus crías.

Importancia para las personas Muchas personas, incluyendo agricultores y constructores, pensaban que los humedales no tenían ningún valor. Suponían que las zonas húmedas no servían a menos que se desecaran y rellenaran. Miles de kilómetros cuadrados de humedales fueron urbanizados para construir granjas, hogares y empresas. Sin embargo, desde la década de 1970 el gobierno aprobó leyes para proteger los hábitats de los humedales.

¿Qué motivó esas leyes? En los estudios científicos se mostró que los humedales cumplen funciones importantes para la gente y para la flora y la fauna. Por ejemplo, cuando el agua se mueve lentamente por un humedal, parte de los materiales de desecho se asientan. Otros desechos los absorben las plantas, como las que se muestran en la Figura 20. La densa red de raíces vegetales también atrapa limo y lodo. **De esta manera, los humedales actúan como filtros naturales. Como absorben las escorrentías excesivas de las lluvias intensas, ayudan a evitar inundaciones.** Los humedales son como esponjas gigantescas, que almacenan agua hasta que drena o se evapora paulatinamente. Cuando se destruyen los humedales, las aguas avenidas no se absorben, sino que escurren rápidamente por la tierra, empeorando los problemas de inundación.

Verifica tu lectura ¿Qué motivó las leyes de protección de los humedales?

FIGURA 20
Filtros naturales
Algunas plantas de humedales, como la flor de agua que se muestra aquí, filtra los contaminantes del agua. **Inferir** *¿Por qué son importantes para nosotros plantas de humedales como las flores de agua?*

Sección 4 Evaluación

Destreza clave de lectura **Formular preguntas** Usa las respuestas a las preguntas sobre los encabezados para responder a las preguntas.

Repasar los conceptos clave

1. a. **Definir** ¿Qué es un humedal?
   b. **Clasificar** ¿Cuáles son los principales tipos de humedales de agua dulce?
   c. **Comparar y contrastar** ¿En qué se asemejan los principales tipos de humedales de agua dulce? ¿En qué difieren?
2. a. **Hacer una lista** Anota tres actividades que amenacen los Everglades de Florida.
   b. **Resumir** ¿Qué se hace para conservar los Everglades?
   c. **Emitir un juicio** Algunos planes para restaurar los Everglades requieren millones de dólares y tendrán un efecto negativo en los agricultores locales. ¿Qué información considerarías para decidir qué debe hacerse?
3. a. **Describir** Nombra una manera en que los humedales benefician a la fauna y la flora y una manera en que nos benefician a nosotros.
   b. **Explicar** ¿Cómo ayudan los humedales a reducir la contaminación del agua?
   c. **Desarrollar hipótesis** Sin plantas, ¿un humedal filtraría el agua? Explica.

Lab zone Actividad En casa

Escorrentías Lleva a un familiar fuera de casa para observar cómo escurre el agua en diferentes materiales. Vacía agua en el pasto y observa qué pasa. Luego vacía agua en la acera o la calle. ¿Qué pasa con el agua en cada caso? ¿Cómo se relaciona esto con la función de los humedales para controlar inundaciones? ¿Por qué las inundaciones serían más frecuentes si se pavimentaran los humedales?

Sección 5

Aguas subterráneas

Avance de la lectura

Conceptos clave

- ¿Cómo se mueve el agua por las capas subterráneas de suelo y roca?
- ¿Cómo obtenemos el agua de un acuífero?

Términos clave

- permeable
- impermeable
- zona saturada
- nivel freático
- zona insaturada
- acuífero
- pozo artesiano

Destreza clave de lectura

Examinar ayudas visuales Antes de leer, revisa la Figura 22. Luego, escribe una pregunta que tengas sobre el diagrama en un organizador gráfico como el que sigue. Mientras lees, responde a tu pregunta.

La extracción de aguas freáticas

P.	¿Qué es un pozo artesiano?
R.	
P.	

Lab zone Actividad Descubre

¿Adónde va el agua?

1. Pon guijarros en un frasco de modo que formen una capa de 5 centímetros de profundidad. Cubre los guijarros con una capa de arena seca de unos 3 centímetros. Vacía la arena lentamente para que no mueva los guijarros. Estos materiales representan capas de suelo subterráneo.
2. Rocía agua en la arena para simular la lluvia.
3. Observa por el lado del frasco la trayectoria del agua cuando se hunde por las capas. Lávate las manos cuando termines esta actividad.

Reflexiona

Observar Describe lo que sucedió cuando el agua llegó al fondo del frasco.

Cuando eras un niño, ¿alguna vez cavaste un hoyo en el suelo con la esperanza de encontrar un tesoro enterrado? Quizá nunca encontraste un cofre lleno de oro, pero hay ciertos tesoros escondidos bajo el suelo. Si excavaste más allá de las raíces enmarañadas de la hierba y piedras pequeñas, el fondo del hoyo pudo haberse llenado de agua. Diste con aguas freáticas. En los días anteriores a los sistemas de abasto público de agua las aguas freáticas eran en verdad un tesoro oculto. Hoy en día, muchas personas todavía dependen de las aguas freáticas para satisfacer sus necesidades del líquido.

Cómo se mueve el agua bajo el suelo

¿De dónde viene el agua subterránea? Como el agua de ríos, lagos y glaciares, viene de la lluvia. Recuerda que la lluvia puede evaporarse, escurrir por la superficie o hundirse en el suelo. Si el agua se hunde en el suelo, gotea hacia abajo siguiendo la fuerza de la gravedad.

Si vacías agua en un vaso lleno de guijarros, el agua escurre alrededor de los guijarros hasta que llega al fondo. Luego comienza a llenar los espacios entre los guijarros. **De la misma manera, las aguas freáticas escurren entre las partículas de suelo por las grietas y los espacios de las capas de roca.**

Efectos de diversos materiales Las diversas clases de rocas y suelo tienen espacios, o poros, de diferente tamaño entre sus partículas, como se muestra en la Figura 21. El tamaño de los poros determina con qué facilidad se mueve el agua por la roca y el suelo. Si los poros se conectan, esto también influye en el movimiento del agua. Como tienen poros grandes y conectados, materiales como la arena y grava dejan pasar, o permear, el agua. Por eso se conocen como materiales **permeables.**

Cuando el agua escurre por rocas y suelo permeable, al final llega a capas de material que no puede atravesar. Esto materiales tienen pocos poros o grietas o no tienen. Dos ejemplos son la arcilla y el granito. La arcilla y el granito son **impermeables,** lo que significa que el agua no los atraviesa fácilmente.

Zonas de agua Cuando el agua llega a una capa impermeable queda atrapada y ya no puede escurrir más abajo. Entonces, comienza a llenar los espacios superiores del material permeable. La zona de roca o suelo permeable que queda totalmente saturada de agua se llama **zona saturada.** La parte superior de la zona saturada es el **nivel freático.** Si conoces la profundidad del nivel freático de tu zona, sabes cuánto debes excavar para encontrar agua.

Las capas de suelo y roca sobre el nivel freático contienen también algo de humedad. Pero aquí los poros contienen aire además de agua. No están saturados. Por tanto la capa de rocas y suelo sobre el nivel freático se llama **zona insaturada.**

Verifica tu lectura **Da un ejemplo de material permeable.**

Go Online SCILINKS NSTA

Para: Vínculos sobre aguas freáticas, disponible en inglés.
Visita: www.SciLinks.org
Código Web: scn-0815

FIGURA 21
Formación de aguas freáticas
Las diferencias en los materiales que forman las capas subterráneas determinan dónde se forman las aguas freáticas. El agua puede moverse por ciertas capas pero no por otras. **Interpretar diagramas** *¿Cuál es la zona saturada? ¿Dónde se localiza?*

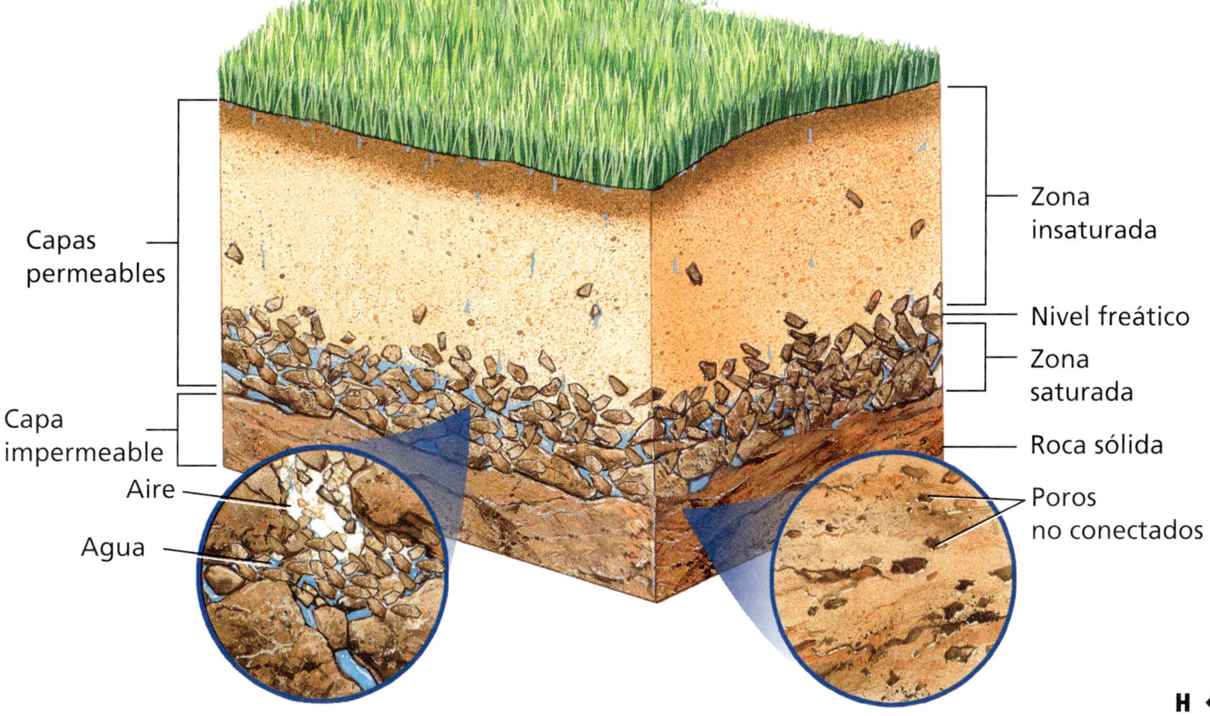

La extracción de aguas freáticas

Supongamos que vives muy lejos de una ciudad, pueblo o masa de agua dulce. ¿Cómo llegarías a las aguas freáticas para satisfacer tus necesidades cotidianas? Tienes suerte: el nivel freático de tu zona puede estar a sólo unos metros bajo el suelo. De hecho, en algunos lugares el nivel freático toca la superficie. Los manantiales se forman cuando aguas freáticas brotan o fluyen de grietas en las rocas. A una distancia corta de ahí, puede ser que el nivel freático esté a una gran profundidad.

Acuíferos Cualquier capa de roca o sedimento subterránea que retenga el agua se llama **acuífero.** El tamaño de los acuíferos va de pequeños segmentos subterráneos de material permeable a una zona del tamaño de varios estados. El enorme acuífero Ogallala yace bajo las llanuras del Medio Oeste, de Dakota del Sur a Texas. Millones de personas obtienen agua potable de este almacén subterráneo. El acuífero también provee agua para los cultivos y el ganado.

¿Te imaginas esta capa como una alberca grande e inmóvil bajo la superficie? En realidad el agua se mueve por entre las capas de rocas. La tasa de movimiento depende de la pendiente del acuífero y la permeabilidad de las rocas. Las aguas freáticas de algunos acuíferos se mueven apenas unos centímetros al día. A esa velocidad, avanza unos 10 metros por año. Las aguas freáticas llegan a viajar cientos de kilómetros y se quedan en un acuífero miles de años antes de volver a la superficie.

Matemáticas Analizar datos

Usos del agua

En la gráfica se muestra el consumo de agua en Estados Unidos. Cada categoría de consumo de agua está representada con un color. Usa la gráfica para responder a las preguntas siguientes.

Usos del agua en Estados Unidos

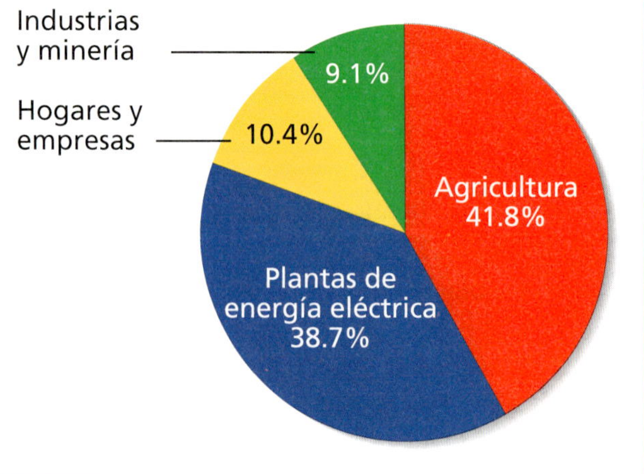

1. **Leer gráficas** ¿Cuántas categorías de uso del agua se muestran en la gráfica?
2. **Interpretar datos** Las dos categorías más grandes de uso del agua ¿qué porcentaje del total del consumo en Estados Unidos suman juntas?
3. **Interpretar datos** ¿Cuál de las categorías del uso de agua mostradas en la gráfica representa el mayor consumo en Estados Unidos?
4. **Predecir** ¿Qué efecto tendría en la gráfica el aumento del riego?
5. **Calcular** Si el uso diario total del agua en Estados Unidos es de 1,280,000 litros, ¿aproximadamente cuántos litros se usan a diario en las plantas de generación de electricidad?

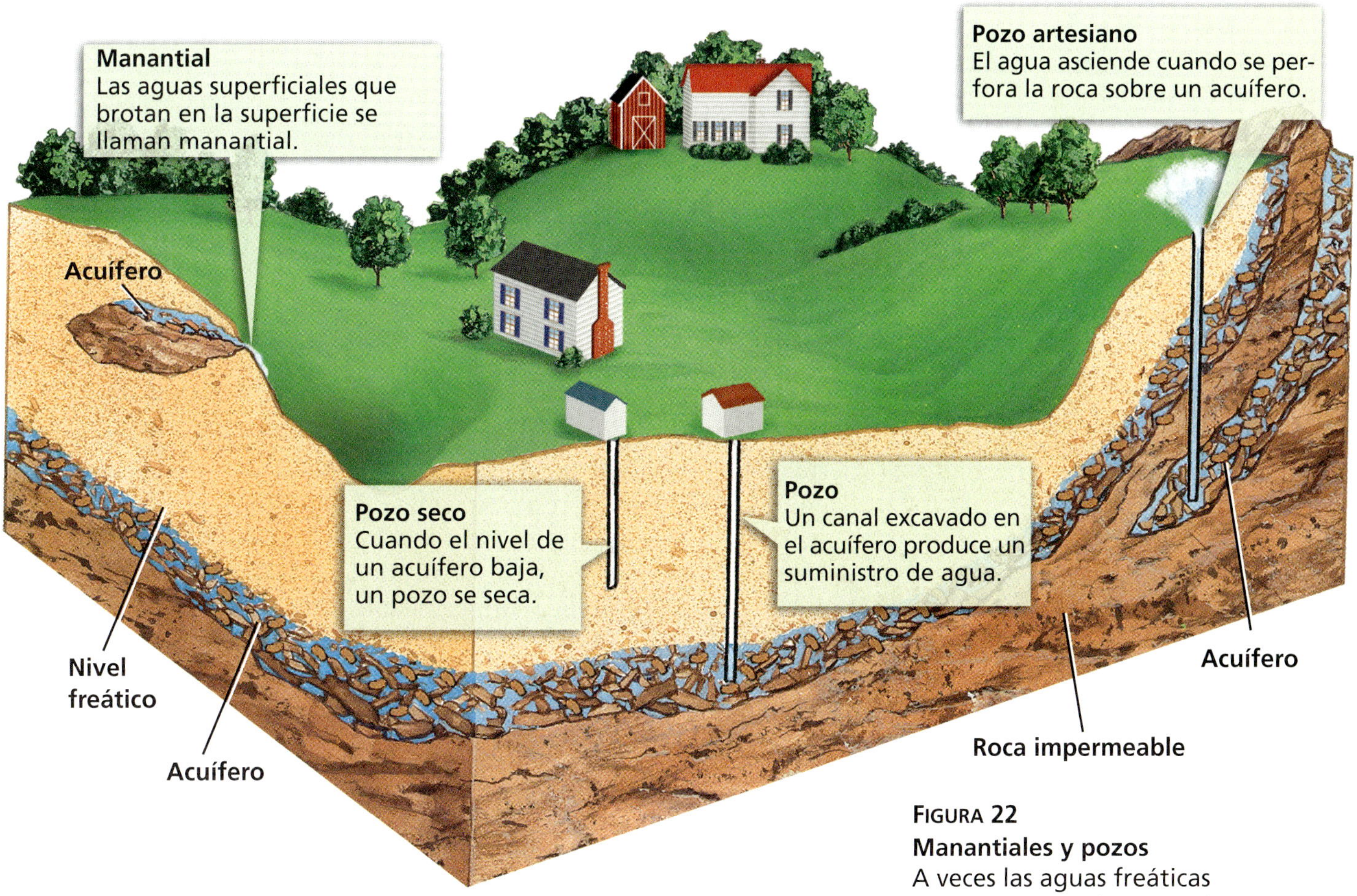

FIGURA 22
Manantiales y pozos
A veces las aguas freáticas emergen naturalmente a la superficie. En otras ocasiones la gente usa energía para extraerlas.
Comparar y contrastar *¿En qué se distinguen el pozo ordinario, el artesiano y el seco?*

Pozos La profundidad del nivel freático varía mucho en una zona muy pequeña. En general, el nivel freático sigue la forma de la capa subterránea de rocas, como se ve en la Figura 22. Pero aumenta durante las lluvias intensas o la fusión de la nieve y baja en tiempo de sequía. ¿Qué haces si la profundidad del nivel freático es mucha en tu zona? ¿Cómo llevas el agua a la superficie?

Desde la antigüedad los pueblos han llevado aguas freáticas a la superficie para beber y otros usos cotidianos. **Se obtiene el agua de un acuífero perforando un pozo debajo del nivel freático.** Localiza el pozo al centro de la Figura 22. Como el fondo del pozo está en una zona saturada, el pozo contiene agua. Observa el nivel del fondo del pozo seco en el diagrama. Como este pozo no llega debajo del nivel freático, no se puede extraer agua.

Verifica tu lectura **¿Por qué asciende un nivel freático? ¿Por qué desciende?**

Lab zone Actividad Inténtalo

Un pozo artesiano

Para esta actividad, cubre tu pupitre con periódico.

1. Cubre el fondo de un molde para pan con arcilla. Apila la arcilla a un nivel superior en un extremo. Cubre la arcilla con unos 4 cm de arena húmeda.
2. Cubre la arena con una capa delgada de arcilla. Sella firmemente los bordes de la arcilla contra el molde.
3. Mete un embudo por el extremo elevado con la punta en la arena.

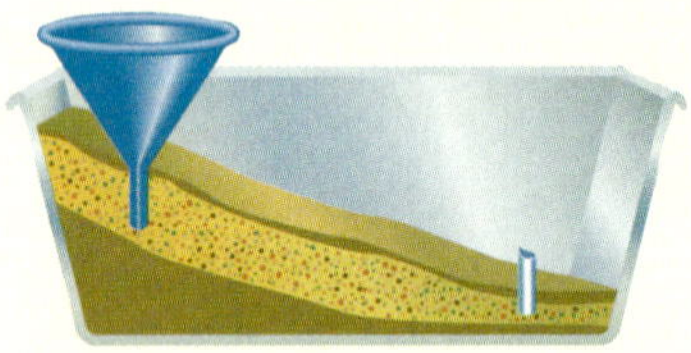

4. Inserta un trozo de pajilla por la arcilla hasta la capa de arena del lado bajo.
5. Vierte lentamente agua en el embudo. No dejes que el agua se derrame.
6. Observa el nivel del agua en la pajilla.

Hacer modelos ¿En qué se parece tu modelo a un pozo artesiano real? ¿En qué se diferencia?

Bombeo Hace mucho tiempo la gente excavaba los pozos a mano. Revestían los lados del pozo con ladrillos y piedra para que las paredes no se derrumbaran. Para subir el agua, bajaban y subían una cubeta. También llegaban a usar una bomba simple, como la que se muestra en la Figura 23. Pero en la actualidad casi todos los pozos se excavan con equipo de perforación. Las aguas freáticas se traen a la superficie con bombas de agua mecánicas.

Al bombear agua de un acuífero baja el nivel freático cerca del pozo. Si se bombea demasiada agua con mucha rapidez, el pozo llega a secarse. Los dueños del pozo tendrán que excavar más para llegar al nivel freático reducido o esperar a que las lluvias rellenen el acuífero. El agua nueva que entra en el acuífero desde la superficie se llama recarga.

Presión Ahora ya sabes cómo llevar aguas freáticas a la superficie. ¿Pero qué pasa si no funciona? Quizá no tengas tan mala suerte. Puedes perforar un pozo artesiano. En un **pozo artesiano,** el agua asciende por la presión interna del acuífero.

Mira de nuevo la Figura 22 y localiza el pozo artesiano. En algunos acuíferos las aguas freáticas quedan atrapadas entre dos capas de rocas o sedimentos impermeables. El agua está sometida a gran presión por el peso de la roca superior. Si se perfora esta capa superior de roca, la presión envía el agua a borbotones por el orificio. No hace falta bombearla: en un pozo artesiano, la presión hace el trabajo.

FIGURA 23
Trabajar por agua Esta residente de Bangladesh acciona una bomba manual para llevar aguas freáticas a la superficie.
Interpretar fotografías *¿Cuál es una desventaja de las bombas manuales?*

Manantiales y surtidores Algunas veces las aguas freáticas salen a la superficie por un proceso natural. Leíste que los lugares donde las aguas freáticas brotan o fluyen de las grietas en las rocas se llaman manantiales. Casi todos los manantiales contienen agua a temperaturas normales. Otros, como los de la Figura 24, contienen agua calentada por las rocas calientes del fondo. El agua caliente brota a la superficie en manantiales calientes.

En algunas zonas se ve una fuente de agua hirviendo y vapor que salta al aire. Es un surtidor, una forma especial de manantial del que el agua hace erupción periódicamente. También se llaman *geyser*, que viene de la palabra islandesa *geysir*, que significa "surtidor".

Se forma un surtidor cuando agua muy caliente que circulaba a grandes profundidades comienza a ascender por pasajes estrechos en la roca. Los gases y burbujas de vapor calientes suben por estos pasajes por la presión del agua caliente que hierve en el fondo. Así como la presión se acumula en una tubería obstruida en parte, la presión de estas estrechas aperturas en la roca se incrementa. Finalmente, los gases, vapor y agua caliente hacen erupción en el aire.

FIGURA 24
Un manantial de agua caliente
Un macaco japonés aprovecha el agua caliente que sale a la superficie de un manantial de agua caliente en Nagano, Japón.

Verifica tu lectura ¿Cómo se forman los surtidores?

Sección 5 Evaluación

Destreza clave de lectura **Examinar ayudas visuales** Repasa las preguntas y respuestas sobre la Figura 22 para responder a la pregunta 2.

Repasar los conceptos clave

1. a. **Repasar** ¿Qué sucede con el agua del suelo cuando llega a materiales impermeables?
   b. **Explicar** ¿Qué factores determinan con qué facilidad se mueve el agua por los materiales subterráneos?
   c. **Inferir** ¿Un material impermeable tiene poros grandes o pequeños? ¿Los poros estarían conectados o no? Explica.
2. a. **Describir** ¿Cómo se obtiene el agua de un acuífero?
   b. **Interpretar diagramas** Usa la Figura 22 para explicar por qué es importante conocer la profundidad de un acuífero antes de excavar un pozo.
   c. **Resolver un problema** Durante el invierno, tomas agua de un pozo en tu propiedad. Cada verano el pozo se seca. ¿Cuál podría ser la razón de este cambio?

Escribir en ciencias

Carta formal El consumo de agua en tu población ha aumentado en los años recientes por el crecimiento demográfico. Tu población obtiene el agua de un acuífero cercano. Estás preocupado porque el acuífero descienda. Escribe una carta a los funcionarios del gobierno local en la que expliques tus preocupaciones. Describe el efecto del consumo intenso del agua en el acuífero y sugiere qué medidas podrían tomarse para evitar una escasez de agua.

Lab zone **Diseña tu laboratorio**

Prueba del suelo

Problema

¿A qué velocidad se mueve el agua por arena, arcilla y guijarros?

Destrezas aplicadas

observar, desarrollar hipótesis, diseñar experimentos

Materiales sugeridos

- lupa
- 100 mL de arena
- cronómetro
- 3 ligas elásticas
- 3 frascos de 100 mL
- 300 mL de agua
- 100 mL de guijarros
- 100 mL de arcilla de artesano en polvo
- 3 cuadros de estopilla
- 3 embudos grandes o bocas de botellas de plástico recortadas

Procedimiento

PARTE 1 Observar el flujo de agua por la arena

1. Copia en tu cuaderno los datos de la tabla.
2. Observa detenidamente con la lupa la muestra de arena. Anota tus observaciones en la tabla.
3. Coloca un trozo de estopilla sobre el fondo de un embudo o botella y sujétala con la liga.
4. Coloca la arena en el embudo. Asegúrate de que haya un espacio de 5 cm sobre la arena en el embudo.
5. Coloca el embudo en la boca de un frasco.

Tabla

Material	Observaciones	Tiempo para que el agua deje de gotear
Arena		
Arcilla		
Guijarros		

6. Vierte lentamente 100 mL de agua en el embudo. No dejes que el agua desborde el embudo.
7. Activa el cronómetro en cuanto el agua comience a gotear por el embudo.
8. Detén el cronómetro cuando el agua deje de gotear por el embudo o cuando pasen 5 minutos. Anota el tiempo en tu tabla, redondeado al segundo más cercano.

PARTE 2 Comparar el flujo de agua en varias muestras de suelo

9. Observa atentamente con una lupa las otras dos muestras de materiales. Anota tus observaciones en la tabla.
10. Con los procedimientos que seguiste en la parte 1, diseña un experimento en el que compares el flujo de agua por arena, arcilla y guijarros. Asegúrate de escribir una hipótesis y de controlar todas las variables necesarias.
11. Entrega el plan de tu experimento a tu maestro. Después de hacer los cambios necesarios, realiza el experimento. Anota tus observaciones en la tabla.
12. Cuando termines esta actividad, elimina los materiales siguiendo las instrucciones de tu maestro. Lávate bien las manos con jabón.

Analiza y concluye

1. **Observar** En la parte 1, ¿cómo se veía la arena con la lupa? ¿Cuánto tardó en fluir el agua por la arena?
2. **Desarrollar hipótesis** ¿Qué hipótesis probaste en la parte 2? ¿En qué basaste tu hipótesis?
3. **Diseñar un experimento** ¿Cuál fue la variable manipulada en la parte 2? ¿Cuál fue la variable de respuesta?
4. **Sacar conclusiones** ¿En qué material se movió más rápidamente el agua? ¿En cuál fue más lenta? ¿Qué concluyes sobre la permeabilidad de los tres materiales?
5. **Predecir** De acuerdo con los resultados de este experimento, ¿esperarías obtener más agua de un pozo excavado en arena, guijarros o arcilla? Explica.
6. **Comunicar** Tu vecino y tú hablan de jardines. Le explicas que es importante que un jardinero conozca la permeabilidad de varios suelos. Escribe tu conversación en la forma de diálogo. Usa comillas para cada hablante.

Explora más

De las muestras de suelo que probaste, ¿cuál crees que se parezca más al suelo en los terrenos de tu escuela? Explica tu razonamiento. ¿Cómo comprobarías tu hipótesis?

Capítulo 1 Guía de estudio

1 Las propiedades del agua

Conceptos clave

- Los extremos positivos del hidrógeno en una molécula de agua atraen los extremos negativos del oxígeno de las moléculas de agua cercanas. Por consiguiente, las moléculas de agua se mantienen unidas.
- Las propiedades del agua incluyen acción capilar, tensión superficial, capacidad de disolver muchas sustancias y calor específico elevado.
- El hielo es agua sólida, la forma familiar del agua es el líquido, y el vapor de agua en el aire es un gas.

Términos clave

molécula polar
acción capilar
tensión superficial
solución
solvente
calor específico
evaporación
condensación

2 El agua de la Tierra

Conceptos clave

- Todos los seres vivos necesitan agua para realizar sus procesos corporales. Además, muchos seres vivos encuentran refugio en el agua.
- Casi toda el agua de la Tierra (un 97 por ciento) es agua salada del mar. Sólo 3 por ciento es agua dulce.
- En el ciclo del agua, ésta pasa de las masas de agua, la tierra y los seres vivos de la superficie terrestre a la atmósfera y de vuelta a la superficie.

Términos clave

fotosíntesis
hábitat
aguas freáticas
ciclo del agua
transpiración
precipitación

3 Aguas superficiales

Conceptos clave

- Un río y todos sus afluentes forman un sistema fluvial.
- Los lagos y las lagunas se forman cuando se acumula agua en hondonadas y depresiones de tierra.
- Además de los cambios estacionales, un lago puede tener cambios de largo plazo que al final provoquen su desaparición.

Términos clave

afluente
cuenca hidrográfica
divisoria de aguas
embalse
nutriente
eutrofización

4 Ambientes de humedales

Conceptos clave

- Los tres tipos más comunes de humedales de agua dulce son marismas, pantanos y ciénagas.
- La agricultura, urbanización e introducción de especies nuevas son algunas actividades humanas que ponen en peligro a los Everglades de Florida.
- Los humedales son el hábitat de muchos seres vivos. Los humedales nos sirven porque actúan como filtros naturales de agua y porque ayudan a controlar las inundaciones.

Término clave

humedal

5 Aguas freáticas

Conceptos clave

- Las aguas freáticas escurren entre las partículas de suelo por las grietas y los espacios de las capas de rocas.
- Las personas obtienen el agua de un acuífero perforando un pozo debajo del nivel freático.

Términos clave

permeable
impermeable
zona saturada
nivel freático
zona insaturada
acuífero
pozo artesiano

Repaso y evaluación

Go Online PHSchool.com
Para: Una autoevaluación, disponible en inglés.
Visita: PHSchool.com
Código Web: cfa-3010

Organizar la información

Ordenar en serie Copia en una hoja de papel aparte el diagrama de ciclo para mostrar cómo se mueve el agua en el ciclo del agua. (Para más información sobre ordenar en serie, consulta el Manual de destrezas.)

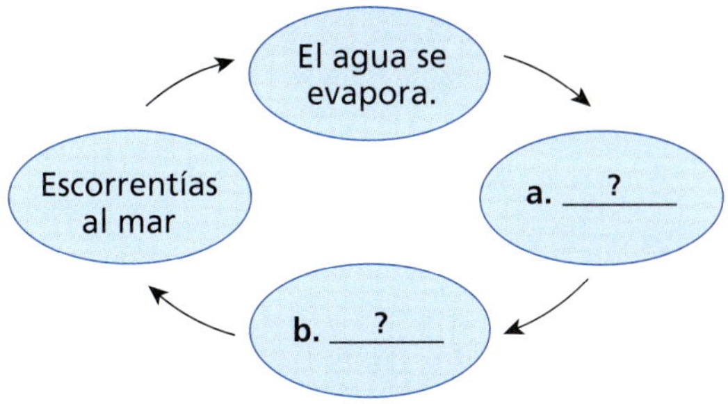

Repasar los términos clave

Elige la letra de la mejor respuesta.

1. Una molécula con partes cargadas eléctricamente es una
   a. molécula no polar.
   b. solución.
   c. molécula polar.
   d. gaseosa.
2. Más de 97 por ciento del agua total de la Tierra se localiza en
   a. capas de hielo.
   b. la atmósfera.
   c. los océanos.
   d. el subsuelo.
3. La zona terrestre que abastece agua a un sistema fluvial se llama
   a. divisoria de agua.
   b. cuenca hidrográfica.
   c. humedal.
   d. afluente.
4. Los humedales ayudan a controlar las inundaciones porque absorben
   a. limo y lodo.
   b. escorrentías excesivas.
   c. nutrientes.
   d. materiales de desecho.
5. El nivel freático se encuentra en la parte superior de
   a. la zona saturada.
   b. la zona insaturada.
   c. el acuífero.
   d. el pozo artesiano.

Si la oración es verdadera, escribe *verdadera*. Si es falsa, cambia la palabra o palabras subrayadas para hacer verdadera la oración.

6. La propiedad del calor específico permite a algunos insectos caminar sobre el agua.
7. En el proceso de condensación, las hojas de las plantas liberan vapor de agua.
8. Una cuenca hidrográfica está separada de otra por una divisoria de aguas.
9. Un acuífero es una zona de tierra cubierta por una capa poco profunda de agua durante todo el año o parte de él.
10. El agua pasa más fácilmente por materiales permeables.

Escribir en ciencias

Folleto Escribe un folleto en el que describas los Everglades de Florida. Asegúrate de incluir información sobre por qué viven ahí tantos organismos y por qué tenemos que proteger los Everglades.

Discovery Channel School

Earth: The Water Planet
Video Preview
Video Field Trip
▶ Video Assessment

Repaso y evaluación

Verificar los conceptos

11. Dibuja un diagrama de una molécula de agua en el que se indique por qué es polar. Asegúrate de poner nombres en tu diagrama.

12. Da ejemplos de dos propiedades del agua que sean causadas por la atracción entre moléculas de agua.

13. Explica por qué la Tierra se llama el "planeta azul".

14. ¿Por qué tan poca agua de la Tierra sirve para consumo humano?

15. ¿Cuándo se considera afluente un río grande?

16. ¿Qué es la rotación de un lago y cómo se relaciona con los cambios estacionales?

17. ¿Por qué un pozo artesiano no requiere una bomba hidráulica?

Pensamiento crítico

18. **Comparar y constrastar** Compara los tres estados del agua en términos de la rapidez y el ordenamiento de sus moléculas.

19. **Relacionar causa y efecto** Una molécula de agua se evapora más rápidamente en el mar Caribe, cerca del ecuador, que en el océano Ártico. Explica por qué este enunciado es verdadero.

20. **Predecir** La ciudad de Charleston, Carolina del Sur, se localiza en la costa del Atlántico. La ciudad de Macon, Georgia, está a unos 340 km tierra adentro al oeste. Predice qué ciudad es más fría en verano. Explica tu respuesta en términos de calor específico.

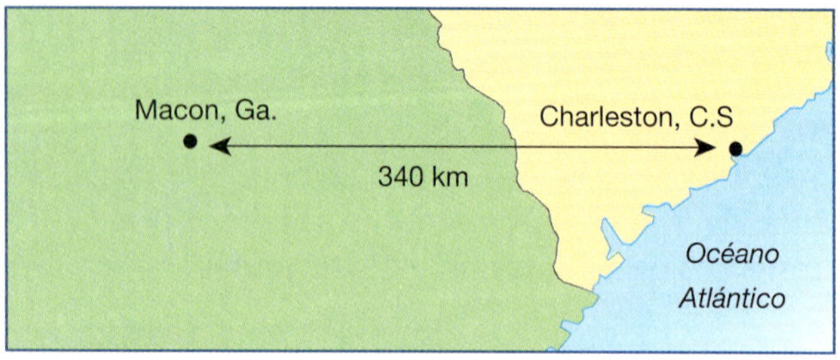

21. **Comparar y constrastar** ¿Por qué es diferente la variedad de organismos en el centro de una laguna que en el centro y el fondo de un lago?

22. **Aplicar conceptos** Explica por qué algunos ríos experimentan desbordamientos graves en primavera cuando la nieve y el hielo se funden en los arroyos de las montañas.

23. **Clasificar** En un paseo por un estado del norte, llegas a una zona de suelo esponjoso. Está tapizada de mohos junto con algunas plantas bajas con flores. ¿De qué clase de humedal se trata? Explica.

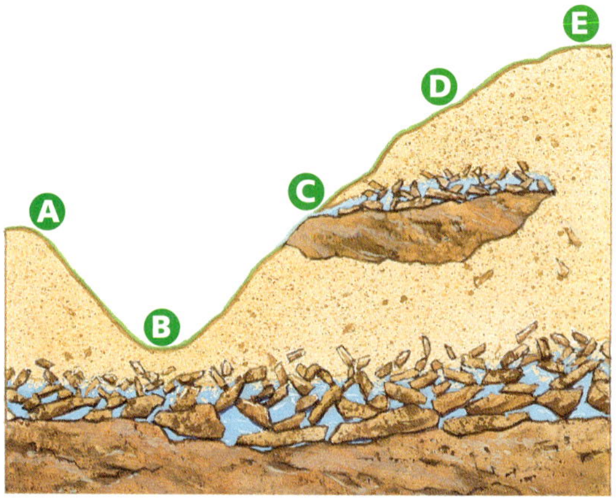

Aplicar destrezas

Usa el diagrama de las capas del subsuelo para responder a las preguntas 24 a 27.

24. **Sacar conclusiones** ¿Qué punto sería mejor para excavar un pozo, D o E.

25. **Inferir** ¿En qué lugar obtendrías aguas freáticas sin tener que usar una bomba? ¿Cómo se llama ese lugar?

26. **Interpretar datos** ¿En qué punto está el nivel freático más cerca de la superficie?

27. **Predecir** Dibuja un diagrama sencillo en el que muestres cómo se vería la zona durante una temporada de lluvias muy intensas.

Lab zone Proyecto del capítulo

Evaluación del desempeño Haz gráficas con datos de consumo de agua en tu casa y tu comunidad. Luego, comparte tus gráficas con tus compañeros. En grupo, comenten todos los resultados sorprendentes. Compara tus resultados con los de tus compañeros.

Preparación para la prueba estandarizada

Sugerencia para hacer la prueba

Leer todas las opciones de respuesta

Lee siempre todas las opciones de una pregunta de opción múltiple antes de elegir la respuesta que te parezca correcta. Si dejas de leer en cuanto ves una respuesta que te parece la correcta, quizá no te des cuenta de que una de las opciones es "todas las anteriores".

Pregunta de ejemplo

¿Dónde se encuentra el agua dulce de la Tierra?

A témpanos
B ríos y lagos
C aguas freáticas
D todas las anteriores

Respuesta

La respuesta correcta es **D,** todas las anteriores. El agua dulce se encuentra en témpanos, ríos y lagos, y aguas freáticas.

Elige la letra de la mejor respuesta.

1. ¿Qué característica del agua explica por qué tiene tantas propiedades singulares?
A El agua es una molécula no polar.
B El agua es una molécula polar.
C Las moléculas de agua no tienen partes con carga eléctrica.
D El agua no es una molécula.

2. ¿Por qué no crecen plantas en el fondo de los lagos profundos?
F El agua es demasiado salada.
G El agua es demasiado fría.
H La fotosíntesis no se realiza en el agua.
J No hay suficiente luz para que se dé la fotosíntesis.

3. Para un proyecto de ciencias tienes que elaborar un modelo de un acuífero. ¿Qué material sería el mejor para hacer la capa que retendrá el agua?
A un material impermeable, como arcilla
B un material impermeable, como granito
C un material permeable, como grava
D un material que no tenga poros

Usa el diagrama siguiente y tus conocimientos científicos para responder a las preguntas 4 y 5.

4. ¿Cuál de los siguientes es un proceso que se da en el ciclo del agua?
F evaporación
G precipitación
H condensación
J todos las anteriores

5. ¿Cuál es la fuente de energía que impulsa el proceso continuo que se muestra en el diagrama?
A el sol
B el mar
C la gravedad
D las mareas

Respuesta estructurada

6. Explica qué es un humedal y por qué son importantes los humedales. Describe una amenaza a los humedales y las acciones que se han emprendido para protegerlos de tal amenaza.

Capítulo 2

Fuentes de agua dulce

Avance del capítulo

1 Oferta y demanda de agua
Descubre *¿Puedes hallar el equilibrio?*
Analizar datos *Consumo doméstico de agua*
Laboratorio de destrezas *A quitar la sal*

2 Agua potable
Descubre *La dificultad de transportar el agua*
Destrezas de matemáticas *Calcular una concentración*
Actividad de destrezas *Hacer modelos*
Inténtalo *El transporte ascendente del agua*
Tecnología y sociedad *Tratamiento de aguas residuales*
Laboratorio del consumidor *La prueba del agua*

3 Contaminación del agua
Descubre *¿Se contaminarán tus pozos?*
Actividad de destrezas *Clasificar*
Inténtalo *Crecimiento de las algas*

4 Sequías e inundaciones
Descubre *¿Qué efecto tiene la sequedad en el suelo?*
Actividad de destrezas *Inferir*

5 Fuerza del agua
Descubre *¿El agua hace trabajo?*
Inténtalo *Una rueda hidráulica*
Arte activo *Fuerza hidroeléctrica*

interactive Textbook

Esta familia disfruta un recurso de agua dulce: pescado.

Discovery Channel School

Freshwater Resources
- Video Preview
- Video Field Trip
- Video Assessment

Lab zone™ **Proyecto** del capítulo

Un recurso precioso

Tienes que cocinar, lavar, bañarte y, lo más importante, sobrevivir. El agua es un recurso precioso, pero cuando la usamos, podemos contaminarla. En el proyecto de este capítulo vas a explorar cómo limpiar la contaminación del agua.

Tu objetivo Diseñar y construir un sistema de tratamiento de aguas para limpiar un litro de agua sucia

Tu sistema de tratamiento debe

- constar de por lo menos dos pasos de tratamiento
- estar hecho de materiales que hayan sido aprobados por tu maestro
- recuperar tanta agua como sea posible
- seguir las reglas de seguridad del Apéndice A

Haz un plan Tu maestro te dará una muestra de agua sucia. Obsérvala atentamente y anota tus observaciones. Repasa el capítulo para que aprendas sobre la contaminación del agua y los sistemas de tratamiento. Luego, escoge los materiales para tu modelo. Luego de que tu maestro apruebe tu diseño, construye tu modelo y realiza varias pruebas para saber cómo funciona. **PRECAUCIÓN:** *No pruebes ni bebas las muestras de agua antes ni después del tratamiento.*

Sección 1

Oferta y demanda de agua

Avance de la lectura

Conceptos clave

- ¿Cómo usamos el agua?
- ¿Cuáles son algunas formas de conservar el agua dulce?
- ¿Cuáles son las probables fuentes de agua para el futuro?

Términos clave

- irrigación
- conservación
- desalinización

Destreza clave de lectura

Usar el conocimiento previo Tu conocimiento previo es lo que sabes antes de leer sobre un tema. Antes de leer, escribe lo que sabes sobre la conservación del agua en un organizador gráfico como el que sigue. Mientras lees, escribe lo que aprendas.

Lo que sabes
1. Puedo conservar el agua tomando duchas más cortas. 2.

Lo que aprendiste
1. 2.

Lab zone Actividad Descubre

¿Puedes hallar el equilibrio?

1. Llena una taza graduada grande con agua para representar un embalse. Anota el nivel de agua. Un compañero, el aguador, debe tener un gotero de plástico y un tazón pequeño de agua. El otro compañero, el consumidor, debe tener una cuchara y un tazón vacío.
2. Acciona un cronómetro. Durante dos minutos, el aguador debe poner agua en la taza graduada, la que quepa en un gotero cada vez. Cuando el aguador agregue un gotero de agua, el consumidor debe retirar una cucharada de agua del embalse.
3. Cuando pasen dos minutos, anota el nivel de agua de la taza.
4. Ahora aumenta la rapidez en el consumo de agua: quita dos cucharadas por cada gotero añadido.
5. Cuando pasen otros dos minutos, anota de nuevo el nivel del agua en la taza.

Reflexiona

Predecir ¿Qué cambios se necesitarán para que el nivel de agua del embalse se mantenga constante?

Imagínate esto: cenas con tu familia y le pides a alguien que te pase el pan. Mientras la canasta recorre la mesa, cada quien toma un pan. Cuando la canasta llega a tu lugar, ¡no queda nada aparte de migajas!

Este escenario es un ejemplo de un recurso limitado (el pan) que consumen muchos. Algo semejante sucede con un río.

Por ejemplo, el río Colorado contiene un recurso que es precioso en el suroeste: el agua. En esta región desértica cae muy poca precipitación para satisfacer las necesidades de las personas. A medida que el río fluye por cinco estados y en México, es explotado una y otra vez para obtener agua para beber, irrigación y otros usos. Cada vez que se explota el río, el caudal disminuye. Por consiguiente, la desembocadura del río en el golfo de California es muchas veces un cauce seco. El río Colorado se seca a menudo antes de llegar al mar.

Cómo usamos el agua

En los desiertos de Nevada y Arizona, dos estados por los que pasa el río Colorado, se localizan algunas de las ciudades de mayor crecimiento del país. A medida que se muda más gente a Las Vegas, Phoenix y Tucson, aumenta la demanda de agua, que ya es escasa en la región.

El agua se usa para fines domésticos, industria, de transporte, agrícolas y de recreación. Cuando las ciudades crecen, también se incrementa la necesidad de agua para uso doméstico. Industrias, como la minería, requieren agua para enfriar las máquinas y desalojar las minas. Al mismo tiempo, los granjeros necesitan una gran cantidad de agua para sus tierras. Ciudades, industrias y granjas compiten por los derechos del agua: el derecho legal a tomar el agua de una fuente.

El suroeste es sólo uno de los muchos lugares donde el agua es escasa. Como sabes, el agua se recicla constantemente. Sin embargo, a veces se consume más rápidamente de lo que puede recuperarse por precipitación. Una escasez de agua se da cuando ésta es muy poca o la demanda de una zona es excesiva. Puede haber una escasez de agua por procesos naturales o por un crecimiento acelerado de las necesidades humanas de agua.

FIGURA 1
El río Colorado
El río Colorado recorre cinco estados. Ciudades, minas y granjas usan el agua del río para consumo, irrigación y otros usos.

En casa Dedica un minuto a anotar todos tus usos del agua esta mañana. Probablemente te lavaste la cara y los dientes, y usaste el escusado. Quizá bebiste un vaso de agua o cocinaste avena con agua. Éstos son usos domésticos comunes del agua.

Industria y transporte Piensa en los objetos de tu mochila: libros, plumas, carpetas. Aunque el agua no es parte de ellos, interviene en su fabricación. Las industrias también usan el agua de otras maneras. Por ejemplo, las plantas de energía y las acereras necesitan enormes cantidades de agua para enfriar la maquinaria caliente. El agua que se usa para enfriar puede reciclarse.

Desde la antigüedad se ha usado el agua para transportar personas y artículos. En el mapa de Estados Unidos, verás que muchas ciudades importantes están en las costas. La navegación marítima fomentó el crecimiento de estos grandes puertos. En los primeros días de Estados Unidos, los ríos también eran vías naturales.

• Tecnología y diseño en la historia •

Agua y agricultura

Las plantas requieren un suministro continuo de agua para crecer. ¿Cómo han regado sus cultivos los agricultores en la historia? En esta línea cronológica se muestran algunos métodos creados en diversas partes del mundo.

3000 a. C. Irrigación

Uno de los métodos de irrigación más antiguos se desarrolló para cultivar arroz. Los agricultores formaban arrozales, estanques artificiales con bordes elevados, y los inundaban con el agua de una corriente cercana. Esta técnica antigua todavía se usa en todo el sureste asiático.

2000 a. C. Shadufs

Los agricultores egipcios inventaron un medio para sacar agua del Nilo. El shaduf funciona como palanca que facilita el ascenso de una cubeta de agua. Luego, los agricultores vaciaban el agua en redes de canales para regar sus campos. Todavía se usa el shaduf en Egipto, India y otros países.

700 a. C. Canales y acueductos

Senaquerib, rey de la antigua Asiria, rodeó la ciudad capital de Nínive con árboles frutales y plantas exóticas. Para regar los jardines, construyó un canal y un acueducto que llevara el agua de las colinas cercanas.

3000 a. C. — 2000 a. C. — 1000 a. C.

Agricultura ¿Tu familia ha tenido un huerto? Entonces ya sabes que se requiere agua para cultivar frutas y verduras. En una granja grande es esencial un suministro continuo de agua dulce. Sin embargo, algunas zonas no reciben suficientes lluvias para la agricultura. En esos lugares hay que regar las tierras de cultivo. La **irrigación** es el proceso por el que se proporciona agua a terrenos de modo que sean aptos para el cultivo. En Estados Unidos se usa más agua para irrigación que para cualquier otro fin.

Recreación ¿Te gusta nadar en la alberca municipal? ¿Te gusta pescar en un bote a la mitad de un lago? ¿Te gusta caminar por la playa y recoger conchas? ¿O quizá te gusta sentarte en el muelle y mojarte los pies en el agua? Entonces ya conoces formas en que el agua sirve como recreación. Si desafías el frío del invierno para esquiar o patinar, disfrutas el agua en su forma congelada.

Verifica tu lectura **Anota un uso doméstico, uno industrial y uno agrícola del agua.**

Escribir en ciencias

Analizar y escribir
Averigua más sobre una de estas técnicas agrícolas. Imagina que eres agricultor y que por primera vez observas el funcionamiento de un método. Describe en una carta a un amigo esa técnica nueva. ¿Qué problema resuelve? ¿Cómo mejora tu cultivo del campo?

1200 d. C. Chinampas
Para cultivar en zonas palustres, los aztecas construyeron parcelas elevadas llamadas chinampas. Una cuadrícula de canales mantenía la humedad de los cultivos.

1870 d. C. Bombas de energía eólica
Cuando llegaron los pobladores a las Grandes Llanuras secas del centro de Estados Unidos, extraían aguas freáticas para regar. Molinos de viento daban la energía para bombearlas. Los agricultores excavaban para llevar el agua a sus campos.

Irrigación por goteo actual
En la actualidad, métodos como la irrigación por goteo aseguran muy poco desperdicio de agua al regar los cultivos. Orificios en una tubería dejan caer el agua directamente en el suelo donde están las raíces de cada planta.

1 d. C. — 1000 d. C. — 2000 d. C.

FIGURA 2
La conservación del agua en casa
Hay muchas maneras sencillas de conservar el agua en casa.
Desarrollar hipótesis *¿Cuál de estas ideas crees que ahorraría más agua al día en tu casa? ¿Cómo comprobarías tu hipótesis?*

La conservación del agua

Cuando escasea el agua, la gente trata de no desperdiciarla. La **conservación** es la práctica de usar menos un recurso para que no se agote. **Reducir el uso de agua, reciclarla y reutilizarla son tres maneras de conservarla.**

En casa Casi todos los estadounidenses tenemos acceso a toda el agua limpia y segura que queramos. Por eso, usamos más agua de la que necesitamos sin pensarlo mucho. Pero, como se muestra en la Figura 2, hay cosas sencillas que puedes hacer para conservar el agua en tu casa.

¿Sirven de algo estas sugerencias? Fíjate: en cada minuto de regadera gastas unos 18 litros de agua. Si te bañas en 10 minutos, son aproximadamente 180 litros. Pero si te bañaras en 5 minutos, serían sólo 90 litros. Si todos los estudiantes de un grupo de 25 se bañaran en 5 minutos en lugar de 10, ¡ahorrarían en total 2, 250 litros de agua!

En la industria Muchas industrias han hecho cambios en sus procesos de manufactura para usar menos agua. Por ejemplo, en la década de 1950 se necesitaban aproximadamente 227,000 litros de agua para fabricar 1,000 kilos de papel para escribir. Pero en la década de 1980 se requería sólo la mitad de esa agua para producir la misma cantidad de papel.

Las nuevas técnicas de ahorro de agua sirven para ahorrar dinero en costos de agua y cumplir con las normas de las leyes ambientales. Estas técnicas conservan el agua al tiempo que reducen el agua que desechan las fábricas. Por ejemplo, algunas fábricas que usan agua para enfriar máquinas hoy construyen pozas de enfriamiento dentro de sus instalaciones. El agua caliente se enfría ahí y luego se usa otra vez.

En la agricultura La agricultura consume la mayor cantidad de agua en Estados Unidos. En las últimas décadas los agricultores han encontrado maneras nuevas de usar menos agua. Cuando el agua llega a los campos en zanjas abiertas, mucha se pierde por evaporación. Usar tuberías para transportar el agua reduce su pérdida.

En la irrigación por surtidor y por goteo se usan tuberías para conservar el agua. En la irrigación por surtidor el agua se rocía en los cultivos desde tuberías dispuestas en la parte superior. En la irrigación por goteo se distribuye el agua mediante tuberías con orificios diminutos que están cerca del suelo. El agua gotea a la tierra cerca de las raíces de las plantas para que se desperdicie poca.

Verifica tu lectura **¿Cuál es la diferencia entre la irrigación por surtidor y por goteo?**

Go Online PHSchool.com

Para: Más información sobre conservación del agua, disponible en inglés.
Visita: PHSchool.com
Código Web: cfd-3021

FIGURA 3
Conservación del agua en las granjas
Una manera en que los agricultores pueden conservar el agua es usar sistemas de irrigación por surtidor para regar sus cultivos.
Relacionar causa y efecto *¿Cómo se ahorra agua en la irrigación por surtidor?*

Matemáticas — Analizar datos

Consumo doméstico de agua

Una familia realizó una encuesta de su consumo actual de agua. En la gráfica de barras se muestra su uso promedio diario. Estudia la gráfica y responde a las preguntas siguientes.

1. **Leer gráficas** ¿Qué variable se muestra en el eje horizontal? ¿Qué variable se muestra en el eje vertical?
2. **Interpretar datos** ¿Cuál es el origen del mayor consumo de agua de la familia?
3. **Calcular** La familia descubrió que consumen un promedio de unos 675 litros de agua por día. ¿Aproximadamente qué porcentaje se usa para lavar la ropa?
4. **Inferir** ¿Crees que el consumo de agua de la familia variaría en otras épocas del año? Explica.

Consumo de agua diario de una familia

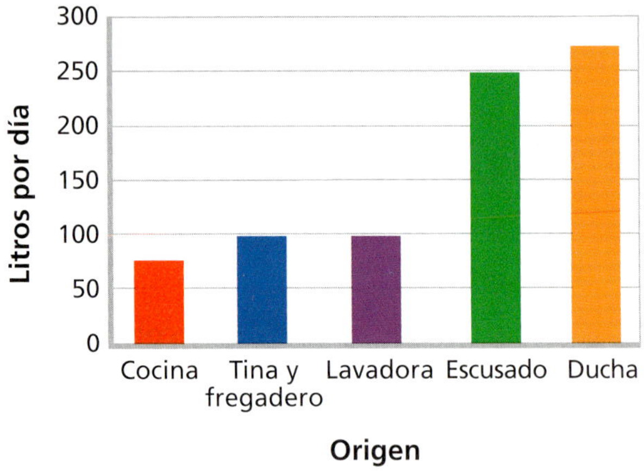

5. **Predecir** Sugiere otras tres maneras en que la familia podría ahorrar mucha agua diariamente.

Agua dulce para el futuro

A medida que se incrementa el consumo mundial de agua, crece también la necesidad del agua. ¿Dónde podemos encontrar nuevas fuentes de agua para el futuro? Un lugar obvio parecerían ser los mares. **Dos métodos posibles para obtener agua dulce en el futuro son la desalinización y el derretimiento de icebergs.**

Desalinización Durante miles de años la gente ha tratado de hacer potable el agua salada del mar. Un método posible de obtener agua dulce de la salada se llama **desalinización.**

Hay varias maneras de desalinizar el agua. Una técnica llamada destilación consiste en hervir el agua hasta que se evapora y suelta la sal. El vapor de agua se condensa para producir agua dulce líquida. Otro método consiste en congelar el agua, lo que también la hace soltar la sal. Otro método más consiste en bombear el agua a mucha presión por un filtro muy fino. El filtro separa el agua dulce y devuelve el agua salada al mar.

La desalinización es muy cara por la energía y el equipo que se necesitan. Pero a pesar de su costo, muchas naciones del suroeste de Asia, que es seco, dependen de esta tecnología. Unas cuantas ciudades estadounidenses, como Santa Bárbara, California, también han construido plantas de desalinización.

Icebergs Otra fuente posible de agua dulce son los icebergs. Remolcadores podrían arrastrar un iceberg envuelto de la Antártida a la zona costera de África o América del Sur. Cuando el iceberg se derritiera, daría millones de litros de agua pura que podrían enviarse a la costa en tuberías.

Sin embargo, estos planes plantean preguntas ambientales. ¿Qué efecto tendría una masa tan grande de hielo en el estado del tiempo local? ¿Qué pasaría con los seres vivos del mar a medida que el hielo enfriara el agua de los alrededores? Hay que responder a estas preguntas antes de que los icebergs puedan satisfacer las necesidades futuras de agua.

Verifica tu lectura ¿Qué es la desalinización?

FIGURA 4
¿Una fuente futura de agua potable?
Los icebergs son una fuente posible de agua potable para el futuro. **Aplicar conceptos** *¿Cómo puede enviarse el agua de los icebergs a los pobladores de las costas?*

Sección 1 Evaluación

Destreza clave de lectura **Usar el conocimiento previo** Revisa tu organizador gráfico según lo aprendido.

Repasar los conceptos clave

1. a. **Hacer una lista** Nombra cinco maneras en que usamos el agua.
   b. **Explicar** ¿Por qué ciudades y pueblos se sitúan muchas veces cerca de masas de agua?
   c. **Calcular** Cultivar el trigo para una hogaza de pan requiere unos 435 litros de agua. Si tu familia se come tres hogazas a la semana, ¿cuánta agua se usaría al año para hacer el pan de tu familia?
2. a. **Identificar** ¿Cuáles son las tres maneras de conservar el agua?
   b. **Describir** Describe las técnicas que usan las industrias para conservar el agua.
   c. **Emitir un juicio** Para conservar el agua, ¿deben las comunidades limitar la frecuencia con que la gente riega su jardín o lava su auto? ¿Por qué?
3. a. **Revisar** ¿Cuáles son dos posibles maneras de satisfacer las necesidades futuras de agua de la gente?
   b. **Inferir** Señala una desventaja de cada método.

Lab zone Actividad En casa

Monitorear el consumo de agua Pon un tapón en el drenaje del lavabo. Pide a un familiar que se lave los dientes y que deje correr el agua hasta que termine. Marca el nivel del agua en el lavabo con un pedazo de cinta adhesiva. Quita el tapón y deja que se vaya el agua. Vuelve a poner el tapón y pide a tu familiar que se lave de nuevo los dientes, pero que esta vez abra la llave sólo cuando necesite el agua. Marca el nivel del agua con otro pedazo de cinta. Señala la diferencia en la cantidad de agua usada en cada caso.

A quitar la sal

Problema

¿Cómo se usa la destilación para obtener agua dulce a partir de agua salada?

Destrezas aplicadas

observar, hacer modelos

Materiales

- parrilla • hoja de papel de aluminio • vaso de precipitado de 250 mL • cuchara de plástico • 100 mL de agua • bandeja poco honda • hielo • tubo de plástico
- matraz de 500 mL • agitador • tapón de hule • sal • 50 cm de manguera de hule

Procedimiento

1. Vierte en el matraz los 100 mL de agua.
2. Añade una cucharada de sal al agua del matraz y agita hasta que se disuelva. La solución no debe estar turbia.
3. Inserta con cuidado la manguera de plástico por el orificio del tapón de hule. No la metas a la fuerza. Si tienes dificultades, pide al maestro que te ayude.
4. Inserta un extremo del tubo en la manguera.
5. Pon el tapón de hule en el matraz. El fondo del tubo de plástico debe quedar arriba de la superficie de la solución.

6. Cubre el vaso de precipitados con la hoja de papel de aluminio. Oprime los bordes del aluminio contra el vaso.
7. Pasa el extremo libre de la manguera por el centro del papel de aluminio que cubre el vaso de precipitados.
8. Coloca el vaso en la bandeja, rodeado por hielo.
9. Pon el matraz en la parrilla, cuidando de que no toque la bandeja con hielo. Enciende la parrilla. Deja que hierva la solución. **PRECAUCIÓN:** *No toques la parrilla ni el matraz. No dejes que la solución se consuma.*
10. Observa lo que sucede en el matraz y en el vaso. Sigue calentando la solución hasta que se haya acumulado un líquido en el vaso.
11. Apaga la parrilla y deja que el matraz y el vaso se enfríen. ¿Qué quedó en el matraz? Anota tus observaciones.

Analiza y concluye

1. **Observar** ¿Qué pasó con el agua del matraz en el proceso? ¿Qué pasó con la sal?
2. **Hacer modelos** ¿Qué representa el agua del matraz? ¿Qué representa el agua del vaso?
3. **Sacar conclusiones** De acuerdo con tus resultados, ¿la destilación es un método útil para obtener agua dulce de agua salada? ¿Por qué?
4. **Comunicar** Imagina que construyes una planta de desalinización en la que se obtiene agua para una ciudad. Describe en un párrafo las dificultades que enfrentarías para seguir este proceso en una escala tan grande.

Diseña un experimento

¿Cómo cambiarías la preparación y el procedimiento para recuperar agua dulce de agua salada sin usar la parrilla? *Pide permiso a tu maestro antes de hacer tu investigación.*

Sección 2

• Tecnología y diseño •

Agua potable

Avance de la lectura

Conceptos clave

- ¿Qué factores influyen en la calidad del agua?
- ¿Por qué el agua potable es tratada para que la podamos beber?
- ¿Qué sucede con las aguas residuales de las comunidades?

Términos clave

- calidad del agua
- concentración • pH • dureza
- filtración • coagulación
- aguas residuales

Destreza clave de lectura

Ordenar en serie Mientras lees, haz un diagrama de flujo que muestre los pasos del tratamiento del agua potable. Anótalos en recuadros separados, en el orden en que suceden.

Tratamiento del agua potable

Primera filtración
↓
Coagulación
↓
[ ]

Lab zone Actividad Descubre

La dificultad de transportar el agua

1. Alinea dos botes grandes de basura con bolsas de plástico gruesas. Llena un bote con 100 litros de agua, más o menos la que usa una persona en una ducha de cinco minutos.
2. Con tus compañeros, formen una fila entre los dos botes. El objetivo es trasladar toda el agua de un bote al otro.
3. La primera persona de la fila debe llenar una jarra grande de plástico con agua, taparla y pasarla a la siguiente persona. **PRECAUCIÓN:** *No derramen el agua. Tengan cuidado con los pisos resbalosos si están en interiores.*
4. Pasen la jarra al extremo de la fila, donde la última persona debe vaciarla en el segundo bote. Pasen la jarra vacía por la fila hasta la primera persona.
5. Repitan los pasos 3 y 4 hasta que toda el agua esté en el segundo bote. ¿Cuántas veces pasaron la jarra por la fila?

Reflexiona

Calcular Supón que una persona consume en promedio 250 litros de agua al día. ¿Cuántas veces hubieran tenido que pasar la jarra para trasladar toda esa agua?

¿De dónde viene el agua que sale de la llave de tu cocina? Su origen puede ser un lago o embalse, o puede venir del agua de capas de rocas subterráneas. Casi todos los estadounidenses obtienen el agua potable de alguna de estas fuentes.

Tu agua potable viene de un sistema de abasto público o privado. Casi todas las comunidades grandes tienen suministros públicos. Estas comunidades reúnen, tratan y distribuyen el agua a los habitantes. En las zonas menos pobladas la gente depende a menudo de pozos privados que proveen de agua a cada familia.

Matemáticas Destrezas

Calcular una concentración

Muchas veces las concentraciones se miden en partes por millón (ppm). ¿Qué significa esta unidad? Si tienes un disco compacto de tu grupo favorito y el disco vende un millón de ejemplares, tu disco es uno de un millón vendidos, o una parte por millón. Cuando se escribe una concentración de esta forma, se puede reescribir como fracción. Para hacerlo, se anota el número de partes por millón en la parte superior y el "entero" en la parte inferior.

$$1 \text{ parte por millón} = \frac{1}{1{,}000{,}000}$$

Problema de práctica La concentración de hierro en una muestra de agua es de 500 partes por millón. Escribe esta concentración como fracción.

Calidad del agua

Ahora ya sabes de dónde viene el agua. Sin embargo, antes de que te lleves un vaso a la boca, quieres tener la certeza de que el agua se puede beber. ¿Estarías dispuesto a tomar un sorbo si el agua tuviera color de herrumbre o un olor raro? Color y olor son dos factores que afectan la calidad del agua.

Normas de calidad La **calidad del agua** es una medida de las sustancias que se encuentran en ella, aparte de sus moléculas. **Ciertas sustancias, como el hierro, influyen en el sabor o el color del agua, pero son inofensivas a menos que se encuentren en concentraciones muy elevadas. Otras sustancias, como ciertas sustancias químicas y microorganismos, pueden ser nocivos para la salud.**

En Estados Unidos, la Oficina de Protección del Ambiente (EPA) se encarga de fijar las normas de calidad del agua. Con estas normas se determinan los límites de las concentraciones de ciertas sustancias. Una **concentración** es la cantidad de una sustancia en cierto volumen de otra sustancia. En la Figura 5 se muestran algunas normas de calidad del agua para varias sustancias.

Acidez El pH del agua también influye en su calidad. El **pH** del agua es una medida de qué tan ácida o básica es en una escala de 0 a 14. El agua pura tiene un pH de 7; es neutra, lo que significa que no es ácida ni base. Cuanto más elevado es el pH, más básica es el agua. Cuanto menor es el pH, más ácida es el agua. El agua ácida puede causar problemas porque disuelve el plomo y otros metales de las tuberías por las que pasa.

FIGURA 5
La EPA ha fijado normas de calidad del agua potable. **Interpretar datos** *Según esta tabla, ¿es aceptable una concentración de arsénico de 0.09 ppm en agua potable? ¿Es aceptable una concentración de 0.05 ppm?*

Normas selectas de calidad del agua

Sustancia	Límite
Arsénico	0.01 partes por millón (ppm)
Tetracloruro de carbono	0.005 ppm
Cobre	1.3 ppm
Cianuro	0.2 ppm
Plomo	0.015 ppm
Conteo de coliformes	No más de 5% de las muestras tomadas en un mes pueden dar positivo.
pH	6.5 – 8.5

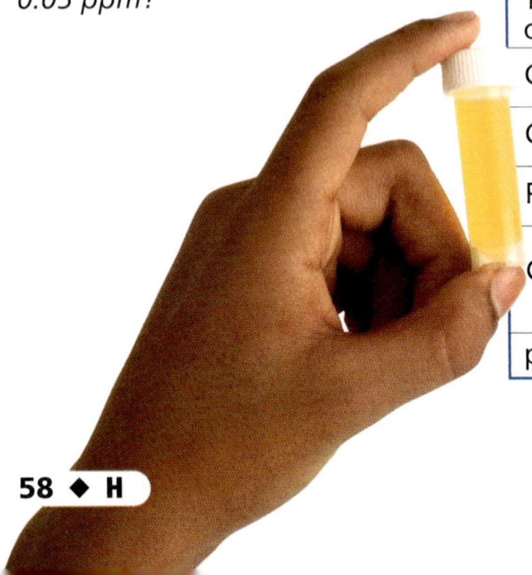

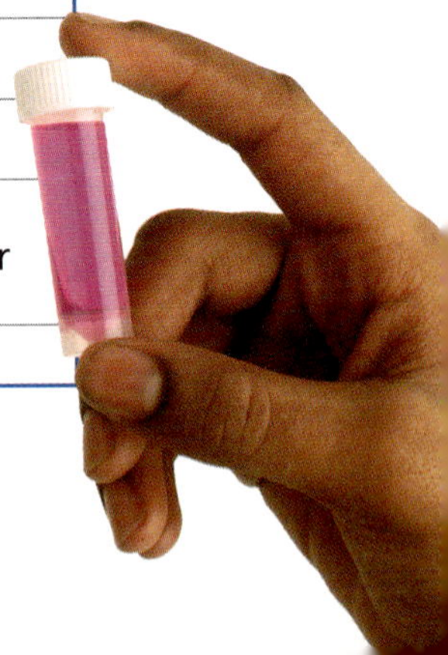

FIGURA 6
Dureza del agua
El agua dura no hace espuma fácilmente. El agua usada para lavar este auto seguramente es blanda.

Dureza La concentración combinada de dos metales, calcio y magnesio, en una muestra de agua se llama **dureza** de esa muestra. El agua dura contiene concentraciones elevadas de calcio y magnesio. Los minerales vienen de rocas subterráneas, como la caliza, por las que fluye el agua.

Para la mayoría de las personas, el principal inconveniente del agua dura es que no hace espuma facilmente cuando se mezcla con jabón o detergente. La espuma es muy importante para la limpieza, de modo que se necesita más jabón o detergente para lavar la ropa con agua dura.

Los minerales del agua dura también forman depósitos que obstruyen tuberías y máquinas. Por su parte, el agua blanda contiene pocas concentraciones de calcio y magnesio. Deja menos depósitos y hace mejor espuma que el agua dura.

Organismos patógenos La presencia de organismos patógenos afecta la calidad del agua. Estos organismos se detectan en el agua mediante un conteo de coliformes, con el que se mide el número de bacterias *Escherichia coli*. Estas bacterias se encuentran en desechos humanos y animales. Así, su presencia en el agua demuestra que contiene desechos. Un conteo elevado de coliformes es señal de que probablemente el agua tenga otros organismos patógenos.

Verifica tu lectura **¿Cuáles son los dos minerales que afectan la dureza del agua?**

Go Online PHSchool.com

Para: Más información sobre tratamiento del agua, disponible en inglés.
Visita: PHSchool.com
Código Web: cfd-3022

Tratamiento del agua potable

Imagínate un lago enorme y de aguas tranquilas bajo un cielo salpicado de nubes blancas y algodonosas. En la superficie brillante del agua flotan hojas. Los peces nadan por el fondo lodoso. Ese lago puede ser la fuente de tu agua potable.

¿Cómo estás seguro de que la calidad del agua es buena? **El agua de los suministros públicos y privados necesita algún tratamiento para que esté limpia y pueda beberse con seguridad.** El tratamiento puede ser muy simple, como un filtro en un pozo doméstico. El tratamiento del agua también puede ser muy complejo, como los numerosos procesos a que se somete el agua en las plantas públicas de tratamiento. Sigue el agua en la Figura 7 para ver qué sucede en una planta ordinaria de tratamiento.

Filtración y coagulación El primer paso para tratar el agua de un lago o río es la filtración. La **filtración** consiste en pasar el agua por varias cribas que filtran el agua, pero no las partículas sólidas grandes. En esta fase, basura, hojas, ramas y otros objetos grandes se eliminan del agua.

En el segundo paso se añade una sustancia química para que se formen unos globos pegajosos llamados flóculos. Otras partículas se pegan a los flóculos, en un proceso conocido como **coagulación.** Después, los cúmulos pesados se hunden en los barreños de asentamiento. Luego, el agua se filtra otra vez.

FIGURA 7
Tratamiento del agua potable
En un proceso común de tratamiento del agua potable se siguen varios pasos que eliminan del agua las sustancias peligrosas.
Interpretar diagramas *¿Qué sucede durante la aireación?*

1 Primera filtración
El agua se filtra por cribas que retiran peces, hojas y basura.

2 Coagulación
Se añade alumbre para formar flóculos pegajosos. Lodo, bacterias y otras partículas se pegan a los flóculos.

3 Barreños de asentamiento
El agua y los flóculos se hunden en barreños de asentamiento.

Cloración El siguiente paso consiste en clorar el agua. Si has ido a una alberca pública, de seguro has olido el cloro. Se añade cloro al agua potable por la misma razón que se añade a las albercas: para matar los microorganismos patógenos. En este punto, el agua está lista para enviarse a los hogares.

El agua de un acuífero requiere menos tratamiento que el agua de un lago. El flujo por las rocas o arena filtra y purifica de manera natural el agua. Sin embargo, la mayor parte de los sistemas de abastecimiento público de agua añaden cloro al agua del subsuelo para matar organismos patógenos.

Aireación y tratamiento adicional Se hace pasar aire por el agua purificada. Este proceso reduce los olores y sabores desagradables. A veces se añaden minerales para suavizar el agua o con otros fines.

Prueba de muestras Con frecuencia, funcionarios de salud pública prueban muestras de las plantas de tratamiento para verificar la calidad del agua. Buscan las sustancias indicadas en las normas del agua potable, como sustancias químicas, sólidos disueltos, pH, dureza y patógenos. Los dueños de los pozos privados también deben hacer pruebas a su agua con regularidad para asegurarse de que no necesita tratamiento.

Verifica tu lectura **¿Cuál es el objetivo del tratamiento del agua potable?**

Lab zone Actividad Destrezas

Hacer modelos

Cubre un frasco vacío con una toalla de papel. Mete un poco la toalla en la boca del frasco. Llena otro frasco con agua. Añade al agua un puñado de materiales, como arena, suelo y hojas. Mientras sostienes en su lugar la toalla de papel, vacía lentamente agua sobre la toalla para que entre en el frasco. Observa lo que ocurre con los materiales del agua. ¿Qué relación tiene esta actividad con el proceso de tratamiento del agua potable?

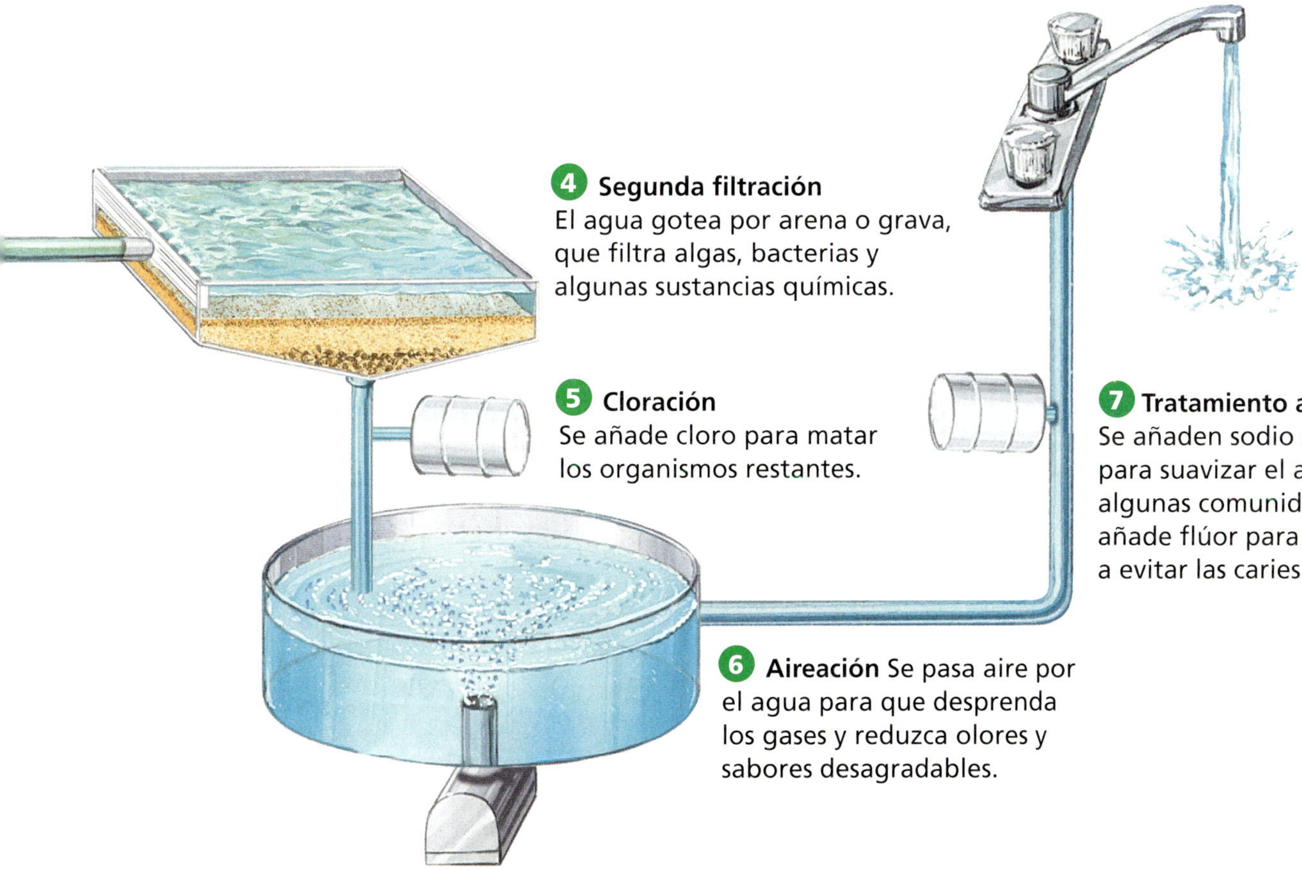

4 Segunda filtración El agua gotea por arena o grava, que filtra algas, bacterias y algunas sustancias químicas.

5 Cloración Se añade cloro para matar los organismos restantes.

6 Aireación Se pasa aire por el agua para que desprenda los gases y reduzca olores y sabores desagradables.

7 Tratamiento adicional Se añaden sodio o caliza para suavizar el agua. En algunas comunidades se añade flúor para ayudar a evitar las caries.

Lab zone **Actividad** Inténtalo

El transporte ascendente del agua

1. Pon una pila de libros en una mesa. Coloca un tazón en la parte superior de los libros y otro tazón sobre la mesa. Vacía agua en el tazón superior hasta la mitad.
2. Sumerge un trozo de manguera en el agua del tazón superior. Cuando la manguera se llene de agua, tapa los extremos con un dedo.
3. Sostén un extremo de la manguera bajo el agua y coloca el otro en el tazón inferior vacío. Suelta los dedos y observa qué pasa.

Observar ¿En qué dirección tiene que moverse primero el agua para salir del tazón más elevado? ¿Puedes explicar este movimiento?

Distribución del agua El agua tratada está lista para ser distribuida a hogares y empresas. De la planta de tratamiento va a una estación central de bombeo. Ahí el agua se bombea a una red subterránea de tuberías llamadas cañería principal, que se ramifica en muchas tuberías más pequeñas, las cuales se conectan a otras todavía menores que llevan el agua a las construcciones.

El agua se mueve por presión en este sistema de tuberías. Cuando se encuentra en un espacio cerrado, ejerce presión en todas las direcciones. Las estaciones de bombeo están diseñadas para mantener constante la presión en todo el sistema.

Algunas comunidades, en lugar de tener una estación central de bombeo, almacenan el agua en una torre o tanque en lo alto de una colina. El agua tratada se bombea a la torre. Cuando se necesita agua, se libera. Así el agua baja por las cañerías principales y tuberías del lugar.

Tratamiento de las aguas residuales

Finalmente, luego de una larga jornada, el agua llega a tu casa. Te das un baño, usas el escusado o lavas una carga en la lavadora. ¿Qué pasa con el agua usada que se va por el drenaje? Las aguas sucias y las diversas clases de desechos se llaman **aguas residuales. Dos formas en que las comunidades manejan las aguas residuales son las plantas de tratamiento y los sistemas sépticos.**

Plantas de tratamiento de aguas residuales La mayoría de las comunidades tratan sus aguas residuales para que sea más seguro devolverlas al ambiente. En muchas comunidades las aguas residuales de las casas fluyen por una red de tuberías llamadas albañales. Los albañales llevan las aguas residuales a plantas de tratamiento. Aprenderás más sobre los sistemas de tratamiento de aguas residuales en la sección Tecnología y sociedad.

Sistemas sépticos Algunas personas eliminan sus aguas residuales y tratan sus desechos en un sistema séptico, que se centra en un tanque séptico, un tanque subterráneo que contiene bacterias para tratar las aguas residuales que lo atraviesan. Fangos y espumas son materiales que no descomponen las bacterias o que se descomponen muy lentamente. Estos materiales deben bombearse frecuentemente para que no llenen el tanque.

El agua restante del tanque séptico se filtra por orificios. La zona que rodea al tanque y por la que se filtra el agua se llama campo de lixiviado. Con el tiempo, los desechos que quedan en el agua se descomponen naturalmente en el suelo de dicho campo.

Verifica tu lectura **¿Qué es un campo de lixiviado?**

Figura 8
Sistema séptico

Las aguas residuales entran al tanque séptico, donde bacterias descomponen los materiales de desecho en sustancias químicas más simples. Del tanque sale agua más limpia al campo de lixiviado. **Observar** *¿Cuál es el objetivo del conducto de salida?*

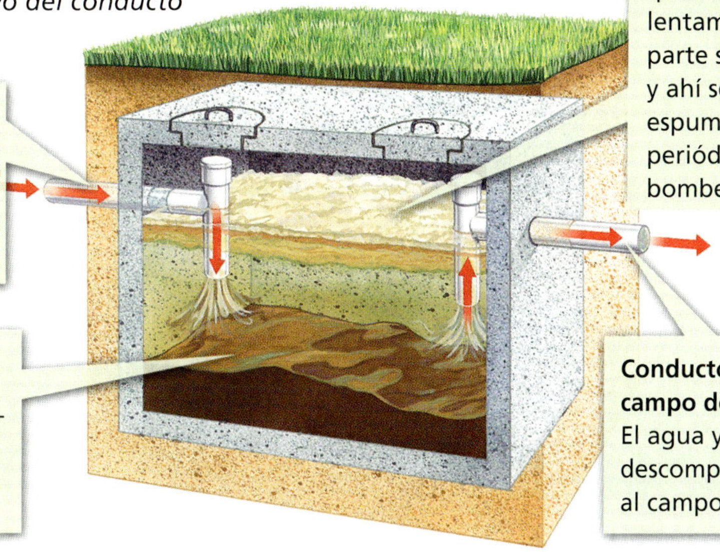

Sección 2 Evaluación

Destreza clave de lectura **Ordenar en serie** Repasa tu diagrama sobre el tratamiento de las aguas residuales para responder a la pregunta 2.

Repasar los conceptos clave

1. a. **Hacer una lista** Señala los factores que influyen en la calidad del agua.
   b. **Comparar y contrastar** ¿En qué se distingue el agua dura de la blanda?
   c. **Inferir** Se ha encontrado plomo disuelto en tu abasto de agua potable. ¿Qué infieres sobre la acidez del agua? Explica.
2. a. **Revisar** Explica por qué se trata el agua potable.
   b. **Ordenar en serie** Traza un diagrama de flujo en el que muestres cómo llega el agua potable a las casas y empresas de una comunidad que tiene una estación central de bombeo.
3. a. **Definir** ¿Qué son las aguas residuales?
   b. **Ordenar en serie** Anota en orden los pasos del tratamiento de las aguas residuales en un sistema séptico.
   c. **Aplicar conceptos** ¿Por qué es importante conocer la profundidad y ubicación de los pozos de agua potable antes de decidir dónde construir un sistema séptico?

Matemáticas Práctica

1. **Calcular una concentración** Repasa las normas selectas de la calidad del agua de la EPA en la Figura 5. Las concentraciones de las primeras cinco sustancias se limitan a ciertas cantidades dadas en partes por millón (ppm). Escribe la concentración de cada sustancia como fracción.

Tecnología y sociedad

• Tecnología y diseño •

El fango tratado sirve como fertilizante.

Tratamiento de aguas residuales

En la mañana te levantas y vas al baño. Tomas una ducha, usas el escusado, te lavas los dientes. ¿Qué pasa con el agua que se va por el drenaje? Te sorprenderá saber que es posible que algún día esta agua podría ser parte de tu abasto de agua potable. No te asustes: las aguas residuales pasan por muchos cambios que lo hacen posible.

Planta de tratamiento de aguas residuales
El tratamiento de aguas residuales en una planta comprende varios pasos que eliminan las sustancias indeseadas del agua El agua fluye por la planta y en cada fase sale más limpia.

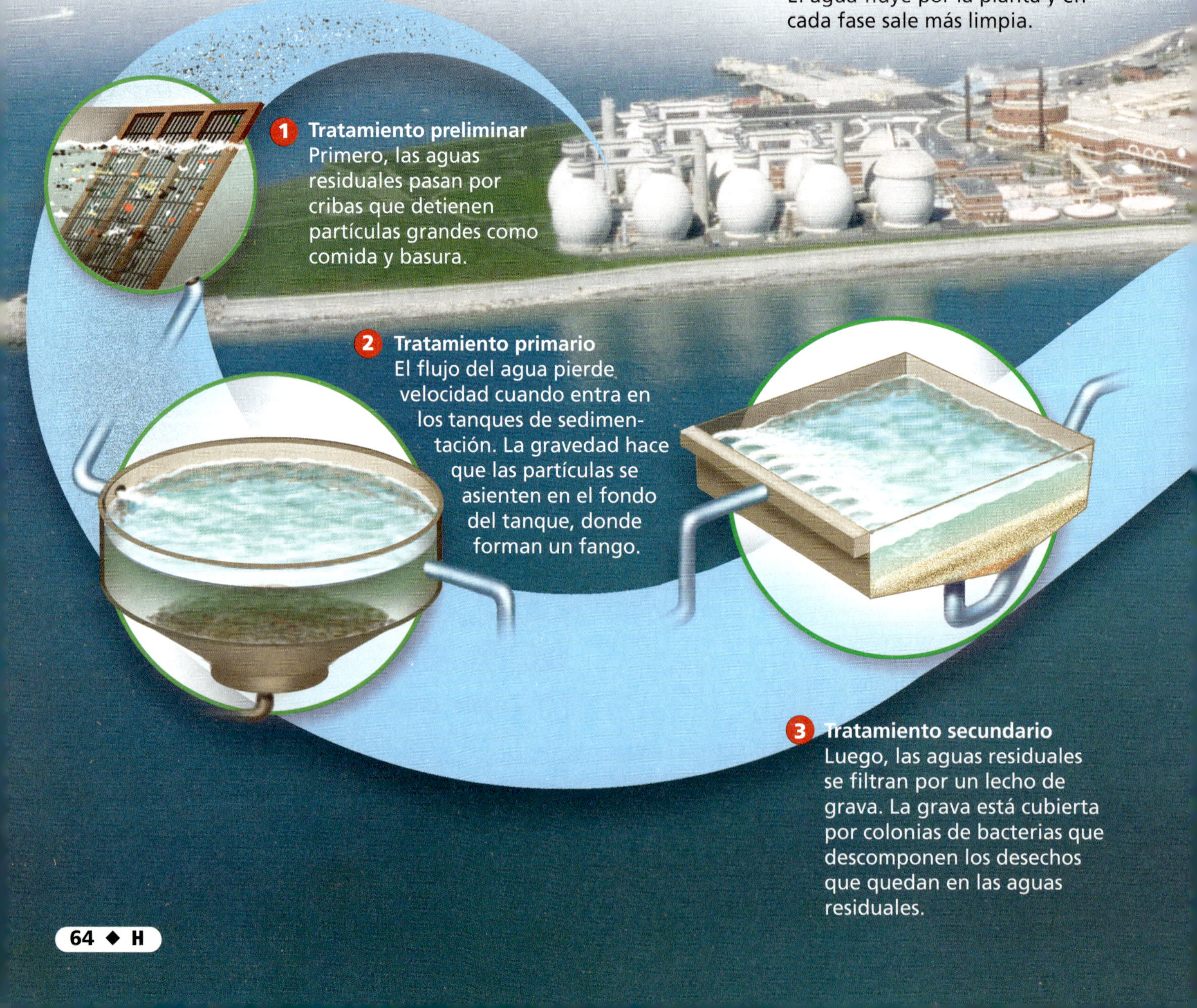

1 Tratamiento preliminar
Primero, las aguas residuales pasan por cribas que detienen partículas grandes como comida y basura.

2 Tratamiento primario
El flujo del agua pierde velocidad cuando entra en los tanques de sedimentación. La gravedad hace que las partículas se asienten en el fondo del tanque, donde forman un fango.

3 Tratamiento secundario
Luego, las aguas residuales se filtran por un lecho de grava. La grava está cubierta por colonias de bacterias que descomponen los desechos que quedan en las aguas residuales.

Sistemas de tratamiento públicos

Casi todas las comunidades tienen sistemas de tratamiento públicos para limpiar sus aguas residuales. En cada comunidad se usan procesos ligeramente diferentes. Un proceso de tratamiento característico, como el que se muestra aquí, comprende varias etapas. Cuando termina el tratamiento, el agua se devuelve al ambiente. El agua limpia puede depositarse en lagos, ríos o mares o se bombea de nuevo al subsuelo. Se reintegra al ciclo del agua.

¿Qué tan limpia es limpia?

Hasta hace unos 200 años las aguas residuales se vertían en barrancas abiertas y se dejaban correr a ríos y mares. Esta costumbre propagaba enfermedades. Es más sano para todos limpiar las aguas residuales antes de devolverlas al ambiente. Sin embargo, su tratamiento tiene algunos inconvenientes. Por ley, periódicamente se realizan pruebas químicas costosas para verificar la limpieza del agua. También es caro actualizar los sistemas viejos o aumentar su capacidad para poblaciones en crecimiento. Pueden quedar pequeñas cantidades de sustancias indeseadas en el agua después del tratamiento. Se desconocen los efectos a largo plazo de esas sustancias.

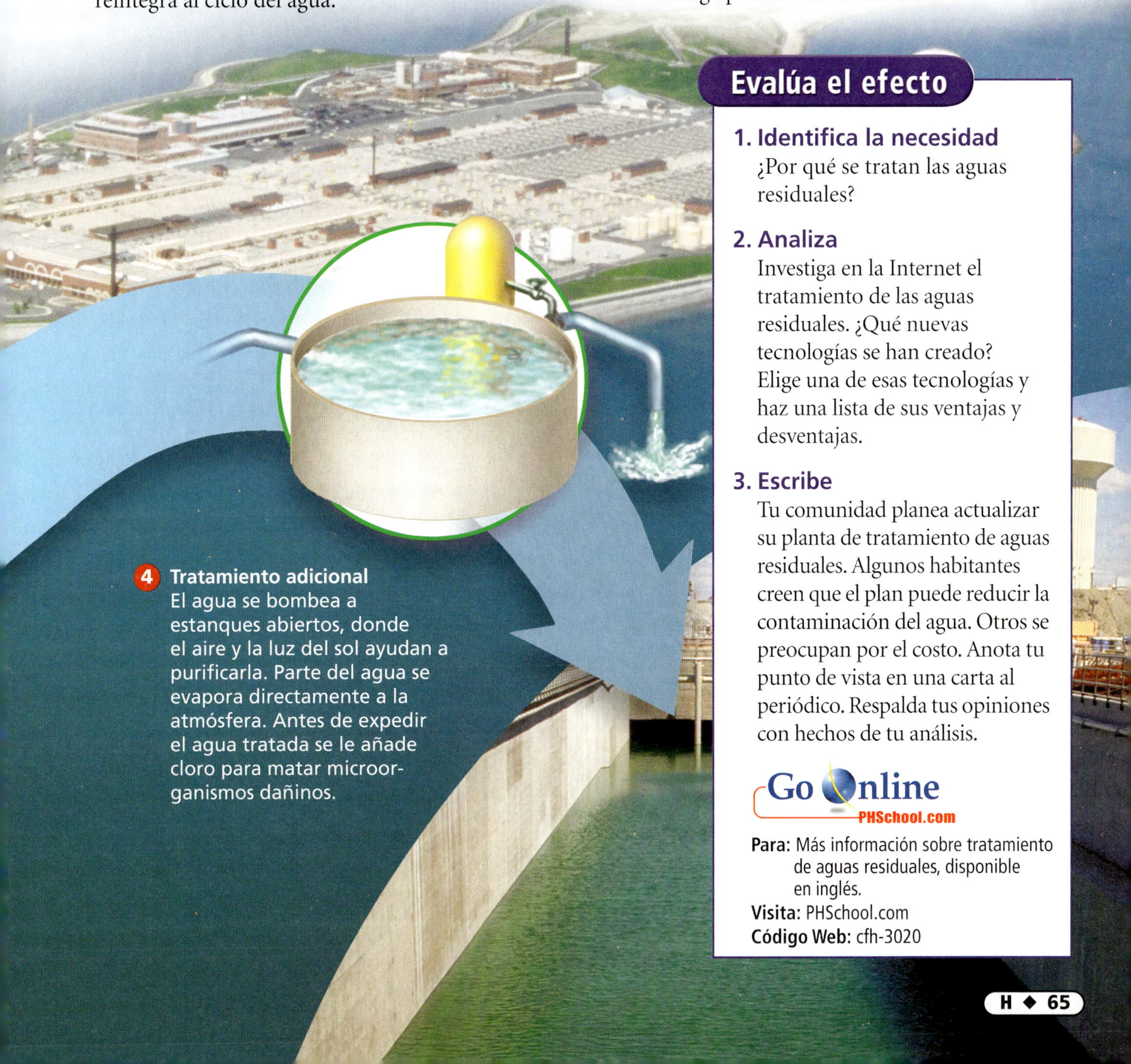

4 Tratamiento adicional
El agua se bombea a estanques abiertos, donde el aire y la luz del sol ayudan a purificarla. Parte del agua se evapora directamente a la atmósfera. Antes de expedir el agua tratada se le añade cloro para matar microorganismos dañinos.

Evalúa el efecto

1. Identifica la necesidad
¿Por qué se tratan las aguas residuales?

2. Analiza
Investiga en la Internet el tratamiento de las aguas residuales. ¿Qué nuevas tecnologías se han creado? Elige una de esas tecnologías y haz una lista de sus ventajas y desventajas.

3. Escribe
Tu comunidad planea actualizar su planta de tratamiento de aguas residuales. Algunos habitantes creen que el plan puede reducir la contaminación del agua. Otros se preocupan por el costo. Anota tu punto de vista en una carta al periódico. Respalda tus opiniones con hechos de tu análisis.

Go Online
PHSchool.com

Para: Más información sobre tratamiento de aguas residuales, disponible en inglés.
Visita: PHSchool.com
Código Web: cfh-3020

Lab zone **Laboratorio** del consumidor

Go Online PHSchool.com

Para: Compartir datos, disponible en inglés.
Visita: PHSchool.com
Código Web: cfd-3023

La prueba del agua

Problema

¿Cuál es la diferencia entre el agua destilada, de manantial y mineral y el agua corriente?

Destrezas aplicadas

observar, inferir, sacar conclusiones

Materiales

- parrilla
- jabón líquido
- regla
- lápiz de cera
- agua corriente, 200 mL
- agua destilada, 200 mL
- agua de manantial, 200 mL
- agua mineral, 200 mL
- 4 vasos de precipitados de 200 mL
- 4 tubos de ensayo con tapones
- 4 tiras de papel pH
- 4 soportes para tubos de ensayo
- cilindro graduado de 25 mL
- tabla de pH
- 4 vasos de papel por persona

Procedimiento

1. Copia los datos en tu cuaderno.
2. Marca los vasos de precipitados A, B, C y D. Vacía 100 mL de agua corriente en el vaso A. Vacía 100 mL de las otras muestras de agua en el vaso respectivo (consulta la tabla).
3. Calienta las muestras de agua en la parrilla hasta que queden unos 20 mL. No dejes que el agua se consuma. **PRECAUCIÓN:** *No toques la parrilla ni los vasos con las manos descubiertas.*
4. Cuando se hayan enfriado las muestras, busca sólidos que enturbien el agua. Clasifica las muestras de 1 a 4: 1 tiene los sólidos menos visibles y 5 los más visibles. Anota tu clasificación en la tabla.
5. Marca los tubos de ensayo A, B, C y D. Vacía 10 mL de cada muestra de la botella original en el tubo correcto.
6. Moja una tira de papel de pH en el tubo de ensayo A para medir su acidez. Encuentra con el color del papel un número en la tabla de indicadores de pH.
7. Repite el paso 6 con las otras muestras.
8. Añade dos gotas de jabón líquido al tubo de ensayo A. Pon un tapón en el tubo y agita 30 veces. Con la regla, mide la altura de la espuma de jabón en el tubo de ensayo. Anota la medida en tu tabla.
9. Repite el paso 8 con las otras muestras.
10. Marca los cuatro vasos de papel A, B, C y D. Escribe tu nombre en todos.
11. Pon un poco de agua corriente en el vaso de papel A de la botella original. Prueba el agua corriente. En tu tabla, describe el sabor con una o más de estas palabras: *salada, simple, amarga, metálica, refrescante, sin sabor.* **PRECAUCIÓN:** *No hagas la prueba del gusto en un laboratorio. Usa un vaso de papel nuevo para cada muestra y tíralos después.*

Tabla

Muestra de agua	Sólidos visibles (1 a 4)	pH (0 a 14)	Altura de la espuma (cm)	Sabor
A – Corriente				
B – Destilada				
C – Manantial				
D – Mineral				

Analiza y concluye

1. **Observar** Repasa tu tabla. Compara las muestras de agua embotellada con la muestra de agua corriente. ¿Qué diferencias y semejanzas detectas?
2. **Inferir** Clasifica las muestras de la que tiene menos espuma a la que tiene más. Compara esta clasificación con la de sólidos visibles. ¿Qué constante ves? ¿Qué tienen que ver estas pruebas con la dureza del agua?
3. **Plantear preguntas** ¿Qué otra información sobre las muestras de agua se necesitan antes de decidir cuál quieres beber normalmente? Explica.
4. **Sacar conclusiones** De acuerdo con tus resultados, ¿qué muestra preferirías para (a) beber, (b) hervir una tetera, y (c) lavar la ropa? ¿Qué muestra prefieres menos para cada finalidad? Explica.
5. **Comunicar** Crea un folleto para educar a los consumidores sobre la calidad del agua. Incluye información sobre la acidez, dureza y otros factores que influyan en la apariencia, sabor y seguridad del agua potable.

Explora más

Realiza una investigación para hallar qué porcentaje de las personas compran agua mineral, destilada y de manantial embotellada. ¿Por qué compran cada tipo de agua y cómo la usan en su casa?

Sección 3

Contaminación del agua

Avance de la lectura

Conceptos clave

- ¿Cuál es una manera de clasificar las fuentes de contaminación?
- ¿Cuáles son las tres fuentes de contaminación del agua?
- ¿Cuáles son las dos partes de la solución a la contaminación del agua?

Términos clave

- contaminación del agua
- contaminante
- fuente localizada
- fuente dispersa
- pesticida
- lluvia ácida

Destreza clave de lectura

Hacer un esquema Mientras lees, haz un esquema sobre la contaminación del agua dulce que te sirva para repasar. Usa los encabezados en rojo para las ideas principales y los azules para las ideas de apoyo.

Contaminación del agua dulce

I. ¿Qué es la contaminación?
  A. Fuentes localizadas y dispersas
  B.
II. Desechos humanos
  A.

Lab zone Actividad Descubre

¿Se contaminarán tus pozos?

1. Con un marcador permanente, dibuja tres anillos en un filtro para café, como se muestra en la foto. Dibuja tres puntos y márcalos A, B y C. Estos puntos representan la ubicación de pozos que suministran agua potable.

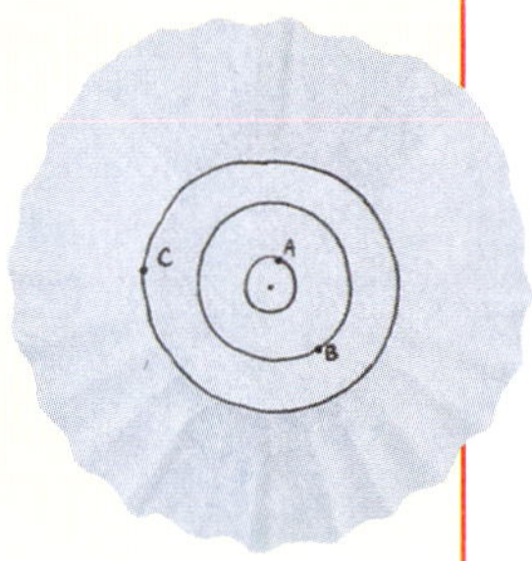

2. Coloca el filtro de café en un plato de papel. Moja el filtro con una esponja húmeda. El filtro mojado representa un acuífero.
3. Rocía cinco gotas de colorante vegetal en el centro del filtro. Observa cómo avanza "la contaminación".

Reflexiona

Observar ¿Qué pozos resultaron afectados por la contaminación? Describe el patrón que forma la contaminación.

Hace apenas 50 años había que evitar el río French Broad de Carolina del Norte. Su color cambiaba a diario, dependiendo de los tintes usados en la fábrica de cobertores cercana. Las poblaciones arrojaban aguas residuales sin tratar. Sedimentos y fertilizantes de las granjas escurrían al río con cada lluvia. Los pocos peces que vivían en el río no estaban sanos y se hallaban cubiertos de úlceras. En particular, el río era lugar de desechos y bacterias. Sin duda no era el sitio para que las personas jugaran. Pero en la actualidad el río es un centro popular de recorridos en balsa. Los peces prosperan en el agua limpia. Las fábricas han dejado de arrojar sus desechos al río. Las poblaciones tienen plantas de tratamiento de aguas residuales. Estanques detienen los escurrimientos de campos agrícolas antes de que lleguen al río.

FIGURA 9
El río French Broad
Los piragüistas de nuevo pueden disfrutar a salvo el río French Broad de Carolina del Norte.

Contaminantes del agua dulce		
Contaminante	**Ejemplos**	**Fuentes**
Patógenos	*Giardia, Cryptosporidium,* bacterias	Desechos humanos, escorrentía de establos
Pesticidas y fertilizantes	DDT, nitratos, fosfatos	Escorrentía de campos de cultivo, campos de golf
Químicos industriales	PCB, tetracloruro de carbono, dioxina	Fábricas, tiraderos de desechos industriales
Metales	Plomo, mercurio, cobre	Fábricas, tiraderos de desechos
Desechos radiactivos	Uranio, carbono 14	Tiraderos de desechos médicos y científicos, plantas de energía nuclear
Productos de petróleo	Aceite, gasolina	Escorrentía de carreteras, filtraciones de tanques de almacenamiento subterráneos

FIGURA 10
En esta tabla se dan ejemplos de varios contaminantes del agua dulce. **Relacionar causa y efecto** *¿Por qué es útil conocer la fuente de un contaminante detectado en una masa de agua?*

¿Qué es la contaminación?

Quienes están junto al río French Broad todavía realizan las mismas actividades (agricultura, construcción de casas y fabricación de cobertores) pero al cambiar la manera como las hacen han reducido la contaminación del río. La **contaminación del agua** es la adición de cualquier sustancia que tiene un efecto negativo en el agua o en los seres vivos que dependen de ella. Las sustancias que causan la contaminación se llaman **contaminantes.** En la Figura 10 se muestran varias clases de éstos.

Fuentes localizadas y dispersas **Las fuentes de contaminación se clasifican, en parte, por la forma en que entran en una masa de agua.** Por ejemplo, supongamos que viste que una tubería arroja agua de colores brillantes en un río. La tubería es una **fuente localizada,** una fuente específica de contaminación que puede identificarse. Pero por lo común la fuente de la contaminación no es tan manifiesta. Los contaminantes pueden llegar arrastrados en escorrentías de un campo de cultivo, una calle o una edificación. Al cabo, los contaminantes escurren a un lago o río o se hunden en las aguas freáticas y son transportados a mucha distancia, por lo que es difícil conocer la fuente exacta de esta contaminación. Una fuente de contaminación muy difundida que no puede vincularse a un origen concreto es una **fuente dispersa.**

FIGURA 11
Contaminación de fuente localizada
La tubería que arroja agua contaminada a un río es un ejemplo de fuente localizada de contaminación.

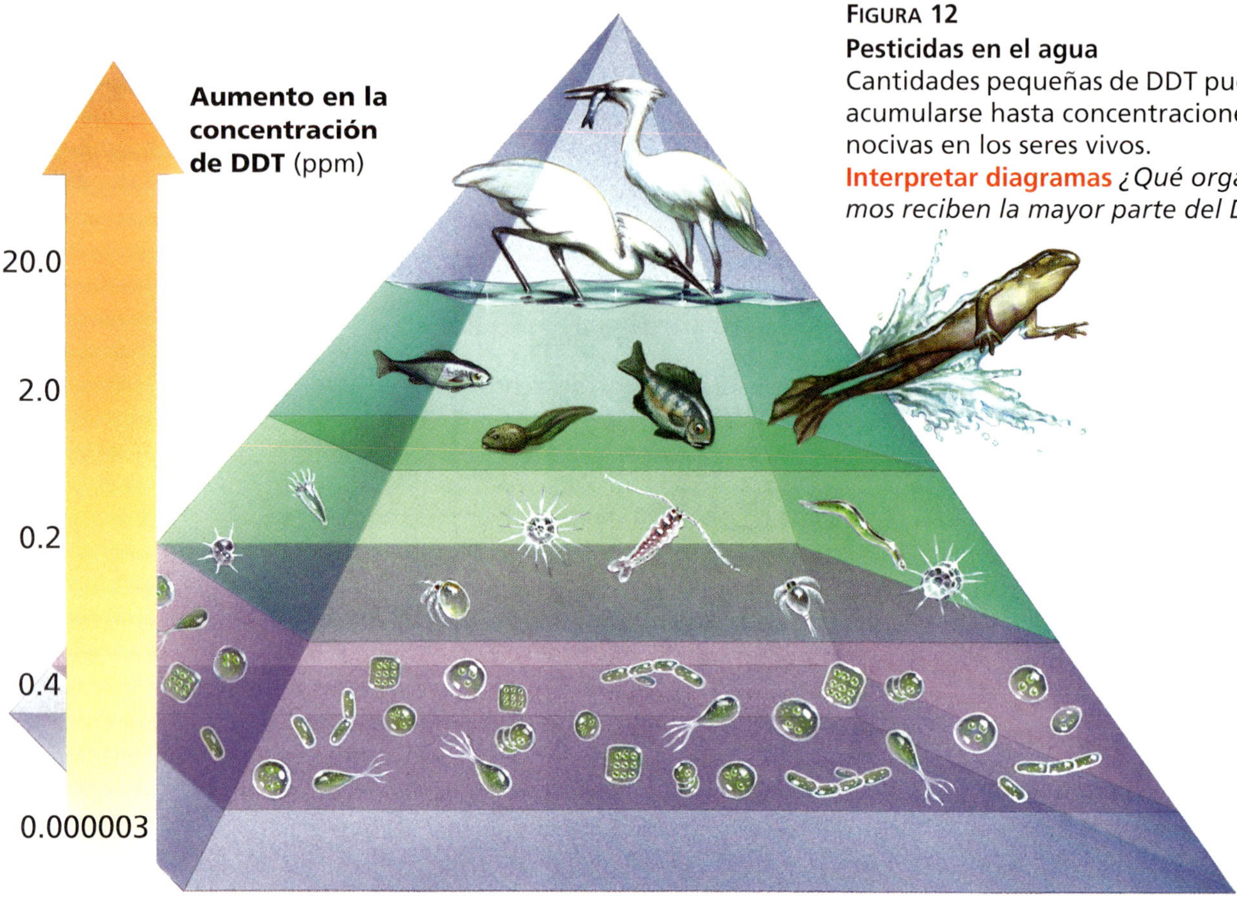

FIGURA 12
Pesticidas en el agua
Cantidades pequeñas de DDT pueden acumularse hasta concentraciones nocivas en los seres vivos.
Interpretar diagramas *¿Qué organismos reciben la mayor parte del DDT?*

Efectos de los contaminantes Algunos contaminantes, como los pesticidas, se acumulan en el cuerpo de los seres vivos. Los **pesticidas** son sustancias químicas destinadas a matar insectos y otros organismos que dañan los cultivos. Sigue la trayectoria de un pesticida, el DDT, en la Figura 12. El DDT se disuelve en el agua y es absorbido por las algas microscópicas. Las algas, que contienen pocas concentraciones de DDT, son el alimento de animales acuáticos pequeños. Cuando las ranas o peces se comen a estos animales pequeños, también consumen las sustancias de las algas que se comieron los animalitos. Pájaros y otros animales se comen a las ranas y peces. Cada organismo más grande consume una cantidad mayor de los organismos pequeños y por tanto más DDT.

Cuando los seres humanos comen constantemente peces contaminados, las sustancias tóxicas también se acumulan en su cuerpo. Al paso del tiempo, ciertos contaminantes se acumulan tanto que llegan a causar defectos congénitos o enfermedades como cáncer. Los peces contaminados y el agua potable impura no son las únicas formas en que los contaminantes del agua afectan la salud humana. Bañarse o nadar en aguas contaminadas puede irritar la piel o causar problemas más graves.

Verifica tu lectura ¿Qué es un pesticida?

Go Online
SCILINKS NSTA
Para: Vínculos sobre contaminación del agua, disponible en inglés.
Visita: www.SciLinks.org
Código Web: scn-0823

Desechos humanos

De un modo u otro, las actividades humanas causan más contaminación del agua. **Las tres fuentes principales de contaminación del agua son los desechos humanos, desechos industriales y escorrentía química.** En la actualidad parece obvio que arrojar desechos humanos en el agua potable puede propagar enfermedades. Pero los científicos entendieron esta conexión apenas hace 150 años. Por ejemplo, el cólera es una enfermedad causada por bacterias que viven en los desechos humanos. Puede ser mortal. En 1854, un doctor inglés de nombre John Snow descubrió la causa de una epidemia de cólera en Londres. En los sectores más pobres de la ciudad la gente llevaba a su casa agua de los pozos públicos en cubetas. Cuando 500 pobladores de un vecindario murieron en sólo 10 días, el doctor Snow rastreó el cólera a un pozo cercano a una tubería de aguas residuales. Terminó con la epidemia quitando la manija de la bomba, para que nadie tomara agua de esa fuente. El trabajo del doctor Snow demostró el peligro de descargar aguas residuales sin tratamiento en masas de agua usadas para beber.

FIGURA 13
Epidemia de cólera
En este grabado de finales del siglo XIX se observan pobladores de Hamburgo, Alemania, que toman agua de un tanque durante una epidemia de cólera. Los pozos de la ciudad fueron clausurados y el agua se traía del campo.

Aguas residuales de las ciudades En la actualidad las aguas de desecho se tratan antes de devolverlas al ambiente. Sin embargo, aunque el tratamiento mata la mayor parte de las bacterias, algunos virus y parásitos son resistentes al cloro y otros procesos de tratamiento del agua. Casi todos estos organismos provienen de desechos humanos o animales que se introducen en el suministro de agua.

Durante las lluvias intensas e inundaciones, a veces las alcantarillas se desbordan y pasan al drenaje pluvial. Como este drenaje lleva directamente a aguas superficiales, se pueden contaminar con las aguas residuales. Por esta razón se dice a la gente que hierva el agua para beber y cocinar después de una inundación. La ebullición mata muchos patógenos.

Aguas residuales en zonas rurales Eliminar los desechos humanos no sólo es problema de las ciudades grandes. En la zonas rurales la gente debe tener cuidado al situar los tanques sépticos. Si un tanque está demasiado cerca de una corriente o en una colina, las aguas de desecho pueden filtrarse al arroyo o escurrir por la colina hasta la región de algún pozo.

Los desechos del ganado, cerdos y gallinas también pueden ser un problema en las zonas rurales. Los desechos animales pueden escurrir de pastizales y graneros, y transmitir bacterias patógenas y otros contaminantes al agua.

Verifica tu lectura **¿Por qué hay que mantener separadas el agua potable y las aguas residuales?**

Lab zone Actividad Destrezas

Clasificar

Clasifica las siguientes fuentes de contaminación del agua como localizadas o dispersas.

- cañería con fuga
- sal rociada en caminos congelados
- drenaje abierto en un lavadero en una fábrica de pinturas
- fertilizante rociado en una orquídea

Explica la clasificación que diste a cada fuente.

FIGURA 14
Contaminantes industriales
La contaminación del agua causada por desechos industriales es un problema grave.

Desechos industriales

En muchas ciudades y pueblos de Estados Unidos la contaminación del agua de fábricas y minas es un problema más grave que la contaminación por aguas residuales. Esto se debe a que la mayoría de las regiones tienen sistemas de tratamiento para manejar esta agua. Sustancias químicas, humo y agua caliente son tres contaminantes producidos por fábricas, minas y otras industrias.

Sustancias químicas Muchos procesos fabriles incluyen químicos tóxicos y ácidos fuertes. Otros desechos tóxicos son el resultado de procesos de manufactura o extracción. Aunque las leyes controlan muchas fuentes localizadas de contaminación química, algunas fábricas todavía arrojan químicos tóxicos directamente en ríos y lagos cercanos.

Otro problema es la contaminación causada por fuentes dispersas. Antes muchas compañías almacenaban los desechos tóxicos en barriles y otros contenedores enterrados. Sin embargo, con el paso de los años muchos contenedores se oxidaron o rompieron. Así escurren las sustancias químicas y contaminan tanto el suelo como las aguas freáticas.

Humos y emanaciones Muchas plantas de energía eléctrica y fábricas queman carbón o petróleo para alimentar sus procesos. Los motores de millones de coches, camiones y autobuses consumen gasolina. El humo y las emanaciones de estas fuentes pasan al aire, especialmente en las ciudades grandes.

Desechos químicos: fuente localizada
Algunas fábricas lanzan desechos químicos a los ríos cercanos.

Desechos químicos: fuente dispersa
Los desechos químicos pueden escurrir de los contenedores de almacenamiento y contaminar el suelo y el agua a gran distancia.

Cuando el carbón, petróleo y gasolina se queman, se desprenden a la atmósfera gases de dióxido de azufre y óxido de nitrógeno. En la atmósfera el azufre y el nitrógeno reaccionan con el agua y forman ácidos sulfúrico y nítrico. El resultado es la **lluvia ácida,** que es lluvia u otra forma de precipitación más ácida de lo normal. Cuando la lluvia ácida cae en lagos y lagunas, el agua se vuelve tan ácida que los peces y otros seres vivos no sobreviven. La lluvia ácida también daña los árboles y desgasta edificios y estatuas de piedra.

Contaminación térmica Piensa en cuánto se calienta una resbaladilla metálica del patio de juegos en un día soleado. Imagina que tomas agua de una alberca para enfriar la resbaladilla y luego regresas el agua a la alberca. ¿Cómo cambiaría el agua de la alberca? ¿Todavía querrías echarte un clavado para refrescarte?

En las fábricas buena parte del agua se usa para enfriar maquinaria u objetos de metal. Aunque no contenga sustancias químicas, el agua caliente actúa como contaminante. Muchos organismos acuáticos sólo pueden vivir en márgenes de temperatura muy estrechos. El agua caliente lanzada por una fábrica en un río o laguna aumenta la temperatura del agua, a veces lo suficiente para dañar a los seres vivos.

Verifica tu lectura **¿Cuáles son los tres contaminantes industriales?**

Humos y emanaciones
Los contaminantes liberados por las chimeneas pueden causar la lluvia ácida, que mata plantas y otros organismos.

Contaminación térmica
El agua caliente descargada por las fábricas puede dañar o matar a los organismos de una masa de agua.

FIGURA 15
Escorrentías de los caminos
La escorrentía de los caminos puede entrar en ríos y lagos o filtrarse al subsuelo y contaminar aguas freáticas. **Inferir** *¿Cómo pueden los autos agregar escorrentía química?*

Escorrentía química

¿Has "alimentado" una planta doméstica con fertilizante para hacerla crecer? En una escala mayor, los agricultores rocían fertilizantes químicos en sus campos para cosechar mejores cultivos. Cuando llueve en los campos, la lluvia arrastra parte de las sustancias como escorrentía. El agua de riego también produce escorrentía. Los fertilizantes de la escorrentía son una fuente dispersa de contaminación.

Escorrentía de las granjas Como sabes, con el tiempo lagos y lagunas cambian de manera natural por eutrofización. Con la adición de fertilizantes, este proceso natural se acelera y se forma en la parte superior del agua una nata espesa de algas. Esta nata obstaculiza la luz solar y estorba el flujo del agua, lo que cambia las condiciones de vida de otros organismos. El abastecimiento rico de nutrientes de los fertilizantes fomenta el crecimiento de plantas y algas en y alrededor de las masas de agua cercanas.

El agua de escorrentía e irrigación también se lleva otros contaminantes de los campos. Se rocían pesticidas en los cultivos y se van en escorrentía a corrientes y lagunas. A veces se rocían directamente en las lagunas para matar a los mosquitos. Pero estas sustancias químicas también dañan insectos que no son pestes, así como a los animales insectívoros.

Escorrentía de caminos ¿Has visto después de llover un brillo aceitoso en los charcos? Probablemente es por gasolina y aceite de motor que escaparon de los autos. Cuando llueve, las escorrentía se lleva estas sustancias aceitosas a ríos y lagos o a la aguas freáticas del subsuelo. En invierno la escorrentía también arrastra sal que se rocía en los caminos y banquetas para derretir el hielo. Gasolina, aceite y sal son fuentes dispersas que contaminan ríos y lagos. También pasan al subsuelo y contaminan pozos y acuíferos.

Verifica tu lectura **¿Cómo contaminan el agua los pesticidas?**

Lab zone Actividad Inténtalo

Crecimiento de las algas

1. Marca dos frascos A y B. Pon agua corriente en cada frasco hasta la mitad.
2. Añade agua de un estanque o acuario a cada frasco hasta tres cuartos.
3. Agrega 5 mL de fertilizante líquido únicamente al frasco A.

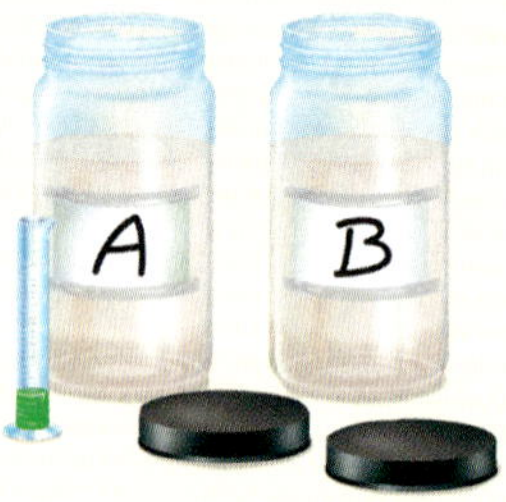

4. Cierra muy bien los dos frascos y colócalos en una ventana donde les dé la luz. Lávate las manos con jabón.
5. Observa los frascos todos los días durante una semana.

Sacar conclusiones ¿Qué efecto tuvo el fertilizante en el crecimiento de las algas en el frasco A? ¿Cuál es el objetivo del frasco B en este experimento?

Soluciones a la contaminación del agua

A finales de la década de 1960, cuando la gente se hizo más consciente de los problemas de la contaminación, exigieron a los gobiernos que promulgaran leyes para limpiar y reducir la contaminación. Entre los objetivos de esas leyes se incluyen la limpieza de lagos y ríos contaminados, mejor tratamiento de las aguas residuales y límites a la emisión de contaminantes. Los gobiernos también vigilan la salud de las masas de agua, imponen normas de calidad del agua y la limpieza de los sitios de depósito de desechos.

A pesar de algunos éxitos en la limpieza de la contaminación del agua, los contaminantes son muy difíciles de eliminar. Con frecuencia lo más fácil es no causar la contaminación que limpiarla. **Resolver los problemas de contaminación requiere limpiar los problemas actuales y prevenir nuevos.**

Limpieza Muchos contaminantes se eliminan del agua dulce mediante procesos naturales de limpieza. Los seres vivos de lagos, arroyos y humedales ayudan a reducir la contaminación filtrando y descomponiendo los materiales de desecho. Por ejemplo, las raíces de las plantas filtran las partículas más grandes del agua. Algunas plantas pueden absorber metales y sustancias químicas. Así como se recurre a ciertas bacterias para purificar las aguas residuales, otras también son útiles para limpiar químicos tóxicos. Se han usado bacterias que consumen petróleo para limpiar derrames petroleros. Bacterias que comen desechos también han sido útiles para descomponer químicos tóxicos de ríos y lagos.

Los programas de limpieza de la contaminación pueden basarse en esos procesos naturales de tratamiento. Por ejemplo, pueden usarse los humedales naturales y artificiales para limpiar la contaminación del agua. Se han dispuesto humedales cerca de minas de carbón para tratar la escorrentía ácida de las minas antes de que regresen al ambiente.

FIGURA 16
Prueba de contaminantes del agua
Muchos lagos y ríos están contaminados por desechos de industrias cercanas. Estos ecólogos toman muestras de agua de una laguna para analizarlas.

FIGURA 17

Soluciones a la contaminación

Podemos evitar o limpiar la contaminación de muchas maneras. **Interpretar diagramas** *¿Cómo puede la gente impedir que sus sistemas sépticos contaminen el ambiente?*

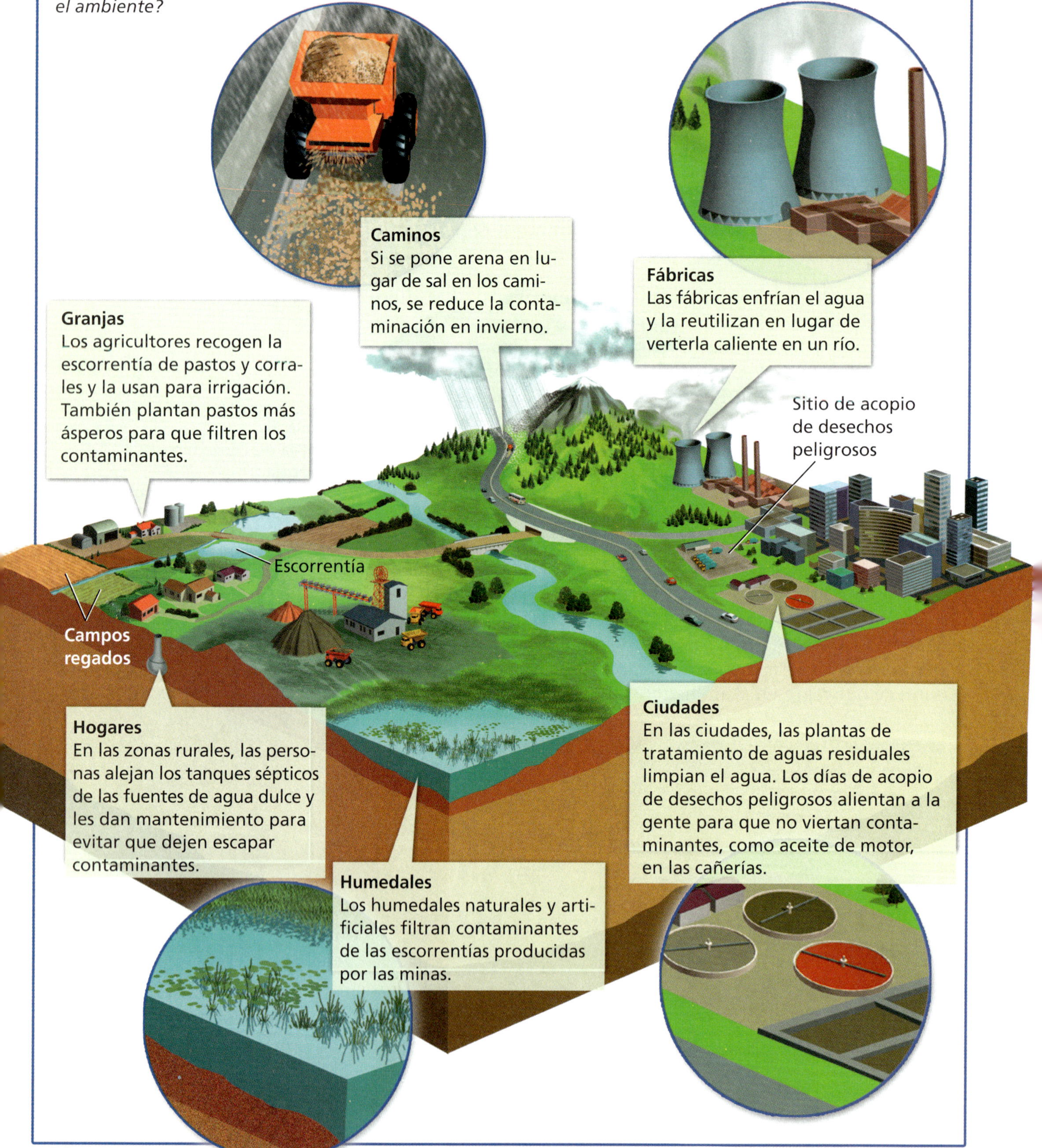

Prevención Muchas industrias han descubierto que las técnicas de reciclaje que conservan el agua también reducen la contaminación. Por ejemplo, las fábricas dejan enfriar el agua con la que enfrían la maquinaria y vuelven a usarla en lugar de descargarla en un río. Esto reduce la contaminación térmica. Las industrias también buscan las maneras de usar menos materiales tóxicos. Por ejemplo, las tintas de imprenta pueden hacerse con agua en lugar de solventes.

Los agricultores tratan de reducir el problema de contaminación causado por la escorrentía de desechos animales. Algunos guardan y reutilizan esta agua para irrigación. Otros agricultores plantan pastizales que filtran los contaminantes antes de que lleguen a un río o laguna. En la Figura 17 se muestran estas técnicas y otras para reducir la contaminación del agua.

Tú puedes impedir que los contaminantes pasen al ambiente. Desecha de manera apropiada las sustancias tóxicas. Por ejemplo, sustancias químicas como pinturas y aceite de motor nunca deben verterse en el drenaje, sino que deben llevarse a sitios que acopien desechos peligrosos. Recuerda que es difícil limpiar la contaminación del agua, así que el lugar más importante para detenerla es su fuente.

Verifica tu lectura **¿Qué pueden hacer los gobiernos para limpiar la contaminación del agua?**

FIGURA 18
Prevención
Una manera de prevenir la contaminación del agua es educar a los demás sobre las causas. Esta estudiante coloca un letrero en una coladera de lluvia para recordar a otros su conexión con un río cercano.

Sección 3 Evaluación

Destreza clave de lectura **Hacer un esquema** Usa la información de tu esquema sobre la contaminación del agua dulce para responder a las preguntas siguientes.

Repasar los conceptos clave

1. a. **Definir** ¿Qué es una fuente localizada? ¿Qué es una fuente dispersa?
   b. **Comparar y contrastar** Compara y contrasta las fuentes localizadas y dispersas de contaminación del agua.
   c. **Clasificar** Una sustancia que se añade a la gasolina aparece en los pozos de personas que viven a millas de la gasolinera. ¿Se trata de un ejemplo de fuente localizada o dispersa de contaminación? Explica.
2. a. **Hacer una lista** Anota tres fuentes de contaminación del agua.
   b. **Desarrollar hipótesis** Los árboles de una zona boscosa cerca de una fábrica parecen mondadientes quemados. ¿Cuál podría ser la causa del problema?
   c. **Emitir un juicio** Para evitar la contaminación del agua, una fábrica propone bombear sus desechos al subsuelo en lugar de descargarlos en un río. ¿Apoyarías este cambio? ¿Por qué?
3. a. **Repasar** Señala dos maneras de resolver el problema de la contaminación del agua?
   b. **Hacer generalizaciones** ¿Qué es más fácil: prevenir o limpiar la contaminación? Da un ejemplo para apoyar tu respuesta.

Escribir en ciencias

Etiqueta de un producto Escribe una "etiqueta de advertencia" para pegarla a una bomba de gasolina. Menciona que la combustión de la gasolina puede causar lluvia ácida. Explica la reacción que tiene lugar cuando ciertas sustancias químicas se liberan a la atmósfera y reaccionan con el agua. También describe los efectos de la lluvia ácida.

Sección

4

Sequías e inundaciones

Avance de la lectura

Conceptos clave

- ¿Qué es una sequía?
- ¿Qué es una inundación y cómo se reducen sus peligros?

Términos clave

- sequía
- crecida rápida
- dique

Destreza clave de lectura

Comparar y contrastar Mientras lees, compara y contrasta sequías e inundaciones. Llena una tabla como la que sigue.

Sequías e inundaciones

Elemento	Sequías	Inundaciones
Causa	Lluvias escasas	
¿Predecibles?		
Preparación		
Efectos principales		

Lab zone Actividad Descubre

¿Qué efecto tiene la sequedad en el suelo?

1. Extiende una capa de suelo de unos 3 centímetros de espesor en una bandeja rectangular.
2. Añade agua al suelo y agita para que se forme un lodo espeso.
3. Coloca la bandeja bajo una lámpara durante varias horas. Al final del día, revisa el estado del suelo.

Reflexiona

Observar ¿Qué parece el suelo? ¿Cómo se siente? Si el suelo de tu zona se parece a esta muestra, ¿crees que podría sostener plantas? Explica tu respuesta.

Imagínate que quieres beber leche en un vaso alto con una pajilla del tamaño de un mondadientes. Cuando el nivel de la leche rebasa el extremo de la pajilla, ya no la alcanzas. De la misma manera, cuando el nivel freático queda por debajo del fondo de un pozo, éste se seca y sobreviene una escasez de agua.

Como leíste en el Capítulo 1, una escasez de agua puede deberse a actividades humanas, como la explotación excesiva de un acuífero. Pero los procesos naturales también pueden hacer que unas zonas reciban muy poca agua o, por el contrario, demasiada. En esta sección vas a aprender qué causa estas condiciones y cómo afectan a las personas.

Sequías

Cierta zona recibe en promedio suficiente lluvia para satisfacer sus necesidades de agua. Pero si la zona sufre un período largo de lluvia escasa, puede darse una condición llamada **sequía.** Una sequía reduce el suministro de las aguas freáticas y superficiales. Sin precipitaciones que recarguen el acuífero, las aguas freáticas disminuyen. Una reducción del agua del acuífero puede dar por resultado una escasez de agua para hogares y empresas.

Causas y efectos de las sequías Las sequías se relacionan con el tiempo meteorológico. **Por lo regular, las sequías son resultado de sistemas de tiempo seco que se asientan en un lugar durante semanas o meses.**

Las sequías prolongadas pueden devastar una región. Arruinan las cosechas y llegan a producir hambrunas. Corrientes y lagunas se secan, y padecen personas y animales. Durante la sequía que azotó Florida en 1988, las plantas se marchitaron y secaron. Las condiciones secas prepararon las condiciones para que se desataran incendios por sequía: más de 475,000 acres ardieron y causaron pérdidas calculadas en 500 millones de dólares.

Predicción y preparación para las sequías Es muy difícil predecir las sequías. Sin embargo, desde la década de 1980 los gobiernos federales y estatales han comenzado a vigilar las condiciones del suelo y el agua, así como los niveles de precipitación. Esta información permite a los científicos señalar las zonas que pueden sufrir sequías en el futuro próximo. En cuanto el nivel de lluvias cae por debajo de lo normal, funcionarios estatales de agricultura avisan a los agricultores de la posibilidad de una sequía.

Poco puede hacerse para controlar una sequía. Sin embargo, podemos prepararnos de varias maneras. Cuando se inician condiciones de sequía, podemos comenzar a conservar el agua. Por ejemplo, dos actividades que pueden reducirse son lavar los autos y regar el pasto. Los agricultores pueden cultivar plantas resistentes a las sequías, que han sido creadas especialmente para que soporten las condiciones secas. En general, practicar la conservación del agua y del suelo asegura que cuando tenga lugar una sequía los efectos sean más ligeros.

Verifica tu lectura ¿Qué es una sequía?

Go Online PLANET DIARY

Para: Más información sobre sequías, disponible en inglés.
Visita: PHSchool.com
Código Web: cfd-3024

FIGURA 19
Una sequía
Europa sufrió una sequía grave en el verano de 2003, que hizo que el río Rin se secara. En la foto más pequeña aparece Dusseldorf, Alemania, durante un verano normal.

FIGURA 20
Inundaciones
Las inundaciones graves pueden dejar muchos hogares y granjas bajo el agua. **Inferir** *¿Qué característica del terreno junto al río permitió que las aguas desbordaran en una zona extensa?*

Inundaciones

La primavera de 2003 fue mucho más húmeda que lo usual en el medio oeste de Estados Unidos. Varias tormentas trajeron mucha lluvia en un lapso muy breve. Los ríos Missouri y Mississippi, y sus afluentes no pudieron contener los enormes volúmenes de agua. Pronto las aguas desbordaron las orillas de los ríos y produjeron una de las peores inundaciones que se recuerdan. En St. Louis, junto al Mississippi, la inundación duró seis meses. En su punto más crítico, cubría miles de kilómetros cuadrados de tierras. La inundación destruyó hogares, caminos y sistemas municipales de suministro de agua. También arruinó valiosas tierras de cultivo.

Causas y efectos de las inundaciones No todas las inundaciones son tan devastadoras como la que azotó en 1993. Algunas causan relativamente pocos daños. **Sin embargo, todas las inundaciones, grandes o pequeñas, se dan cuando el volumen de agua de un río crece tanto que se desborda el cauce.** Cuando lluvias y hielo derretido suman cada vez más agua, el río aumenta su rapidez y fuerza. Cuando la rapidez del río aumenta, también se incrementa su energía. Un río desbordado puede arrancar árboles y piedras del suelo. Cuando las poderosas aguas desbordan las orillas, llegan a arrasar puentes y construcciones.

Verifica tu lectura **¿Qué pasa con la rapidez y la fuerza de un río en una inundación?**

Crecidas rápidas Las inundaciones son los acontecimientos meteorológicos más peligrosos en Estados Unidos. Las inundaciones inesperadas, llamadas crecidas rápidas, son las más peligrosas porque el agua aumenta muy rápidamente (en "un torrente") y las personas tienen poco tiempo para ponerse a salvo. Una **crecida rápida** es una inundación violenta y repentina que tiene lugar a pocas horas o aun minutos de una tormenta. En la Figura 21 se muestra una manera en que se da una crecida rápida.

Casi todas se deben a cantidades grandes de lluvia. Por ejemplo, una secuencia de tronadas puede instalarse en una zona y producir lluvias intensas durante varias horas o días. Huracanes o tormentas tropicales traen aguaceros que llenan rápidamente los cauces de arroyos. Una crecida rápida puede también ser causada por la rotura de una presa, que deja escapar millones de litros de agua de una sola vez. De la misma manera, si el hielo que atascaba un río se rompe, el paso acelerado de las aguas puede causar una crecida rápida.

Algunas de las crecidas rápidas más peligrosas se dan en los desiertos del suroeste de Estados Unidos. Por ejemplo, en 1997 una crecida rápida grave azotó el cañón Antelope en el norte del desierto de Arizona. El 12 de agosto, un grupo de 12 excursionistas entraron en el cañón seco y estrecho. Esa tarde, una tronada fuerte depositó varias pulgadas de lluvia en la meseta de Kaibeto, a 24 kilómetros de distancia. Canales secos que desembocan en el cañón se llenaron rápidamente de agua. El agua corrió por el cañón y creó una pared de 3 metros de altura. Sólo un excursionista sobrevivió.

Lab zone **Actividad Destrezas**

Inferir

1. Llena un vaso de agua. Sostén un embudo sobre un cuenco y vacía lentamente el agua en el embudo.
2. Vuelve a llenar el vaso con la misma cantidad de agua que usaste en el paso 1. Sostén el embudo sobre el cuenco y ahora vacía rápidamente el agua en el embudo. ¿Qué sucede?

¿En qué se parece el embudo al valle de un río? ¿Qué crees que pasaría si entrara mucha agua en un valle fluvial en un lapso breve?

FIGURA 21
Crecidas rápidas
Las crecidas rápidas (izquierda) se dan cuando grandes cantidades de lluvia entran en un valle estrecho. Este proceso inundó el cañón Antelope en Arizona (derecha) en 1997.

Precauciones en caso de inundación

A pesar de los esfuerzos por controlar las inundaciones, en el siglo pasado éstas mataron a millones de personas en todo el mundo. Sólo en Estados Unidos, unos 20 millones de personas viven en sitios que pueden inundarse. ¿Qué pueden hacer estas personas para protegerse y defender sus hogares?

Predicción de las inundaciones Con diversas tecnologías, muchas veces los científicos pueden emitir alarmas de inundación. **Los anuncios anticipados ayudan a reducir los daños y la pérdida de vidas humanas por las inundaciones.** Satélites meteorológicos proporcionan información sobre la capa de nieve, de modo que los científicos pueden calcular cuánta agua llegará a los ríos cuando se funda la nieve. Mediante radar se vigila y mide el tamaño de una tormenta que se aproxima. Los científicos revisan instrumentos que miden el nivel del agua en los ríos. Con esta información, los meteorólogos pueden pronosticar alturas de inundación en diversos puntos de un río. El objetivo es emitir advertencias a tiempo para que la gente se prepare y abandone el lugar si es necesario.

Control de las inundaciones Como la gente ha vivido cerca de los ríos por mucho tiempo, ha tratado de controlar las inundaciones. **La construcción de una presa es un método para controlar las inundaciones.** Una presa es una barrera en un río que puede dirigir su flujo a otros cauces. También sirve para almacenar agua en un lago artificial. Los ingenieros abren las compuertas para liberar agua en las estaciones de secas. Las presas funcionan bastante bien para controlar inundaciones pequeñas. Sin embargo, en inundaciones graves las aguas poderosas pueden superar el borde de la presa o romperla.

También hay una defensa natural contra las inundaciones: los sedimentos, partículas de roca y suelo que son tomadas y arrastradas por fuerzas como el agua corriente. Cuando un río se desborda, desacelera y deposita sus sedimentos pesados junto al cauce.

Con el tiempo, estos sedimentos se acumulan en bordes largos llamados **diques.** Los diques que se forman naturalmente mantienen al río dentro de sus bordes. A veces las personas fortalecen los diques naturales con sacos de arena, piedra o concreto para tener mayor protección contra las inundaciones.

Verifica tu lectura ¿Qué protección dan los sedimentos?

FIGURA 22
Intento por controlar una inundación
Estas personas colaboran para proteger su comunidad durante una inundación.

1 El auto se atasca. El agua lo empuja.

2 Cuando el agua sube, el auto empieza a flotar.

3 Sesenta centímetros de agua pueden arrastrar un auto.

Seguridad en las inundaciones ¿Qué debes hacer en caso de inundación? Cuando el peligro es demasiado grande o el agua sube mucho, la gente es desalojada. La primera regla de seguridad es: moverse a terrenos elevados y alejarse del agua. Si tu familia está en un auto, el conductor no debe tratar de pasar por un camino inundado. A veces menos de 60 centímetros de una corriente rápida pueden arrastrar un auto.

La altura del agua no es el único peligro de una inundación. Las inundaciones pueden derribar postes y cables. Los postes derrumbados pueden tener cables de alta tensión y causar apagones. Las aguas de una inundación también saturan el suelo y causan deslaves de tierra o lodo. Si los caminos están inundados o destruidos, puede suceder que no pasen vehículos de emergencia, como camiones de bomberos y ambulancias.

Las aguas de las inundaciones pueden entrar en pozos y plantas de tratamiento y contaminar el agua. Por tanto, ten cuidado con la comida y el agua que hayan tocado aguas de una inundación. Hierve el agua potable después de una inundación, si se dan esas instrucciones.

FIGURA 23
Peligros de una inundación
Las aguas de una inundación pueden arrastrar autos. Es extremadamente peligroso quedarse en un auto durante una inundación. **Aplicar conceptos** *¿Por qué es peligroso quedarse en un auto atrapado en una inundación?*

Sección 4 Evaluación

Destreza clave de lectura **Comparar y contrastar**
Usa tu tabla para interrogar a un compañero sobre sequías e inundaciones.

Repasar los conceptos clave

1. a. **Repasar** ¿Qué causa las sequías?
   b. **Resumir** Señala algunos efectos de las sequías.
   c. **Resolver un problema** ¿Cuáles son las dos maneras de reducir los peligros de las inundaciones?
2. a. **Describir** ¿Cuándo tienen lugar las inundaciones?
   b. **Explicar** Señala dos maneras de reducir los peligros de las inundaciones.
   c. **Emitir un juicio** Tu comunidad planea construir una presa en un río cercano para reducir las inundaciones. ¿Estarás a favor de la propuesta? Explica.

Escribir en ciencias

Anuncio de radio Escribe un guión para un anuncio de 30 segundos de radio pública en el que hables de los peligros de las inundaciones. Incluye las medidas de seguridad que hay que seguir en caso de una inundación.

Sección 5

Integración con la física

Fuerza del agua

Avance de la lectura

Conceptos clave

- ¿Cómo se aprovecha la energía del agua en movimiento para generar electricidad?
- ¿Cuáles son las ventajas y desventajas de las plantas de energía hidroeléctrica?

Términos clave

- energía cinética
- energía potencial
- energía hidroeléctrica

Destreza clave de lectura

Formular preguntas Antes de leer, repasa los encabezados en rojo. En un organizador gráfico como el que sigue, formula una pregunta con *cómo* o *qué* para cada encabezado. Mientras lees, escribe las respuestas a tus preguntas.

Energía hidráulica

Pregunta	Pregunta
¿Cuál es la relación entre la energía y el agua corriente?	Energía hidroeléctrica...

Lab zone Actividad Descubre

¿El agua hace trabajo?

1. Extiende en el suelo una bolsa grande de basura. En la parte superior de la bolsa, coloca varios objetos de forma redonda o cilíndrica, como corchos, carretes, canicas, pelotas y latas vacías.
2. Llena un rociador de agua. Luego, ajusta la boquilla para que produzca un rocío fino. Trata de mover los objetos con el rociador. **PRECAUCIÓN:** *Ten cuidado con los pisos mojados y resbalosos, si haces esta actividad al aire libre.*
3. Ahora gira la boquilla del rociador para que produzca un flujo más cerrado. Intenta de nuevo mover los objetos. Cuando termines, limpia toda el agua que se haya derramado.

Reflexiona

Observar ¿Qué efecto tiene el ajuste de la boquilla en el flujo del agua? ¿En qué ajuste se mueven más fácilmente los objetos? ¿Por qué?

Un río caudaloso que desborda sus orillas puede arrastrar hogares y arrancar árboles. El río tiene fuerza. Imagínate que aprovecharas esta fuerza como fuente de energía. ¿Sabes qué? Podemos hacerlo. Desde la antigüedad las personas han aprovechado la energía del movimiento del agua para moler cereales y transportar bienes. En la actualidad esa energía se usa también para producir electricidad. Una de las presas más grandes, la de Itaipú, produce más electricidad que 13 plantas nucleares. La presa se extiende sobre la frontera entre Brasil y Paraguay, ¡tardó 18 años en construirse y contiene suficiente hierro y acero para hacer 380 torres Eiffel! La presa satisface más de 75 por ciento de las necesidades de electricidad de Paraguay. Además, es apenas uno de los muchos países que confían en la energía del movimiento del agua como fuente de energía eléctrica.

▼ Presa de Itaipú

FIGURA 24
Rueda hidráulica
La energía potencial del agua se convierte en energía cinética cuando toca una rueda hidráulica.

Energía y agua corriente

¿Has visto cómo se mueve un kayak en unos rápidos? Entonces ya sabes cuánta energía puede tener el agua en movimiento. Puede mover botes, excavar cañones y arrastrar autos en una inundación.

Energía cinética y potencial La energía que impulsa al kayak por los rápidos es energía cinética. La **energía cinética** es la forma de energía que tiene un objeto en movimiento.

La energía cambia de una forma a otra. Si se detiene el movimiento del agua, toda su energía se convierte en energía potencial. La **energía potencial** es la que se guarda en espera de usarla. Para entender cómo cambia de forma la energía, imagínate que detienes un bate de béisbol en la parte inicial del impulso. En ese punto el bate tiene energía potencial. Cuando impulsas el bate hacia la pelota, la energía del bate se convierte en cinética. Si le das a la pelota, la energía se transfiere de nuevo y se convierte en la energía cinética de la pelota.

Energía del movimiento del agua La electricidad producida por la energía cinética del agua en movimiento de una cascada o de una presa se llama **energía hidroeléctrica.** Para generar energía hidroeléctrica los ingenieros construyen una presa en un río. El agua se detiene detrás de la presa, inunda el valle y forma un embalse. El agua almacenada detrás de la presa tiene energía potencial, que se convierte en energía cinética si se libera el agua. **Las plantas de energía hidroeléctrica captan la energía cinética del agua en movimiento y la convierten en energía eléctrica.**

Verifica tu lectura ¿Qué es la energía potencial?

Lab zone Actividad Inténtalo

Una rueda hidráulica

¿Cómo hace trabajo la energía cinética del agua?

1. Recorta en cuatro cuadrados una bandeja de aluminio para tartas. Los lados de cada cuadrado deben medir 5 cm. **PRECAUCIÓN:** *Ten cuidado de no cortarte con los bordes afilados de la bandeja.*
2. Mete los cuadrados de aluminio en una pelota de poliestireno como se muestra. Inserta dos mondadientes en la pelota.

3. Coloca los mondadientes sobre tus dedos y pon las aspas bajo una corriente lenta de agua.

Desarrollar hipótesis ¿Qué efecto tiene aumentar el volumen de agua en la rapidez de la rueda hidráulica?

FIGURA 25

Energía hidroeléctrica

Se produce energía hidroeléctrica cambiando la energía de una forma en otra. **Interpretar diagramas** *¿En qué punto del proceso se convierte en energía mecánica la energía cinética del agua en movimiento?*

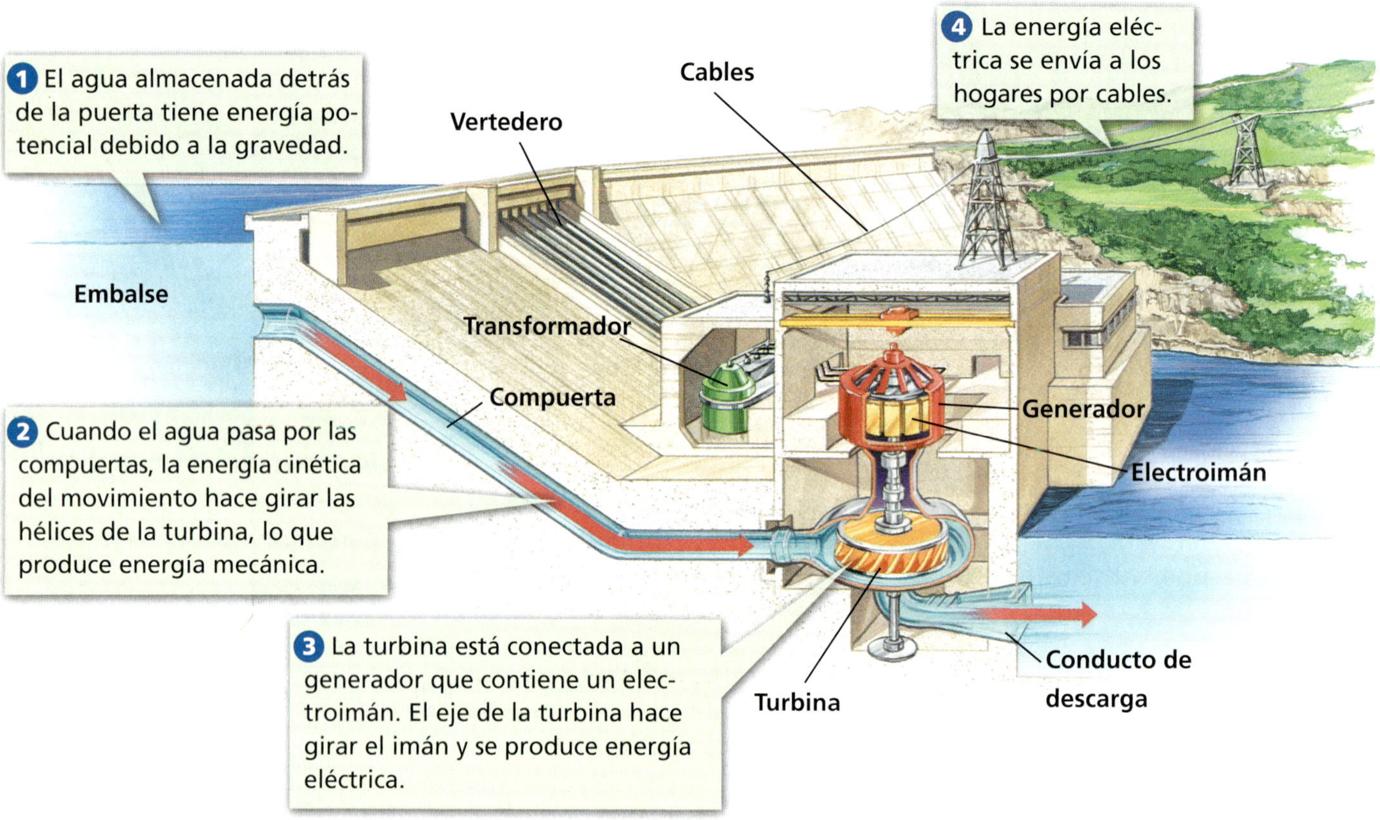

Go Online
active art

Para: Actividad de energía hidroeléctrica, disponible en inglés.
Visita: PHSchool.com
Código Web: cfp-3025

Plantas de energía hidroeléctrica

En la Figura 25 se muestra una planta de energía hidroeléctrica. En este diagrama se ve cómo cambia la energía cinética del movimiento del agua en energía eléctrica que ilumina las casas y hace trabajar las computadoras.

Ventajas En cierto sentido, la energía hidroeléctrica parece una forma ideal de producir electricidad. **Es limpia, segura y eficiente. Construir una presa es caro, pero el agua es gratuita y se renueva naturalmente en el ciclo del agua.** A diferencia de las plantas de energía eléctrica que consumen carbón o petróleo, las plantas hidroeléctricas no contaminan la atmósfera.

En Estados Unidos la energía hidroeléctrica suma alrededor de 9 por ciento de la electricidad producida, mientras que en todo el mundo genera aproximadamente 20 por ciento. Algunos países, como Noruega y Brasil, producen casi toda su energía eléctrica mediante energía hidráulica.

Desventajas Las plantas de energía hidroeléctrica también tienen limitaciones. Sólo ciertos lugares son apropiados para construir una presa. Se necesita un río rápido y una zona que pueda inundarse para crear un embalse.

Las presas afectan a todos los seres vivos de la región. Lo que antes era un río caudaloso se convierte en las aguas tranquilas y profundas de un embalse. Algunos organismos no pueden sobrevivir al cambio. **La inundación de las tierras que están detrás de una presa puede destruir hábitats de fauna y flora, así como granjas y pueblos. Además, la presa forma una barrera en el río.** Es posible que impida que los peces viajen a las partes del río donde acostumbraban poner sus huevos y tener a sus crías.

En algunos lugares se ha propuesto construir presas pequeñas para abastecer de electricidad una localidad. Las presas pequeñas desplazan a menos personas y hacen menos daño al ambiente, al tiempo que proporcionan electricidad a una región. Sin embargo, como la construcción de las presas es cara, tal vez las pequeñas no produzcan suficiente electricidad para ser viables. Las presas grandes generan grandes cantidades de electricidad pero también tienen un efecto importante en las tierras de los alrededores.

FIGURA 26
La presa de Tres Gargantas
La presa de Tres Gargantas en China ha desplazado a más de 500,000 personas. Al final es posible que desplace a más de 1 millón. Además, objetos históricos como el que se muestra han tenido que reubicarse.

Verifica tu lectura ¿Cuál es la desventaja principal de las presas pequeñas?

Sección 5 Evaluación

Destreza clave de lectura **Formular preguntas** Usa tu organizador gráfico sobre los encabezados de la sección para responder a las preguntas siguientes.

Repasar los conceptos clave

1. a. **Repasar** ¿Qué energía posee el agua en movimiento?
   b. **Ordenar en serie** Compara y contrasta la energía del agua en movimiento con la energía del agua almacenada.
   c. **Ordenar en serie** Haz un diagrama de flujo en el que se muestre cómo se usa la energía del agua en movimiento para producir electricidad.
2. a. **Definir** ¿Qué es una planta de energía hidroeléctrica?
   b. **Hacer una lista** Señala dos ventajas y dos desventajas de la energía hidroeléctrica.
   c. **Resolver un problema** Supón que te contratan para construir una presa. ¿Qué características buscarías en el sitio? No olvides considerar las consecuencias que tendría en los seres vivos así como las características físicas del sitio.

Lab zone Actividad En casa

Modelo de una presa Con la ayuda de un familiar, construye un modelo de presa en la tina de baño. Toma una pieza completa de poliestireno del ancho de la tina y de unos 12 cm de altura. Recorta en el centro del poliestireno un cuadro de 3 cm y cúbrelo con cinta adhesiva. Si es necesario, recorta el poliestireno para que se ajuste firmemente a las paredes de la tina. Abre la llave del agua para crear un embalse. Luego, quita con cuidado la cinta del orificio y observa qué pasa con el agua. ¿Qué cambio de energía se dió?

Capítulo 2 Guía de estudio

1 Oferta y demanda de agua

Conceptos clave

- El agua se usa para fines domésticos, industriales, de transporte, agrícolas y de recreación.
- Reducir el uso de agua, reciclarla y reutilizarla son tres maneras de conservarla.
- Dos métodos posibles para obtener agua dulce son la desalinización y el derretimiento de icebergs.

Términos clave

irrigación conservación desalinización

2 Agua potable

Conceptos clave

- Ciertas sustancias influyen en el sabor o el color del agua, pero suelen ser inofensivas. Otras, como ciertas sustancias químicas y microorganismos, pueden ser nocivos para la salud.
- El agua necesita algún tratamiento para garantizar que está limpia y que es seguro beberla.
- Dos formas en que las comunidades manejan las aguas residuales son las plantas de tratamiento y los sistemas sépticos.

Términos clave

calidad del agua
concentración
pH
dureza
filtración
coagulación
aguas residuales

3 Contaminación del agua

Conceptos clave

- Las fuentes de contaminación se clasifican, en parte, por la forma en que entran en una masa de agua.
- Las tres fuentes principales de contaminación del agua son los desechos humanos, desechos industriales y escorrentía química.
- Resolver los problemas de contaminación requiere limpiar los problemas actuales y prevenir nuevos.

Términos clave

contaminación del agua
contaminante
fuente localizada
fuente dispersa
pesticida
lluvia ácida

4 Sequías e inundaciones

Conceptos clave

- Las sequías son resultado de sistemas meteorológicos que se estacionan en un lugar durante semanas o meses.
- Las inundaciones se dan cuando el volumen de agua de un río aumenta tanto que se desborda el cauce.
- Los anuncios anticipados ayudan a reducir los daños y la pérdida de vidas humanas en las inundaciones. La construcción de una presa es un método para controlar las inundaciones.

Términos clave

sequía
crecida rápida
dique

5 Fuerza del agua

Conceptos clave

- Las plantas de energía hidroeléctrica captan la energía cinética del agua en movimiento y la convierten en energía eléctrica.
- La energía hidroeléctrica es limpia, segura y eficiente. Construir una presa es caro, pero el agua es gratuita y se renueva naturalmente en el ciclo del agua.
- La inundación de las tierras que están detrás de una presa puede destruir hábitats de fauna y flora, así como granjas y pueblos. Además, la presa forma una barrera en el río.

Términos clave

energía cinética
energía potencial
energía hidroeléctrica

Repaso y evaluación

Go Online PHSchool.com
Para: Una autoevaluación, disponible en inglés.
Visita: PHSchool.com
Código Web: cfa-3020

Organizar la información

Hacer un mapa de conceptos Copia el mapa de conceptos sobre la contaminación del agua dulce en una hoja de papel aparte. Luego, complétalo y ponle un título. (Para más información sobre mapas de conceptos, consulta el Manual de destrezas.)

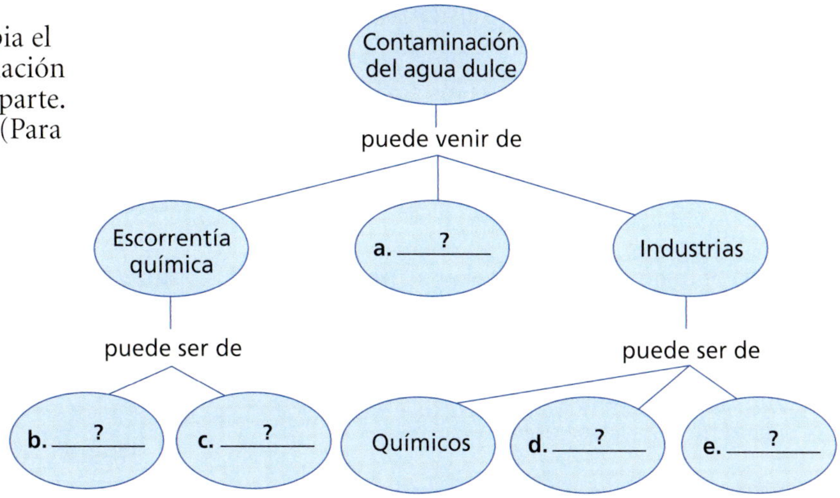

Repasar los términos clave

Elige la letra de la mejor respuesta.

1. Un proceso usado para obtener agua dulce a partir del agua salada se llama
   a. coagulación. **b.** filtración.
   c. recarga. **d.** desalinización.
2. Se añade cloro al agua en el tratamiento para
   a. que las partículas formen flóculos.
   b. eliminar organismos patógenos.
   c. mejorar el sabor del agua.
   d. remover objetos como peces y basura.
3. La principal fuente de lluvia ácida es (son)
   a. humos de las fábricas que queman carbón.
   b. pesticidas rociados en el aire.
   c. escorrentía de los campos de cultivo.
   d. químicos tóxicos enterrados.
4. Un período prolongado de lluvias escasas se llama
   a. dique. **b.** embalse.
   c. sequía. **d.** acuífero.
5. El agua que fluye libremente posee
   a. energía mecánica.
   b. energía eléctrica.
   c. energía potencial.
   d. energía cinética.

Si la oración es verdadera, escribe *verdadera*. Si es falsa, cambia la palabra o palabras subrayadas para hacer verdadera la oración.

6. La conservación es la práctica de usar menos un recurso para que no se agote.
7. El pH del agua es una medida de la cantidad de calcio y magnesio que contiene.
8. En ocasiones las personas refuerzan los diques naturales con sacos de arena para protegerse de inundaciones.

Escribir en ciencias

Descripción de causa y efecto Supón que eres un periodista con la tarea de escribir acerca de una nueva planta de energía hidroeléctrica. Explica cómo se aprovechará el agua para generar electricidad.

Discovery Channel School

Freshwater Resources
Video Preview
Video Field Trip
▶ Video Assessment

Repaso y evaluación

Verificar los conceptos

9. ¿Por qué los derechos sobre el agua son un tema importante en los lugares secos?

10. Describe una manera en que los agricultores pueden reducir la pérdida de agua de riego.

11. ¿Por qué la mayor parte del agua de la superficie de la Tierra no está disponible para uso humano?

12. Describe una posible ruta del agua potable de la fuente al hogar.

13. ¿Cómo se forma la lluvia ácida?

14. ¿Qué efecto tiene la construcción de una presa en la gente que vive cerca?

Pensamiento crítico

15. **Comparar y contrastar** ¿En qué se parece el proceso de destilación al ciclo del agua? ¿En qué se diferencia?

16. **Relacionar causa y efecto** ¿Por qué la concentración de contaminantes se acumula como se muestra en el diagrama?

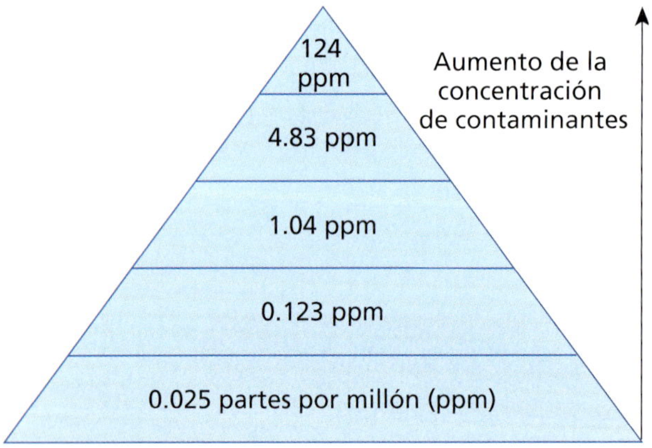

17. **Aplicar conceptos** ¿Qué tipo de energía tiene un buzo cuando está en la plataforma de buceo?

18. **Emitir un juicio** ¿Crees que los beneficios de la energía eléctrica compensan sus desventajas? Da las razones para tu respuesta.

Practicar matemáticas

19. **Calcular una concentración** Mira las concentraciones de plomo y cobre que se muestran en la tabla de esta página. Escribe las concentraciones en forma de fracción.

Aplicar destrezas

Usa la siguiente ilustración de una red alimentaria para responder a las preguntas 20 a 22.

Una familia hizo pruebas en el agua potable de su pozo para verificar su calidad. Los resultados se muestran en la tabla siguiente.

Resultados de las muestras de agua

Plomo	0.2 partes por millón
Cobre	0.006 partes por millón
pH	5.0
Conteo de coliformes	5 de 5 muestras positivas

20. **Inferir** La familia sospecha que su tanque séptico está contaminando el pozo. ¿Qué pruebas hay para apoyar esta conclusión?

21. **Diseñar un experimento** ¿Cuál podría ser la fuente del plomo en el agua? ¿Cómo comprobarías tu respuesta?

22. **Desarrollar hipótesis** ¿Qué relación habría entre el pH bajo el agua y la contaminación del plomo?

Lab zone Proyecto del capítulo

Evaluación del desempeño Es hora de poner a prueba tu sistema de tratamiento. Con tu sistema, limpia la muestra de agua sucia. Mide el volumen de agua recuperado por tu sistema. Comparte tus resultados con tus compañeros. ¿Cómo son tus resultados en comparación con los de tus compañeros?

Preparación para la prueba estandarizada

Sugerencia para hacer la prueba

Eliminar respuestas incorrectas

Cuando respondes a una pregunta de opción múltiple, muchas veces puedes eliminar algunas de las opciones porque es obvio que son incorrectas. Al hacerlo, incrementas tus posibilidades de elegir la respuesta correcta.

Pregunta de ejemplo

Un método común de conservación del agua en la agricultura es

A desalinización.
B derretir icebergs para obtener agua dulce.
C irrigación por goteo.
D coagulación.

Respuesta

La respuesta correcta es **C.** Puedes eliminar **A** y **B** porque no son métodos de conservación del agua. Son métodos posibles de proveer agua dulce. **D** también es incorrecta porque la coagulación es un proceso usado en las plantas de tratamiento de agua.

Elige la letra de la mejor respuesta.

1. ¿En qué paso del proceso de tratamiento del agua potable se matan patógenos?
A cloración
B filtración
C coagulación
D desalinización

2. ¿Cuál de los siguientes es un ejemplo de una fuente localizada de contaminación del agua?
F escorrentía de pesticidas de trigales
G sal rociada en caminos y estacionamientos para fundir el hielo
H sustancias químicas que descarga una fábrica en un arroyo
J fertilizante de maizales que escurre a los arroyos

3. Dos estudiantes miden el volumen de agua que usan cuando se lavan los dientes. ¿Qué instrumento deben usar para su medición?
A regla en centímetros
B báscula
C cilindro graduado
D tubo de ensayo

Usa la tabla siguiente y tus conocimientos de ciencias para responder a las preguntas 4 y 5.

Energía hidroeléctrica en Estados Unidos

Región	Generación anual de energía (megavatios-hora)
Grandes Lagos	24,987,042
Alto Mississippi	3,543,100
Bajo Mississippi	1,192,680
Río Bravo	441,821
Pacífico Noroeste	146,085,711
Bajo Colorado	6,916,259
Alto Colorado	6,339,303

4. Según la tabla, ¿qué región genera más energía eléctrica?
F Alto Colorado
G Grandes Lagos
H Pacífico Noroeste
J Río Bravo

5. La región del río Bravo genera la menor cantidad de energía eléctrica. ¿A qué crees que se deba?
A No se pueden construir presas en los ríos de la región.
B Es una zona seca y casi toda el agua de los ríos se usa para otros fines.
C En esa región no hay necesidad de energía eléctrica.
D Todas las anteriores.

Respuesta estructurada

6. Formas parte de una comisión que decide si se debe construir o no una presa en un río cercano para producir energía hidroeléctrica. Describe algunas ventajas y desventajas que deben considerar antes de decidirse a construir la presa.

Capítulo 3

Movimientos del océano

Avance del capítulo

1 La acción de las olas
Descubre *¿Cómo cambian las olas la playa?*
Arte activo *Movimiento del agua*
Inténtalo *El movimiento de las olas*
Actividad de destrezas *Hacer modelos*
Actividad en casa *Modelo de una ola*

2 Mareas
Descubre *¿Cuándo hay pleamar?*
Analizar datos *Gráfica de las mareas*

3 Química del agua de mar
Descubre *¿Los huevos flotan o se hunden?*
Destrezas de matemáticas *Calcular la densidad*
Laboratorio de tecnología *Investigar los cambios de densidad*

4 Corrientes y clima
Descubre *¿Qué es más denso?*
Actividad de destrezas *Sacar conclusiones*
Actividad en casa *Modelar el efecto de Coriolis*
Laboratorio de destrezas *Modelar corrientes oceánicas*

Interactive Textbook

La fuerza de las olas ha creado formas extrañas en Cabo Kiwanda, Oregón.

Ocean Motions

- Video Preview
- Video Field Trip
- Video Assessment

Lab zone™ Proyecto del capítulo

Diseña y construye una playa a prueba de erosión

Olas, mareas y corrientes agitan las aguas de la Tierra de diversas maneras. Estos movimientos cambian el terreno. En este proyecto vas a construir un modelo de costa con un faro y lo usarás para representar movimientos oceánicos que afectan el terreno costero.

Tu objetivo Diseñar y construir un modelo de playa de mar y probar métodos para prevenir la erosión de la costa

Para completar este proyecto debes

- construir un modelo de playa y demostrar con él los efectos de la erosión de las olas
- probar métodos para proteger el faro de daños
- seguir las reglas de seguridad del Apéndice A

Haz un plan Para empezar, revisa el capítulo. Averigua cómo protegen los ingenieros las estructuras de la erosión de la playa. Comienza a diseñar tu modelo de playa de mar. Piensa qué materiales vas a usar para tu costa y tu faro. Luego, traza un plan para proteger el faro.

Sección 1 La acción de las olas

Avance de la lectura

Conceptos clave

- ¿Cómo se forma una ola?
- ¿Cómo cambian las olas cerca de la costa?
- ¿Qué efecto tienen las olas en costas y playas?

Términos clave

- ola • longitud de una ola
- frecuencia • altura de una ola
- tsunami • deriva litoral
- corriente de resaca • escollera

Destreza clave de lectura

Usar el conocimiento previo
Antes de leer, revisa los encabezados y las ayudas visuales de la sección para ver de qué trata. Luego, escribe lo que sepas de las olas en un organizador gráfico como el que sigue. Mientras lees, escribe lo que aprendas.

Lo que sabes
1. En el mar hay olas.
2.

Lo que aprendiste
1.
2.

Lab zone Actividad Descubre

¿Cómo cambian las olas la playa?

1. En un extremo de una bandeja de aluminio, construye una "playa" de arena y piedritas. Pon un libro bajo ese extremo de la bandeja para elevarla unos 5 centímetros.
2. Vierte agua lentamente en el otro extremo de la bandeja hasta que cubra la orilla de la arena, así como el agua toca el borde de la playa.
3. Mete una paleta de madera en el agua. Muévela suave y rítmicamente para hacer olas en la bandeja. Continúa haciéndolo por 2 minutos.
4. Una vez que el agua deje de moverse, observa lo que sucedió en la playa. Lávate las manos al terminar la actividad.

Reflexiona
Observar ¿De qué manera cambió el movimiento de las olas el borde de la playa?

Hace cientos de años, reyes y reinas gobernaban las islas de Hawai. Si pudieras retroceder en el tiempo habrías visto a la familia real entregada al deporte favorito de las islas. No era béisbol, baloncesto ni polo. Los antiguos gobernantes avanzaban en el mar sobre pesados tablones de madera para atrapar la ola perfecta. Se "deslizaban en las olas", un deporte que hoy conocemos como surfeo.

Si has visto un surfista, como el de la Figura 1, sabes que hacen que este difícil deporte parezca fácil. Pero los surfistas más experimentados apenas logran predecir cuándo llegará a la playa la siguiente ola. Como leerás en esta sección, muchas fuerzas influyen en el tamaño, forma y momento de las olas.

¿Qué es una ola?

Cuando ves que rompe en la playa la ola de un surfista, observas el último paso del desarrollo de una ola. Una **ola** es el movimiento de energía por una masa de agua. El desarrollo de una ola comienza con el viento. Sin la energía del viento la superficie del mar sería tan lisa como un espejo. **La mayoría de las olas se forman cuando los vientos que soplan sobre la superficie del agua le transfieren su energía.**

Tamaño de las olas Las olas se inician en mar abierto. El tamaño de la ola depende de la fuerza del viento y del tiempo que sopla. Una brisa suave crea pequeñas ondas en la superficie del agua. Los vientos más fuertes crean olas más grandes.

El tamaño de la ola también depende de la distancia que el viento sopla. Los vientos que soplan distancias mayores forman olas más grandes. Los vientos que soplan en el océano Pacífico crean olas mayores que los vientos en el Atlántico, que es menos ancho.

Energía de las olas Aunque parezca que las olas llevan agua a la playa, en realidad el agua no se mueve hacia adelante en las profundidades. De hacerlo así, el agua del mar terminaría acumulada en las costas de los continentes. La energía de la ola se mueve hacia la costa, pero el agua en sí permanece en su lugar. Puedes comprobarlo si haces flotar un corcho en un tazón de agua. Con una cuchara forma una ola en el tazón. Cuando la ola pasa, el corcho avanza un poco y luego retrocede. Termina casi en el mismo lugar en que comenzó.

FIGURA 1
Energía de las olas
Un surfista atraviesa la cresta de una ola, pero el agua prácticamente no se mueve de su lugar. **Aplicar conceptos** *¿En qué dirección se mueve la energía de esta ola?*

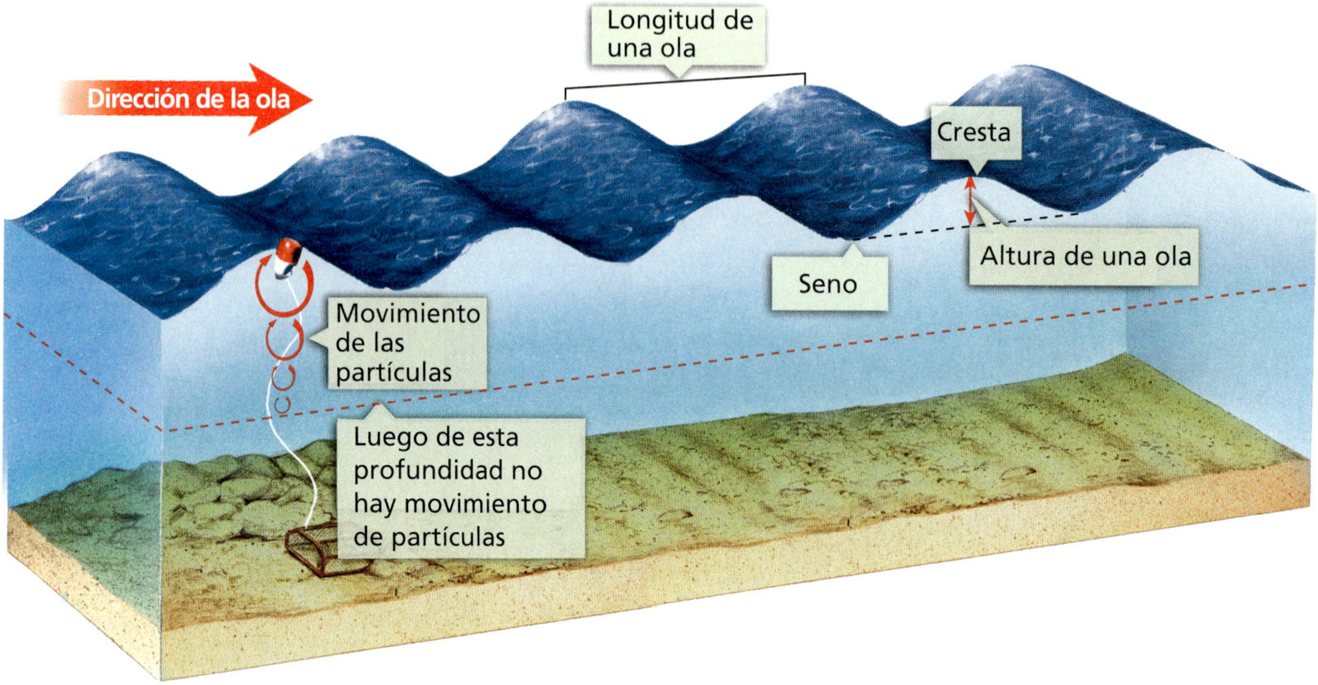

FIGURA 2
Movimiento del agua
Cuando pasa una ola, las partículas del agua siguen un movimiento circular. La boya de la superficie baja en el seno de una ola y luego asciende en la cresta de la siguiente. Debajo de la superficie las partículas se mueven en círculos pequeños. A una profundidad igual a aproximadamente la mitad de la longitud de una onda, las partículas del agua no son afectadas por la ola de la superficie.

Go Online
active art
Para: Actividad sobre el movimiento del agua, disponible en inglés.
Visita: PHSchool.com
Código Web: cfp-3031

Movimiento del agua La Figura 2 muestra lo que sucede con el agua cuando pasa una ola. Cuando pasa la ola, las partículas del agua se mueven en círculos. Se mecen adelante y abajo con la energía de la ola y luego regresan a su posición original.

Observa que las partículas de agua que están a mayor profundidad se mueven en círculos más pequeños que las partículas cercanas a la superficie. El viento afecta el agua en la superficie más que en la profundidad. Más allá de cierta profundidad, el agua no se mueve cuando pasa una ola. Si estuvieras en un submarino en el fondo del mar, no sabrías si el agua de la superficie estaba en calma o agitada.

Otras características de las olas Los científicos tienen un vocabulario de términos para describir las características de las olas. El nombre de la parte más alta de una ola es la cresta. La distancia horizontal entre crestas es la **longitud de una ola.** Las olas largas y extensas con mucho espacio entre las crestas tienen longitudes grandes. Las olas cortas y picadas tienen longitudes menores. Las olas también se miden por su **frecuencia,** número de olas que pasan por un punto en cierto tiempo.

La parte más baja de una ola es el seno. La distancia vertical de la cresta al seno es la **altura de una ola.** La energía y la fuerza de una ola dependen principalmente de su altura. En mar abierto las olas tienen una altura de 2 a 5 metros. En las tormentas, las olas llegan a crecer mucho más y se hacen más poderosas.

Verifica tu lectura **¿Qué olas tienen una longitud mayor, las muy próximas o las que están más apartadas?**

Cómo cambian las olas cerca de la costa

¿Has visto que una zona del mar se hincha y forma una ola? Las olas comienzan así en el mar, pero cambian cuando se acercan a la playa.

Cachones Las olas de cresta blanca que rompen en la costa se llaman "cachones". En aguas profundas estas olas viajan como olas largas y bajas llamadas oleaje. A medida que las olas se aproximan a la costa, el agua se hace más somera. Sigue las olas en la Figura 3 para ver cómo entran en aguas someras. La parte baja de las olas comienza a tocar el fondo empinado del mar. La fricción entre el suelo oceánico y el agua desacelera las olas. A medida que disminuye la rapidez de las olas, su forma cambia. **Cerca de la costa, la altura de las olas aumenta y la longitud disminuye.** Cuando la ola llega a cierta altura, la cresta se desploma. La ola rompe en la costa y forma oleadas.

Cuando la ola rompe, continúa avanzando. Al principio el cachón se lanza a la playa, pero la gravedad lo desacelera y acaba por detenerlo. El agua que había arrastrado a la orilla regresa al mar. ¿Te has parado en el borde del agua y has sentido cómo te jala al volver al mar? Este jalón, llamado resaca, se lleva conchas, yerbas y arena de la playa. Una resaca fuerte puede ser peligrosa para los nadadores.

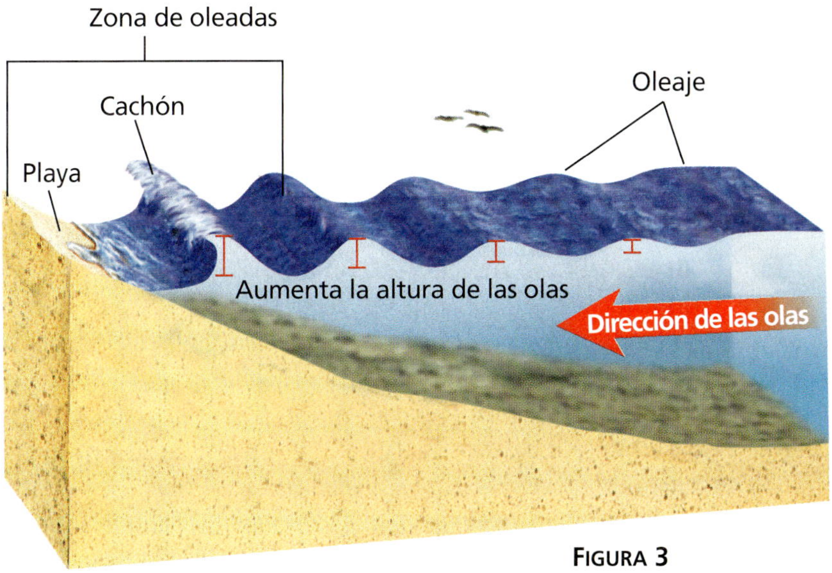

FIGURA 3
Cómo cambian los cachones cerca de la costa
La fricción con el suelo oceánico hace que las olas desaceleren en las aguas someras cercanas a la costa. La altura de las olas aumenta hasta que rompen y forman oleadas. **Comparar y contrastar** *¿Cuál es la diferencia entre oleaje y cachones?*

Lab zone Actividad Inténtalo

El movimiento de las olas

En esta actividad se muestra el efecto en el fondo del agua de las olas que se forman en la superficie.

1. Llena de agua un acuario hasta tres cuartas partes.
2. Ata suficientes arandelas metálicas a un corcho de modo que éste flote a unos 3 cm del fondo del tanque.

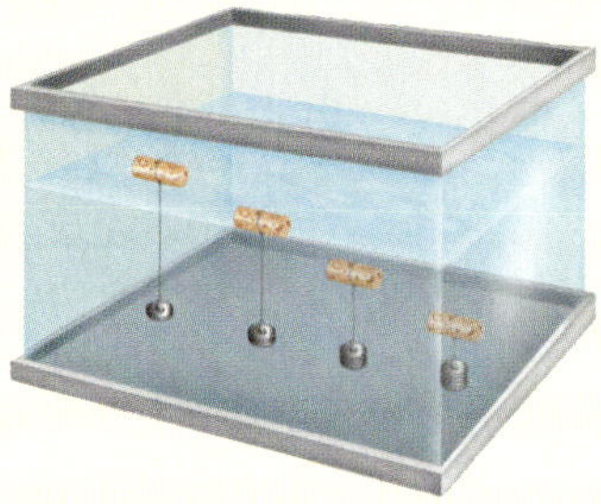

3. Repite el paso dos con más corchos que floten a 9 cm del fondo, 15 cm del fondo, etc., hasta que el último corcho flote en la superficie.
4. Sube y baja la mano para hacer olas pequeñas y continuas. Observa lo que pasa con los corchos.
5. Repite el paso 4 moviendo la mano más rápido para aumentar la altura de las olas.

Observar ¿Qué efecto tiene aumentar la altura de la ola en el movimiento de cada corcho?

FIGURA 4
Tsunamis
En el mar un tsunami viaja como una ola larga y baja. Cerca de la costa, la altura de la ola aumenta repentinamente. La pared de agua se estrella en la tierra, arroja barcos a la costa y destruye edificaciones.

Tsunamis Hasta aquí has leído sobre olas causadas por el viento. Otra clase de ola, como se muestra en la Figura 4, se forma muy lejos de la superficie del mar. Esta ola, llamada **tsunami,** es causada por un sismo debajo del suelo oceánico. El movimiento brusco del suelo envía pulsos de energía al agua que está arriba. Cuando los tsunamis llegan a la costa pueden ser tan devastadores como un sismo en tierra firme y azotar edificios y puentes.

A pesar de la cantidad enorme de energía que lleva un tsunami, es posible que personas a bordo de un barco en el mar no se den cuenta de que pasa uno. ¿Cómo es posible? Un tsunami en aguas profundas puede tener una longitud de 200 kilómetros o más, pero una altura de menos de un metro. Cuando el tsunami llega a las aguas someras de la costa, la fricción con el suelo oceánico hace que la longitud extensa se detenga de pronto. La altura de la ola aumenta a medida que el agua "se amontona". El tsunami se convierte en una pared gigantesca de agua. Algunos tsunamis han alcanzado 20 metros de altura o más alto, lo que es más alto que un edificio de cinco pisos.

Los tsunamis son más comunes en el océano Pacífico y golpean con frecuencia Alaska, Hawai y Japón. En 1998, tsunamis en Papúa y Nueva Guinea mataron a más de 2,000 personas. Los gobiernos de las zonas propensas a los tsunamis buscan los medios de evitar tanta devastación. Algunas ciudades japonesas han construido barreras destinadas a romper las olas. Los científicos también vigilan el suelo oceánico en busca de señales de sismos que puedan producir tsunamis.

Discovery Channel School

Ocean Motions

Video Preview
▶ Video Field Trip
Video Assessment

Verifica tu lectura **¿Qué causa los tsunamis?**

Efecto de las olas en la costa

¿Qué pasa en la costa cuando las olas golpean la playa? En la Figura 5 se muestran algunos de los efectos. Como la dirección de una ola en el mar está determinada por el viento, las olas llegan a la playa en ángulos. Pero cuando tocan el fondo, las aguas someras detienen primero el lado de la costa de la ola. Las filas de olas giran gradualmente y se ajustan más a la línea de la costa.

Deriva litoral **A medida que las olas llegan a la costa, el agua baña la playa en ángulo y arrastra granos de arena. El agua y la arena regresan en línea recta a la playa.** Este movimiento de la arena por la playa se denomina **deriva litoral.** Cuando las olas desaceleran, depositan la arena que llevan en la pendiente submarina poco profunda en una franja larga llamada banco de arena.

Corrientes de resaca Cuando el banco de arena crece, puede atrapar el agua que fluye por la costa. En algunos lugares el agua se abre paso por el banco de arena y refluye al fondo inclinado del mar. Este proceso crea una **corriente de resaca,** una avenida de agua que fluye rápidamente de vuelta al mar por una abertura pequeña. Las corrientes de resaca pueden arrastrar a los nadadores a aguas profundas. Como las corrientes de resaca son estrechas, un nadador hábil puede escapar si nada a través de la corriente, en dirección paralela a la playa.

Verifica tu lectura **¿En qué dirección jala al nadador una corriente de resaca?**

Lab zone Actividad Destrezas

Hacer modelos

Llena de agua hasta la mitad una bandeja de aluminio. La bandeja representa el suelo oceánico. Para hacer la pendiente del "suelo oceánico" coloca un libro u otro objeto debajo de un extremo de la bandeja. Añade suficiente arena en el centro para crear un banco. Luego vierte agua de una jarra sobre la arena para representar una corriente de resaca. Usa el modelo para explicar por qué las corrientes de resaca pueden ser peligrosas para los nadadores.

FIGURA 5
Deriva litoral
Las olas se acercan a la costa en ángulos. Esto da por resultado un movimiento gradual de la arena por la playa. **Interpretar diagramas** *¿En qué dirección arrastra la arena la deriva litoral de esta playa?*

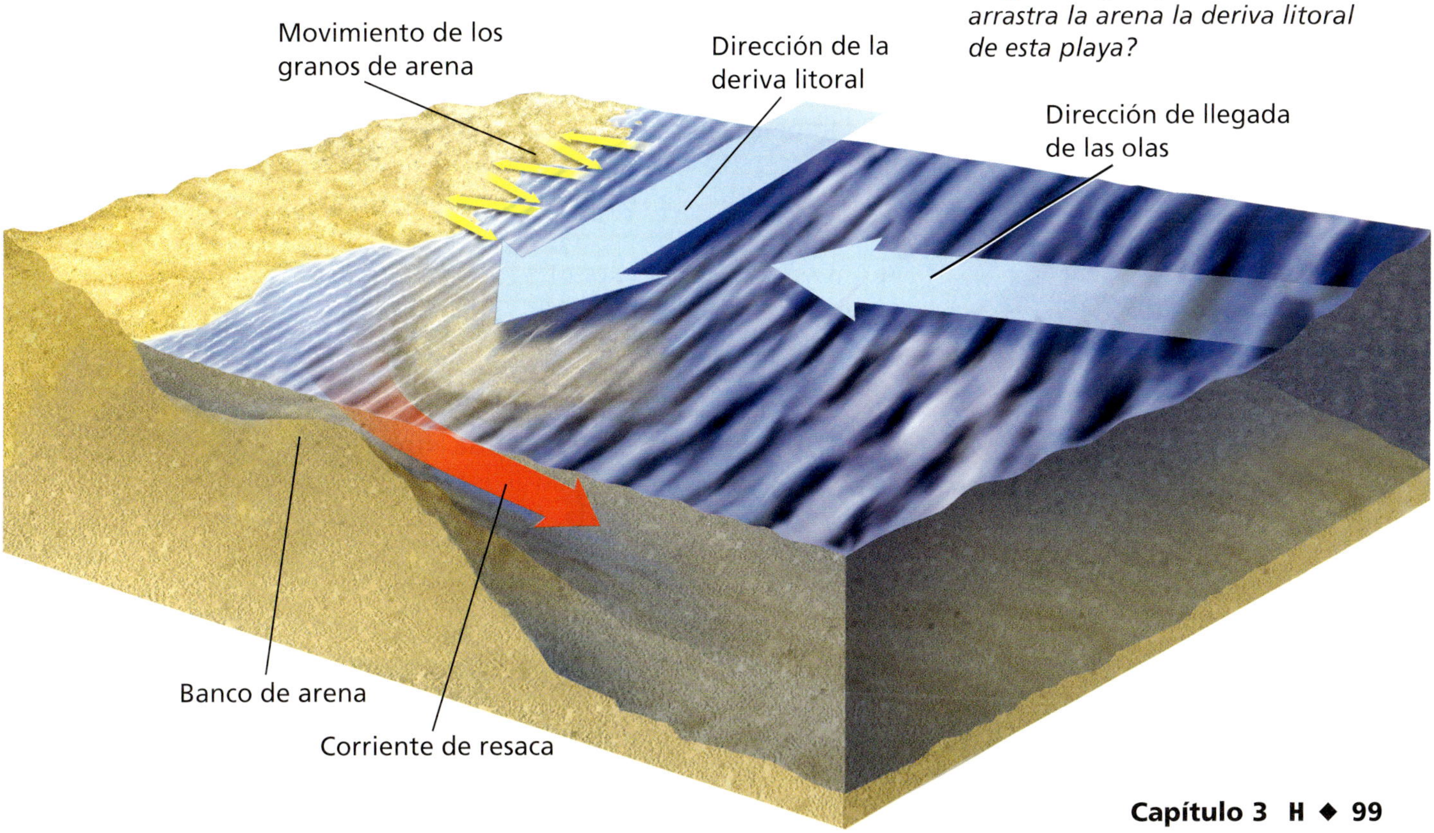

FIGURA 6
Una playa de barrera
Las playas de barrera son depósitos de arena que se forman en sentido paralelo a la costa. Las dunas de arena son colinas de arena arrastrada por el viento que ayuda a proteger la playa.
Interpretar fotografías *¿Cómo protege una playa de barrera la tierra firme de la erosión de las olas?*

Olas y erosión de la playa

Los límites entre la tierra y el mar siempre cambian de forma. Si caminas por la misma playa todos los días, quizá no lo adviertas. De un día al otro las olas se llevan arena y traen nueva más o menos al mismo ritmo. Pero si visitas una playa sólo una vez cada año, te sorprenderás con lo que veas. **Las olas dan forma a la playa al erosionar la costa en algunos lugares y acumularla en otros.**

Al principio, las olas que golpean una costa rocosa excavan altos acantilados y arcos. Con el paso de muchos miles de años las olas rompen las rocas en guijarros y granos de arena. Se forma una playa ancha y arenosa. Luego las olas comienzan a desgastar la playa expuesta. La costa se mueve lentamente tierra adentro. La deriva litoral arrastra la arena por la costa y la deposita en otro lado. Este proceso de desintegrar rocas y arrastrarlas se conoce como erosión.

Playas de barrera Un accidente natural que protege las costas de la acción de las olas se presenta en playas bajas. Depósitos grandes de arena llamados playas de barrera se forman en sentido paralelo a la costa. Estas playas están separadas de la costa por una laguna poco profunda. Las olas rompen contra la playa de barrera en lugar de hacerlo contra la tierra interior. Por esta razón, la gente trata de conservar las playas de barrera naturales, como las de Cabo Cod, la costa de New Jersey y las costas de Georgia y Carolina.

Dunas de arena Otros accidentes naturales también protegen la playas y reducen la erosión, aunque no pueden detener completamente el movimiento de la arena. Las dunas de arena, colinas de arena soplada por el viento, estabilizan una playa y protegen la costa de la erosión. Las fuertes raíces de las plantas de una duna, como el barrón y la avena silvestre, detienen la arena. Estas plantas desaceleran la erosión causada por el viento y el agua. Pero las dunas y las plantas son destruidas por autos, bicicletas y aun si muchas personas caminan sobre ellas. Sin plantas que detengan la arena, las dunas son arrastradas fácilmente por la acción de las olas.

Escolleras A muchas personas les gusta vivir junto al mar. Pero con el tiempo la erosión desgasta la playa. Esto amenaza los hogares y otras edificaciones cercanas a la playa. Para no perder su propiedad, la gente busca maneras de reducir los efectos de la erosión.

Un método para reducir la erosión en una franja de playa consiste en construir una pared de rocas o concreto, llamada **escollera,** frente a la playa. La arena que arrastra el agua se apila en la escollera en lugar de moverse por la costa. En la Figura 7 se muestra cómo las escolleras interrumpen el movimiento del agua. Pero las escolleras aumentan la erosión en otras partes de la playa.

FIGURA 7
Escolleras
La arena se apila en una serie de escolleras que ha construido la gente sobre la costa de New Jersey. Construir escolleras para detener la deriva litoral es una manera de reducir la erosión de la playa.

Verifica tu lectura **Señala dos accidentes naturales que reducen la erosión de las playas.**

Sección 1 Evaluación

Destreza clave de lectura **Usar el conocimiento previo** Repasa tu organizador gráfico y corrígelo según lo que aprendiste en esta sección.

Repasar los conceptos clave

1. a. **Repasar** ¿Cómo se forman las olas?
   b. **Explicar** Explica cómo se mueven la energía y el agua en una ola.
   c. **Aplicar conceptos** ¿Por qué una boya marina sube y baja cuando pasan las olas?
2. a. **Definir** ¿Cuál es la longitud de una ola? ¿Cuál es su altura?
   b. **Describir** ¿Cómo cambian la longitud y la altura de una ola cuando entra en aguas someras?
   c. **Desarrollar hipótesis** Con lo que sabes de los tsunamis, explica por qué causan tanto daño al llegar a la costa.
3. a. **Explicar** ¿Qué es la deriva litoral y cómo afecta la costa?
   b. **Relacionar causa y efecto** Explica el efecto en la deriva litoral de construir una escollera. ¿Qué pasa con la playa a cada lado de la escollera?

Lab zone Actividad En casa

Modelo de una ola Con un familiar, haz un modelo en cartulina de una ola. Debe mostrar la ola desde el momento en que nace en el mar hasta cuando rompe en la costa. Asegúrate de anotar los nombres de las características de la ola: crestas, senos, longitudes, alturas, oleaje y cachones.

Sección 2

Integración con las ciencias del espacio

Mareas

Avance de la lectura

Conceptos clave

- ¿Qué causa las mareas?
- ¿Qué influye en la altura de las mareas?
- ¿Por qué las mareas son una fuente de energía?

Términos clave

- mareas
- marea viva
- marea muerta

Destreza clave de lectura

Examinar ayudas visuales Antes de leer, revisa la Figura 11. Luego, escribe dos preguntas sobre el diagrama en un organizador gráfico como el que sigue. Mientras lees, responde a tus preguntas.

Mareas vivas y muertas

P.	¿Cuándo se dan las mareas?
R.	
P.	

Lab zone Actividad Descubre

¿Cuándo hay pleamar?

Dos veces al día, el océano asciende y baja en las costas de la Tierra. Estos cambios se llaman mareas. En el mapa se muestran las horas de dos mareas altas en dos ciudades en cierto día.

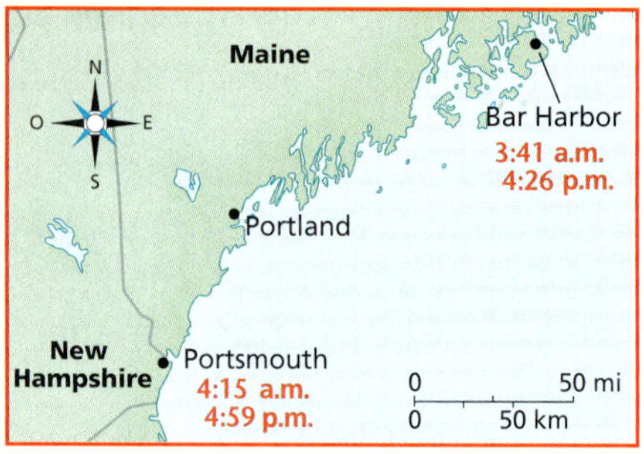

1. Calcula el tiempo transcurrido entre las dos mareas en cada ciudad. Recuerda contar horas y minutos.
2. Compara las horas de las mareas altas en Bar Harbor y Portsmouth. ¿Ves algún patrón?

Reflexiona

Predecir De acuerdo con las mareas altas en Bar Harbor y Portsmouth, predice cuándo se darán las mareas en Portland.

Estás a la orilla del río en el pueblo de Saint John, New Brunswick, Canadá. En la distancia se oye un sonido atronador. De pronto, un muro de agua del doble de tu estatura pasa retumbando. La oleada se lanza por el canal del río con tanta fuerza que parece como si el río fluyera hacia atrás.

Esta pared atronadora de agua es un suceso cotidiano en Saint John. El pueblo está localizado donde el río Saint John desemboca en la bahía de Fundy, un brazo del océano Atlántico. La bahía de Fundy es famosa por sus mareas diarias notables. Cuando llega la marea, los botes pesqueros flotan junto a los muelles; pero cuando se va la marea, ¡los botes se atascan en el fondo lodoso de la bahía!

FIGURA 8
Diferencias en las mareas
La bahía de Fundy en Canadá es notable por sus grandes diferencias entre mareas altas y bajas. Cerca de la boca de la bahía, los botes flotan en la pleamar (izquierda). En la bajamar, están sobre el suelo (derecho).

¿Qué causa las mareas?

El ascenso y descenso diario de las aguas de la Tierra en las costas se llaman **mareas.** Cuando llega la marea, el nivel del agua en la playa asciende gradualmente. Cuando el agua llega a su punto más elevado, es pleamar o marea alta. Luego la marea se va, refluye al mar. Cuando el agua alcanza su punto más bajo es bajamar o marea baja. A diferencia de las olas superficiales de las que leíste en la Sección 1, las mareas se dan regularmente sin importar que sople el viento. En todas las masas de agua hay mareas, pero son más notables en mares y lagos grandes.

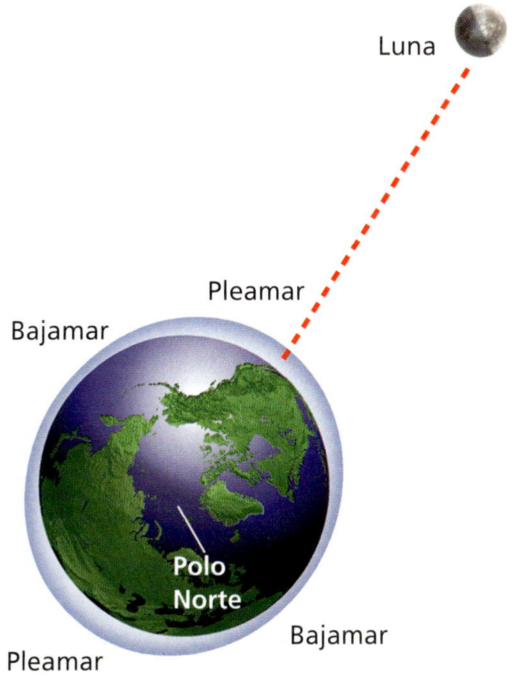

FIGURA 9
Cómo causa la Luna las mareas
La atracción de la gravedad de la Luna sobre el agua de la Tierra genera protuberancias de marea en los lados más cercano y más alejado de la Luna. **Inferir** *¿Por qué el nivel del agua es elevado en el lado más alejado de la Luna?*

Gravedad y mareas **Las mareas son la causa de la interacción de la Tierra, la Luna y el Sol.** ¿Cómo influyen en el agua de la Tierra objetos distantes como la Luna y el Sol? La respuesta es la gravedad, la fuerza de atracción que ejerce un objeto en otros objetos. La gravedad te mantiene a ti y todo el entorno sobre la superficie terrestre. Sin embargo, a medida que aumenta la distancia entre los objetos, se debilita la fuerza de la gravedad.

En la Figura 9 se muestran los efectos de la gravedad de la Luna sobre el agua en la superficie de la Tierra. La Luna atrae el agua del lado más cercano a ella con más fuerza que la atracción del centro de la Tierra. Esta atracción crea una hinchazón de agua, llamada protuberancia de marea, del lado de la Tierra que mira la Luna. El agua más alejada de la Luna es atraída con menos fuerza que otras partes de la Tierra. Esa agua más alejada "se rezaga" y forma otra protuberancia.

En los lugares donde hay protuberancias de mareas, se presenta la pleamar en las costas. En los lugares entre las protuberancias se dan mareas bajas. La rotación de la Tierra entre protuberancias es la causa de que la mayoría de las costas experimenten dos mareas altas y dos mareas bajas cada 25 horas.

Verifica tu lectura **¿Qué fuerza hace que tengan lugar las mareas en la superficie de la Tierra?**

Go Online
PHSchool.com

Para: Más información sobre las mareas, disponible en inglés.
Visita: PHSchool.com
Código Web: cfd-3032

El ciclo diario de las mareas A medida que la Tierra gira completamente una vez al día, quienes viven en las costas observan el aumento de las mareas a medida que llegan a la zona de la protuberancia mareal. Las mareas se dan cada 12 horas y 25 minutos en cualquier lugar. A medida que la Tierra rota, los puntos más al este pasan por la zona de la protuberancia mareal antes que los puntos del oeste. Por consiguiente, la pleamar tiene lugar más tarde cuanto más al oeste se recorra la costa.

En algunos lugares las dos mareas bajas y altas se observan fácilmente. Pero en otros la diferencia entre pleamar y bajamar es menos notable. Un par de mareas puede ser tan reducido que parezca que sólo hay una pleamar y una bajamar al día.

Varios factores afectan la altura de una marea en un lugar particular. Por ejemplo, ciertos accidentes del relieve interrumpen los movimientos del agua. Una cuenca en la desembocadura de un río también puede incrementar la diferencia entre la pleamar y la bajamar. La velocidad y profundidad del agua en movimiento incrementa cuando fluye en un canal estrecho. Esto es lo que causa las mareas notables en la desembocadura del río Saint John de las que leíste antes.

El ciclo mensual de las mareas Aunque el Sol se halla a 150 millones de kilómetros de la Tierra, es tan grande que su gravedad afecta las mareas. El Sol atrae el agua de la superficie terrestre. En la Figura 11 puedes seguir las posiciones de la Tierra, la Luna y el Sol en diversas horas del mes. **Los cambios en las posiciones de la Tierra, la Luna y el Sol afectan la altura de las mareas durante el mes.**

Dos veces al mes, en luna nueva y luna llena, el Sol y la Luna están alineados. Su atracción gravitatoria combinada produce la máxima diferencia entre las alturas de las mareas, la llamada **marea viva.**

En cuarto creciente y cuarto menguante el Sol y la Luna ejercen su fuerza en ángulo recto. Esta disposición produce una **marea muerta,** una marea con la mínima diferencia entre pleamar y bajamar. Durante una marea muerta, la gravedad del Sol atrae parte del agua de la protuberancia que mira hacia la Luna. Esto "nivela" el agua de la superficie terrestre y disminuye la diferencia entre pleamar y bajamar.

FIGURA 10
Tortugas marinas y mareas vivas
Algunos animales dependen mucho de los ciclos de las mareas. Las tortugas marinas sólo salen a la playa a poner sus huevos durante ciertas mareas vivas.

FIGURA 11

Mareas vivas y muertas

Las mareas vivas y muertas son causadas por las posiciones de la Tierra, el Sol y la Luna. **Interpretar diagramas** ***¿En qué dos alineaciones hay la máxima diferencia entre pleamar y bajamar?***

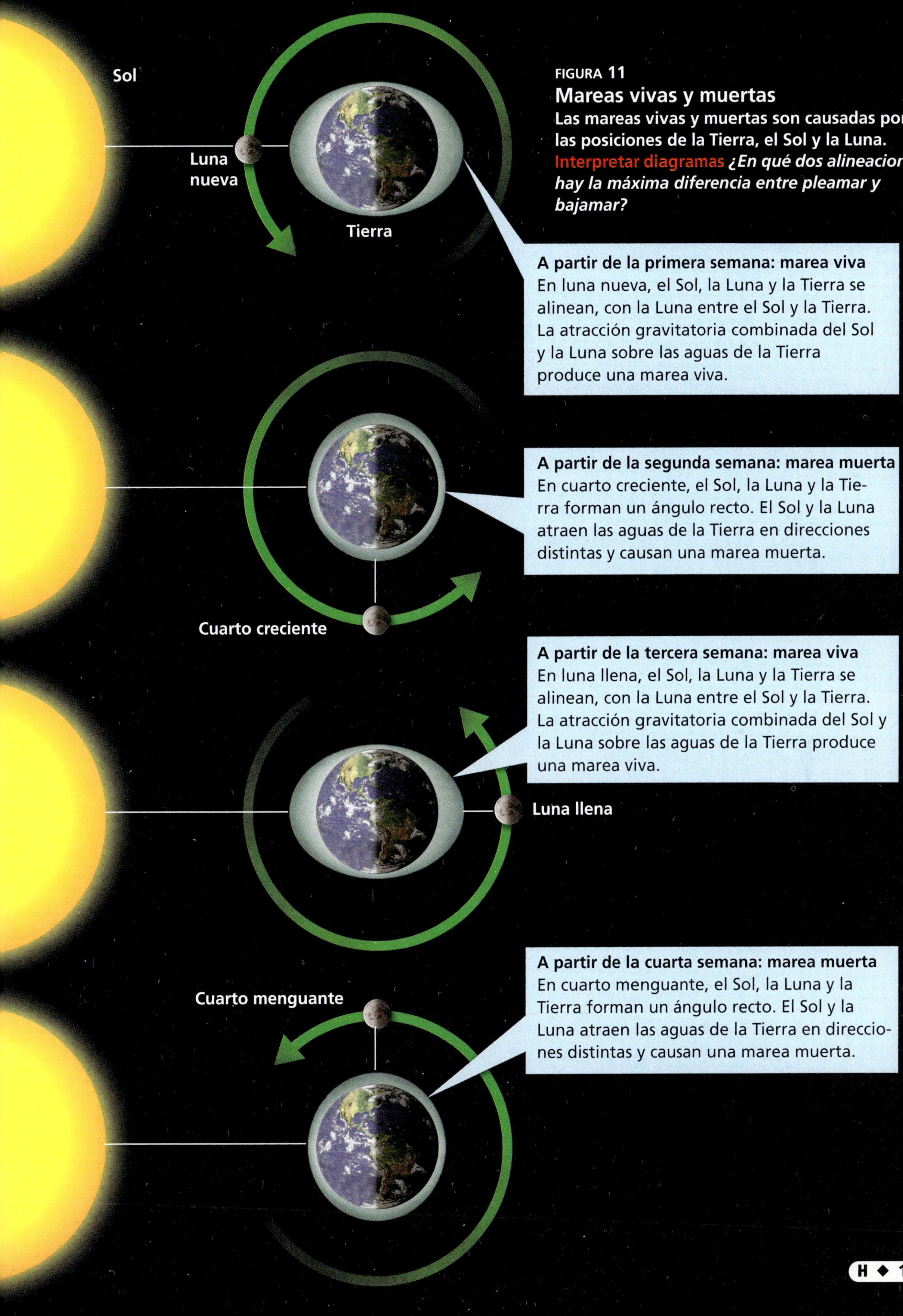

Matemáticas **Analizar datos**

Gráfica de las mareas

En esta tabla se anotan las mareas altas máximas y mareas bajas mínimas de una semana en la desembocadura del río Savannah, en Georgia, donde se encuentra con el océano Atlántico.

1. **Hacer una gráfica** Haz una gráfica con los datos de la tabla. En el eje horizontal traza los días. En el eje vertical, traza la altura de las mareas de 3.0 a 1.0 metros. (*Pista*: Marca los números negativos debajo del eje horizontal.)
2. **Hacer una gráfica** Traza en la gráfica la altura de las mareas de cada día. Une los puntos de marea alta con una línea y los puntos de marea baja con otra.

Tabla de mareas

Día	Marea alta máxima (m)	Marea baja mínima (m)
1	1.9	0.2
2	2.1	0.1
3	2.3	0.0
4	2.4	–0.2
5	2.5	–0.2
6	2.6	–0.3
7	1.9	0.3

3. **Interpretar datos** ¿Cómo cambian la marea alta y la marea baja durante la semana?
4. **Inferir** ¿Qué tipo de marea tendría lugar el día 6? Explica.

Tablas de mareas A pesar de los complicados factores que afectan las mareas, los científicos pueden predecirlas con bastante exactitud para ciertos lugares. Combinan los conocimientos del movimiento de la Luna y la Tierra con información sobre la forma de la costa y otras condiciones locales. Si vives cerca de la costa, es probable que tu periódico local publique una tabla de mareas. Saber la hora y la altura de las mareas es importante para marinos, oceanógrafos, pescadores y habitantes de las costas.

Verifica tu lectura **¿Qué clase de información sirve a los científicos para pronosticar las horas de las mareas?**

Energía de las mareas

Mira la Figura 12. ¿Casi alcanzas a oír el estruendo del agua? **El movimiento de grandes cantidades de agua entre pleamar y bajamar es una fuente de energía potencial, la energía que está guardada y que puede aprovecharse.** Los ingenieros han diseñado centrales eléctricas maremotrices que captan parte de esta energía a medida que las mareas suben y bajan.

La primera central en gran escala de energía maremotriz fue construida en 1967 en el río Rance, al noroeste de Francia. Cuando la marea alta agita las aguas del río, las compuertas de la planta se abren para que el agua fluya a una cuenca. Cuando la marea se retira, las puertas se cierran y detienen el agua. La gravedad atrae el agua de vuelta al mar por túneles. La energía del agua al moverse por los túneles impulsa generadores de electricidad, como en una presa hidroeléctrica en un puerto.

Aunque la energía maremotriz es una fuente limpia y renovable de energía, tiene varias limitaciones. Aprovecharla es práctico sólo si hay una diferencia notable entre pleamar y bajamar, de por lo menos 4 ó 5 metros. Hay pocos lugares en el mundo donde exista tal diferencia. También es posible que las mareas diarias no se den en el momento de demanda de electricidad. Sin embargo, la energía maremotriz puede ser una parte útil de un plan general para producir electricidad que incluya otras fuentes de energía, aparte de las mareas.

Verifica tu lectura **¿En qué condiciones es práctico aprovechar la energía maremotriz?**

FIGURA 12
Energía maremotriz
Llevada por la marea, el agua pasa por esta central eléctrica maremotriz en Francia. **Hacer generalizaciones** *¿Por qué hay tan pocos lugares apropiados para construir centrales eléctricas maremotrices?*

Sección 2 Evaluación

Destreza clave de lectura **Examinar ayudas visuales** Revisa tus preguntas y respuestas sobre la Figura 11 para responder a la pregunta 2.

Repasar los conceptos clave

1. a. **Definir** ¿Qué es un marea? ¿Qué causa las mareas?
   b. **Explicar** Explica por qué la Luna produce una protuberancia mareal del lado más cercano de la Tierra.
   c. **Inferir** ¿Por qué el Sol no afecta las mareas más que la Luna?
2. a. **Repasar** ¿Por qué cambia la altura de las mareas durante el mes?
   b. **Describir** Describe las posiciones del Sol, la Luna y la Tierra durante una marea viva y una marea muerta.
   c. **Aplicar conceptos** Si fueras el capitán de un barco pesquero, ¿por qué sería útil consultar una tabla mensual de mareas?
3. a. **Repasar** ¿Cómo se usan las mareas para producir electricidad?
   b. **Predecir** ¿Crees que la energía maremotriz será una fuente importante de energía en el mundo? ¿Por qué?

Escribir en ciencias

Crónica presencial Imagínate que pescas en un muelle de la bahía de Fundy en Canadá. Cuando comenzaste a pescar había marea alta. Ahora hay marea baja. Escribe una crónica presencial en la que describas los cambios que hayas observado al bajar la marea. Escribe con un lenguaje claro y descriptivo.

Sección 3

Química del agua de mar

Avance de la lectura

Conceptos clave

- ¿Qué tan salada es el agua de mar?
- ¿Cómo varía la temperatura y el contenido de gases del agua del mar?
- ¿Cómo cambian las condiciones del mar con la profundidad?

Términos clave

- salinidad
- sumergible

Destreza clave de lectura

Formular preguntas Antes de leer, revisa los encabezados en rojo. En un organizador gráfico como el que sigue, haz preguntas con *cómo* o *qué* para cada encabezado. Mientras lees, responde a tus preguntas.

Química del agua de mar

Pregunta	Respuesta
¿Qué tan salado es el mar?	Un kilo de agua de mar tiene…

Lab zone Actividad Descubre

¿Los huevos flotan o se hunden?

1. Llena dos vasos de precipitados o frascos con agua corriente.
2. Añade tres cucharadas de sal a un vaso. Agita hasta que se disuelva.
3. Coloca un huevo entero y crudo en cada vaso. Maneja los huevos con cuidado para que no se rompan. Observa lo que pasa con cada huevo.
4. Lávate las manos cuando termines la actividad.

Reflexiona

Observar Compara lo que sucede con los dos huevos. ¿Qué te indica acerca de la diferencia entre agua salada y agua dulce?

Si has tragado agua mientras nadabas en el mar, ya sabes que el mar es salado. ¿Por qué? De acuerdo con una antigua leyenda sueca todo es por obra de un molino mágico. Este molino podía triturar todo lo que su dueño quisiera, como arenques, avena y hasta oro. Un marino capitán ambicioso se robó el molino y se lo llevó en su barco, pero no investigó cómo usarlo. Le pidió al molino que triturara un poco de sal, pero luego no pudo detenerlo. El molino pulverizó más y más sal hasta que el barco del capitán se hundió bajo su peso. Según la leyenda, ¡el molino todavía está en el fondo del mar triturando sal!

Zona de almacenamiento de sal ▼

El salado mar

Quizá nadie tomó nunca en serio la leyenda, ni siquiera la primera vez que se contó. La explicación científica de la salinidad del mar comienza con las primeras etapas de la historia de la Tierra, cuando el océano cubría buena parte de la superficie del planeta. La erupción de los volcanes submarinos arrojó sustancias químicas al agua. Paulatinamente, la lava de esas erupciones volcánicas acumuló zonas de tierra. La lluvia cayó sobre la tierra expuesta y arrastró más de esas sustancias de las rocas al mar. Con el tiempo, esas sustancias se disolvieron hasta acumular las concentraciones presentes hoy en el mar.

Salinidad ¿Qué tan salado es el mar? Si hierves un kilo de agua de mar en una olla hasta que se consuma, quedarán en la olla unos 35 gramos de sal. **En promedio, un kilo de agua de mar contiene unos 35 gramos de sales, es decir, 35 partes por millar.** La cantidad total de sales que se hallan disueltas en la muestra de agua es la **salinidad** de esa muestra.

La sustancia que conoces como sal de mesa (cloruro de sodio) es la sal presente en mayor cantidad en el mar. Cuando el cloruro de sodio se disuelve en el mar, se separa en partículas de sodio y cloruro llamadas iones. Otras sales, el cloruro de magnesio, forman iones en el agua de la misma manera. En conjunto, cloruro y sodio componen casi 86 por ciento de los iones disueltos en el agua del mar. Ésta también contiene cantidades pequeñas de aproximadamente una docena de otros iones, como magnesio y calcio, y otras sustancias que necesitan los organismos, como nitrógeno y fósforo.

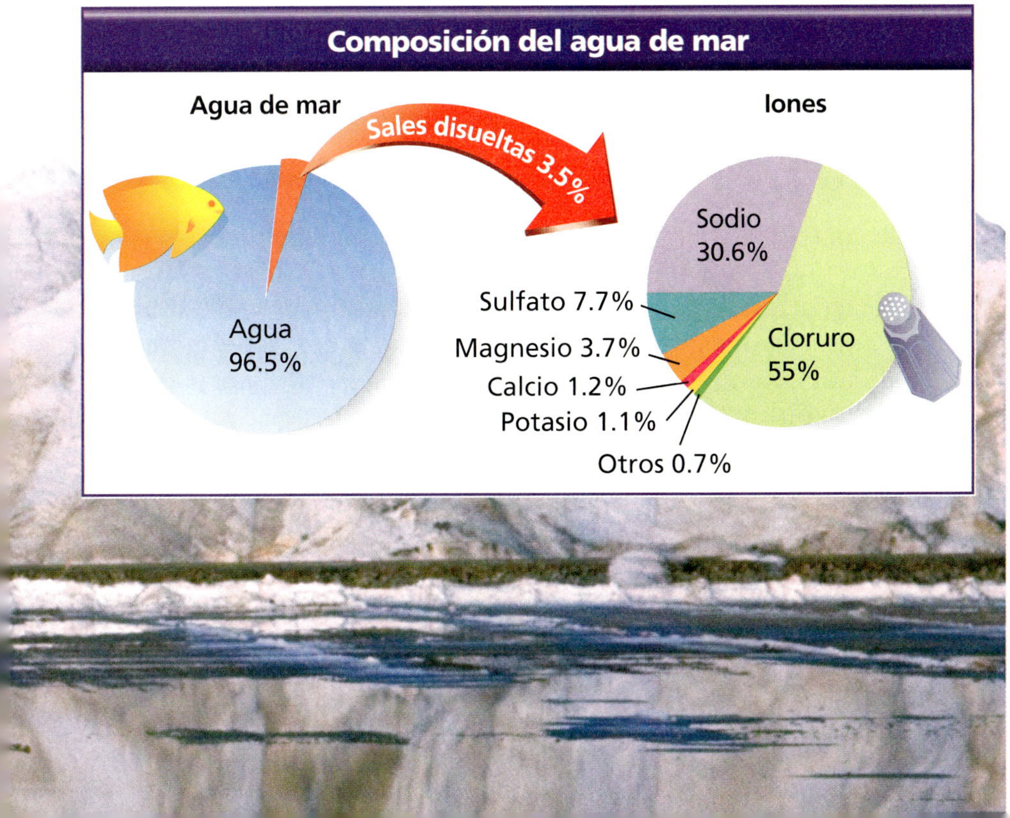

FIGURA 13
Composición del agua de mar
El agua de mar contiene muchas sales disueltas. Cuando la sal se disuelve se separa en partículas llamadas iones.
Leer gráficas *¿Qué ión es el más común en el agua de mar?*

FIGURA 14
Salinidad y densidad
¡Estas personas descansan y leen el periódico mientras flotan en el agua! El mar Muerto entre Israel y Jordania es tan salado que las personas flotan fácilmente en su superficie.
Relacionar causa y efecto *¿Qué relación tiene el clima cálido y seco de la zona con la salinidad del mar Muerto?*

Variaciones de la salinidad En la mayor parte del mar, la salinidad está entre 34 y 37 partes por millar. Pero cerca de la superficie la lluvia, nieve y hielo fundido añaden agua dulce que reduce la salinidad. La salinidad también es menor cerca de las desembocaduras de ríos grandes, como el Amazonas o el Mississippi. Estos ríos vierten grandes cantidades de agua dulce al mar. Por otro lado, la evaporación aumenta la salinidad puesto que la sal se queda cuando el agua se evapora. Por ejemplo, en el mar Rojo, donde el clima es cálido y seco, la salinidad puede ser tan grande como de 41 partes por millar. La salinidad también puede ser mayor cerca de los polos. Cuando el agua superficial se congela, la sal queda en el agua restante.

Efectos de la salinidad La salinidad afecta varias propiedades del agua de mar. Por ejemplo, el agua de mar no se congela sino hasta que la temperatura cae a unos −1.9 °C. La sal actúa como una especie de anticongelante que interfiere con la formación de cristales de hielo. El agua salada también tiene una densidad mayor que el agua dulce. Esto significa que la masa de un litro de agua de sal es mayor que la masa de un litro de agua dulce. Como la densidad es mayor, el agua de mar tiene mayor flotabilidad. Levanta los objetos menos densos que flotan en ella. Por esta razón un huevo flota más en agua salada que en agua dulce, y por eso las personas de la Figura 14 flotan sin ningún esfuerzo en el mar Muerto.

Verifica tu lectura **¿Por qué el agua salada tiene mayor flotabilidad que el agua dulce?**

Matemáticas Destrezas

Calcular la densidad

Para calcular la densidad de una sustancia, se divide su masa entre su volumen.

$$\text{Densidad} = \frac{\text{Masa}}{\text{Volumen}}$$

Por ejemplo, 1 litro (L) de agua de mar tiene una masa de 1.03 kilogramos (kg). Por tanto,

$$\text{Densidad} = \frac{1.03 \text{ kg}}{1.00 \text{ L}}$$

$$\text{Densidad} = 1.03 \text{ kg/L}$$

Problema de práctica Una muestra de 5 litros de un tipo de petróleo crudo tiene una masa de 4.10 kg. ¿Cuál es su densidad? Si este petróleo se derramara en la superficie del océano, ¿se hundiría o flotaría? Explica tu respuesta en términos de densidad.

Otras propiedades del océano

En Nueva Inglaterra, el día de año nuevo los periodistas acostumbran escribir artículos sobre los escalofriantes miembros del "Club del Oso Polar", que se zambullen en el helado océano Atlántico. Pero el mismo día otras personas gozan de las cálidas aguas de Puerto Rico. **Al igual que las temperaturas en tierra firme, las temperaturas en la superficie del mar varían dependiendo del lugar y las estaciones. Los gases del mar también varían.**

La temperatura del agua de mar ¿Por qué las temperaturas superficiales del mar varían de un lugar a otro? La ancha superficie del mar absorbe energía del sol. Cerca del ecuador, las temperaturas en la superficie del mar llegan a 25 °C, que es aproximadamente la temperatura ambiente. La temperatura disminuye a medida que uno se aleja del ecuador.

Como el agua cálida es menos densa que la fría, forma sólo una capa delgada en la superficie del mar. En general, cuanto más se desciende en el océano, más fría y densa se vuelve el agua. Cuando la temperatura del agua es menor, las moléculas de agua se mantienen más cercanas que a temperaturas superiores. Por eso una muestra de agua fría tiene más moléculas de agua que una muestra de agua caliente del mismo volumen. La muestra de agua fría es más densa.

Los gases del agua de mar Así como los organismos terrestres toman los gases que se encuentran en el aire, los organismos marinos usan los gases que están en el agua de mar. Dos gases que aprovechan los organismos marinos son el dióxido de carbono y el oxígeno.

El dióxido de carbono es unas 60 veces más abundante en el mar que en el aire. Las algas necesitan dióxido de carbono para realizar la fotosíntesis. Animales como los corales usan dióxido de carbono, que les proporciona carbono para formar sus esqueletos duros.

A diferencia del dióxido de carbono, el oxígeno es más escaso en el agua de mar que en el aire. En el mar, el oxígeno es más abundante cerca de la superficie. El oxígeno del mar viene del aire y de las algas marinas, como producto de la fotosíntesis. La temperatura del agua de mar influye en la cantidad de oxígeno. Las aguas frías de las regiones polares contienen más oxígeno que las aguas tropicales cálidas. Pero hay suficiente oxígeno en estas aguas tropicales para sostener a una variedad de organismos.

Verifica tu lectura **¿Cuáles son las dos fuentes de oxígeno del agua de mar?**

FIGURA 15
Organismos y temperatura del mar
Desde las aguas tropicales más cálidas hasta el frío mar de la Antártida se encuentran organismos adaptados a las extremas temperaturas del océano.

▲ Este pez lorito que nada cerca de Hawai vive en una de las partes más cálidas del océano Pacífico.

▲ Este marujito nada por un agujero en un iceberg en agua casi congelada.

FIGURA 16

La columna de agua

Las condiciones cambian con la profundidad oceánica. **Interpretar diagramas** *¿Qué dos factores influyen en la densidad del agua del mar?*

Un buzo puede descender hasta unos 40 metros.

Zona superficial
Se extiende de la superficie a unos 200 metros. La temperatura promedio en el mundo es de 17.5 °C.

Zona de transición
Se extiende de la parte baja de la zona superficial a aproximadamente 1 kilómetro. La temperatura cae rápidamente a 4 °C.

Zona profunda
Se extiende de aproximadamente 1 kilómetro al suelo oceánico. La temperatura promedio es de 3.5 °C.

El sumergible *Alvin* puede descender unos 4 kilómetros.

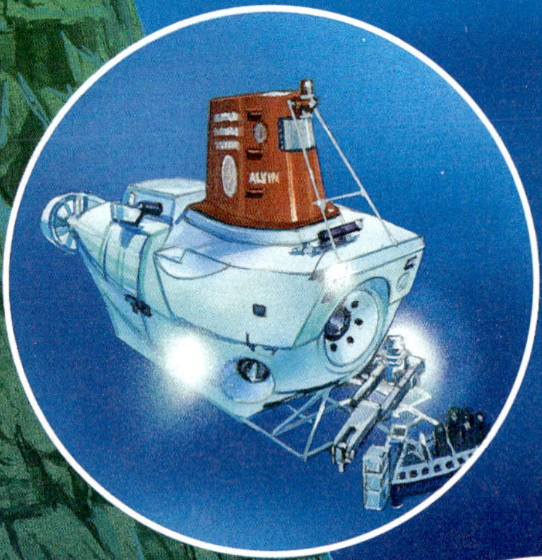

En 1960 el sumergible *Trieste* descendió a una profundidad récord de 11 kilómetros.

Profundidad: 0.5 km, 1.0 km, 1.5 km, 2.0 km, 2.5 km, 3.0 km, 3.5 km, 4.0 km

AUMENTA LA PRESIÓN

3.8 km Profundidad promedio del océano

Color y luz
La luz del sol atraviesa la superficie del mar. Primero se ve amarillenta, luego verdiazul, a medida que el agua absorbe la luz roja. Ninguna luz llega más allá de 200 metros.

Temperatura
Cerca de la superficie la temperatura es afectada por el estado del tiempo superior. En la zona de transición la temperatura baja rápidamente. En la zona profunda el agua siempre es muy fría.

Salinidad
Las lluvias reducen la salinidad cerca de la superficie, mientras que la evaporación aumenta la salinidad en las regiones cálidas y secas. Debajo de la zona superficial, la salinidad se mantiene bastante constante a lo largo de la columna de agua.

Densidad
La densidad del agua de mar depende de la temperatura y la salinidad. En general, el mar es menos denso en la zona superficial, donde es más cálido. Sin embargo, la mayor salinidad incrementa también la densidad. El agua más densa se encuentra en la fría zona profunda.

Presión
La presión aumenta a una tasa de 10 veces la presión del aire al nivel del mar por cada 100 metros de profundidad.

Cambios con la profundidad

Si pudieras descender de la superficie al suelo oceánico, pasarías por una sección vertical llamada columna de agua. En la Figura 16 se muestran algunos cambios notables que observarías.

Descenso de la temperatura **Al descender en el océano, la temperatura del agua disminuye.** Hay tres zonas de temperatura en la columna de agua. La superficial es la más cálida. Se extiende por lo regular de la superficie a entre 100 y 500 metros. La de transición se extiende de la parte baja de la zona superficial a aproximadamente 1 kilómetro. Las temperaturas caen muy rápidamente a medida que uno desciende por la zona de transición hasta llegar a unos 4 °C. Debajo de la zona de transición está la zona profunda. Ahí la temperatura promedio es de 3.5 °C en casi todo el océano.

Aumento de la presión La presión del agua es la fuerza ejercida por su peso. **La presión aumenta continuamente con la profundidad del mar,** de modo que los buzos sólo pueden descender con seguridad a unos 40 metros. Para observar el mar profundo, los científicos deben usar un **sumergible,** vehículo submarino construido con materiales que resisten la presión.

Verifica tu lectura ¿Qué es un sumergible?

Go Online SCILINKS NSTA

Para: Vínculos sobre la química del agua de mar, disponible en inglés.
Visita: www.SciLinks.org
Código Web: scn-0833

Sección 3 Evaluación

Destreza clave de lectura **Formular preguntas** Usa tus preguntas sobre los encabezados para responder a las preguntas siguientes.

Repasar los conceptos clave

1. a. **Definir** ¿Qué es la salinidad? ¿Cuál es la salinidad promedio del agua de mar?
   b. **Describir** Describe un factor que aumente la salinidad del agua de mar y un factor que la reduzca.
   c. **Inferir** ¿El agua de mar debajo del hielo del océano Ártico tiene más o menos salinidad que la de la parte más profunda del océano? Explica.
2. a. **Identificar** ¿Dónde están las temperaturas marinas más cálidas de la Tierra?
   b. **Comparar y contrastar** Compara las concentraciones de oxígeno y dióxido de carbono en el mar y en el aire.
   c. **Relacionar causa y efecto** ¿Qué efecto tiene la temperatura del agua del mar en sus concentraciones de oxígeno?
3. a. **Repasar** ¿Cómo cambian la temperatura y la presión al descender en el océano?
   b. **Predecir** ¿En qué parte de la columna de agua esperarías encontrar estas condiciones: las mayores mediciones de presión, las aguas más densas, las temperaturas más cálidas?

Matemáticas Práctica

4. **Calcular la densidad** Calcula la densidad de las siguientes muestras de 1 L de agua de mar. La muestra A tiene una masa de 1.01 kg; la muestra B tiene una masa de 1.06 kg. ¿Qué muestra es más probable que tenga mayor salinidad? Explica.

Lab zone **Laboratorio de tecnología**

• Tecnología y diseño •

Investigar los cambios de densidad

Problema

¿Puedes diseñar y construir un instrumento que detecte diferencias de densidad?

Destrezas aplicadas

construir un prototipo, diseñar una solución, solucionar dificultades

Materiales

- tachuelas
- cilindro graduado de 250 mL
- lápiz sin afilar con goma
- regla en centímetros
- marcador permanente de punto fino
- termómetro
- hielo
- báscula
- agua
- cuchara
- sal
- otros materiales proporcionados por tu mastro

Procedimiento

PARTE 1 Analizar e investigar

1. Una manera de medir la densidad de un líquido es con un instrumento llamado areómetro. Puedes hacer un areómetro simple con un lápiz de madera sin afilar.
2. Comienza por el extremo sin afilar del lápiz. Traza rayas con un marcador permanente cada 2 mm a lo largo del lápiz. Haz rayas más largas para cada centímetro entero. Continúa hasta que hayas marcado 5 cm.
3. Rotula las marcas largas comenzando por el extremo sin afilar del lápiz.
4. Inserta tres tachuelas como pesos en el lado de la goma del lápiz. **PRECAUCIÓN:** *Ten cuidado de no cortarte con las puntas de las tachuelas.*
5. Llena el cilindro graduado con 250 mL de agua a temperatura ambiente. Coloca el lápiz en el agua con la goma hacia abajo.
6. Agrega o quita tachuelas y ajusta su colocación hasta que el lápiz flote hacia arriba y sobresalgan unos 2 cm de la superficie.
7. Anota en tu cuaderno la temperatura del agua. Junto a esa cifra, anota la lectura del lápiz areómetro en la superficie del agua.
8. Llena el cilindro graduado con agua fría. Coloca el lápiz areómetro en el agua, con la goma hacia abajo. Repite el paso 7.

PARTE 2 Diseñar y construir

9. Con lo que aprendiste en la parte 1, diseña y construye un areómetro que detecte diferencias de densidad entre varias muestras de agua. Tu areómetro debe
   - medir las diferencias de densidad entre agua caliente y agua fría
   - medir las diferencias de densidad entre agua salada y agua dulce
   - estar hecho de materiales aprobados por tu maestro

10. En tu cuaderno, haz un boceto de tu diseño y redacta una lista de los materiales que vas a necesitar. Escribe un plan de cómo vas a construir tu areómetro. Cuando el maestro apruebe tu diseño, construye tu areómetro.

PARTE 3 Evaluar y rediseñar

11. Para poner a prueba tu areómetro, mide con él la densidad del agua a varias temperaturas. Luego, verifica muestras de agua con diversa salinidad. Traza una tabla en la que anotes tus resultados.

Tabla de datos		
Temperatura (°C)	Salinidad $\left(\frac{\text{g sal}}{\text{L agua}}\right)$	Medida del areómetro

12. A partir de tus pruebas, decide cómo mejorar el diseño de tu areómetro. Por ejemplo, ¿cómo podrías cambiar tu diseño para que el areómetro detecte diferencias de densidad más pequeñas? Pide permiso a tu maestro, haz los cambios necesarios y verifica cómo funciona tu areómetro rediseñado.

Analiza y concluye

1. **Inferir** Explica por qué el agua fría es más densa que el agua caliente. Explica por qué el agua salada es más densa que el agua dulce.
2. **Construir un prototipo** ¿Qué tal funcionó el lápiz areómetro que construiste en la parte 1? ¿Qué problemas encontraste con el areómetro?

3. **Diseñar una solución** ¿Cómo incorporaste lo que aprendiste en la parte 1 al diseño del areómetro de la parte 2? Por ejemplo, ¿cómo resolviste en el areómetro los problemas que habías tenido en la parte 1?
4. **Solucionar dificultades** En la parte 3, ¿qué tal funcionó tu areómetro cuando mediste las muestras de agua con diversa densidad? ¿Cómo rediseñaste tu areómetro para mejorar su funcionamiento?
5. **Evaluar el diseño** ¿Qué limitaciones impusieron al diseño y el funcionamiento del areómetro factores como flotabilidad, materiales, tiempo, costos u otros? Describe cómo adaptaste tu diseño para que trabajara dentro de esas limitaciones.

Comunica

Crea un cartel informativo en el que describas el funcionamiento de tu areómetro. Incluye ilustraciones de tu areómetro y toda la información básica importante sobre la densidad.

Sección 4

Corrientes y clima

Avance de la lectura

Conceptos clave

- ¿Qué causa las corrientes superficiales y qué efecto tienen éstas en el clima?
- ¿Qué causa las corrientes profundas y qué efectos tienen éstas?
- ¿Qué efecto tiene un afloramiento en la distribución de nutrientes en el mar?

Términos clave

- corriente • efecto de Coriolis
- clima • El Niño • afloramiento

Destreza clave de lectura

Relacionar causa y efecto
Mientras lees, identifica los factores principales que causan las corrientes superficiales y profundas de los mares. Escribe la información en organizadores gráficos como el que sigue.

Causa		Efecto
	→	Corrientes superficiales

Causa		Efecto
	→	Corrientes profundas

Lab zone Actividad Descubre

¿Qué es más denso?

1. Llena tres cuartas partes de un recipiente de plástico con agua caliente. Espera a que el agua deje de moverse.
2. Añade varias gotas de colorante vegetal a un vaso de agua helada y agita.
3. Con cuidado, deja gotear el agua coloreada dentro del recipiente. Observa.

Reflexiona
Inferir Describe lo que pasó con el agua fría. ¿Cuál es más densa, el agua caliente o el agua fría? Explica.

Un día de primavera, las personas que paseaban por una playa del estado de Washington vieron algo sorprendente. ¡Cientos de tenis de todos colores y tallas encallaban en el océano Pacífico! Este "derrame de tenis" fue rastreado hasta un accidente de un carguero. Contenedores de tenis cayeron por la borda y los tenis llegaron a la playa.

Pero la parte más asombrosa de la historia es ésta: los científicos pudieron predecir dónde aparecerían los tenis la próxima vez. Y justamente como los científicos habían predicho, ¡los tenis encallaron en Oregón y luego a miles de kilómetros en Hawai!

¿Cómo supieron los científicos que los tenis flotarían hasta Hawai? La respuesta está en un movimiento oceánico llamado corriente. Una **corriente** es un flujo grande de agua que se mueve dentro de los océanos. A diferencia de las olas, las corrientes llevan el agua de un lado a otro. Algunas corrientes mueven agua en la superficie del mar, mientras que otras lo hacen en el fondo.

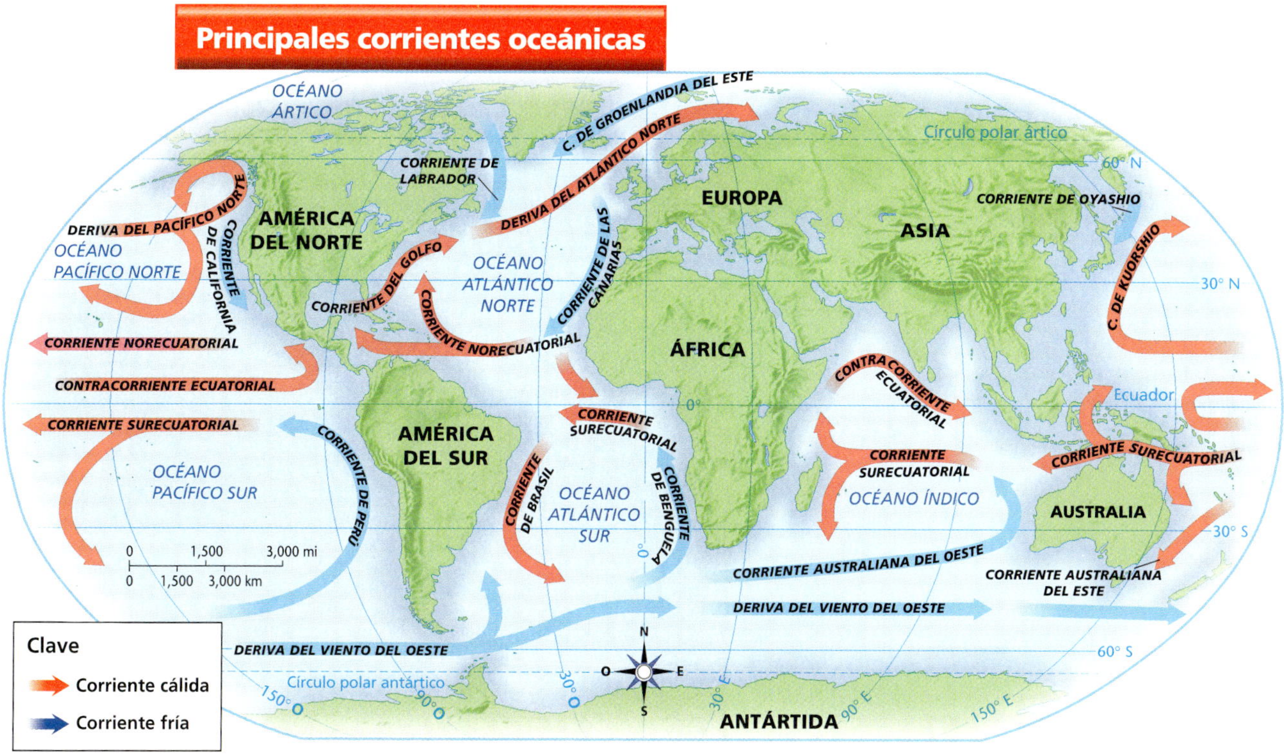

FIGURA 17
Las grandes corrientes superficiales se mueven en patrones circulares en los océanos de la Tierra. **Interpretar mapas** *Señala cuatro corrientes que fluyan por las costas de América del Norte. Indica si cada corriente es cálida o fría.*

Corrientes superficiales

La Figura 17 muestra las principales corrientes superficiales de los mares de la Tierra. **Las corrientes superficiales, que afectan el agua hasta una profundidad de varios cientos de metros, son impulsadas principalmente por vientos.** Siguiendo los principales patrones de vientos de la Tierra, las corrientes superficiales se mueven en patrones circulares en los cinco océanos mayores. Casi todas las corrientes fluyen del este o el oeste y luego giran para completar un círculo.

Efecto de Coriolis ¿Por qué las corrientes se mueven en estos patrones circulares? Si la Tierra no girara, los vientos y las corrientes se moverían en línea recta entre los polos y el ecuador. Pero como la Tierra rota, las trayectorias de los vientos y las corrientes se curvan. Este efecto de la rotación de la Tierra en la dirección de los vientos y las corrientes es el **efecto de Coriolis.** En el hemisferio norte, el efecto de Coriolis hace que las corrientes se curven a la derecha. En el hemisferio sur, hace que se curven a la izquierda.

La corriente superficial más grande y poderosa del Atlántico Norte es la corriente del Golfo, causada por vientos fuertes del oeste. Tiene más de 30 kilómetros de ancho y 300 metros de profundidad y lleva un volumen de agua 100 veces mayor que el río Mississippi. La corriente del Golfo lleva agua caliente del golfo de México al mar Caribe y luego hacia el norte por la costa de Estados Unidos. Cerca de Cabo Hatteras, Carolina del Norte, tuerce al este a través del Atlántico, como resultado del efecto de Coriolis.

Go Online
SCI LINKS NSTA

Para: Vínculos sobre corrientes oceánicas, disponible en inglés.
Visita: www.SciLinks.org
Código Web: scn-0834

FIGURA 18

Corrientes superficiales y clima
Esta imagen satelital del océano Atlántico ha sido resaltada con colores que muestran la temperatura del agua. Rojo y anaranjado indican agua caliente, en tanto que verde y azul indican agua fría. **Interpretar mapas** *La corriente del Golfo pasa por Florida en la parte inferior izquierda del mapa. ¿La corriente del Golfo es fría o cálida?*

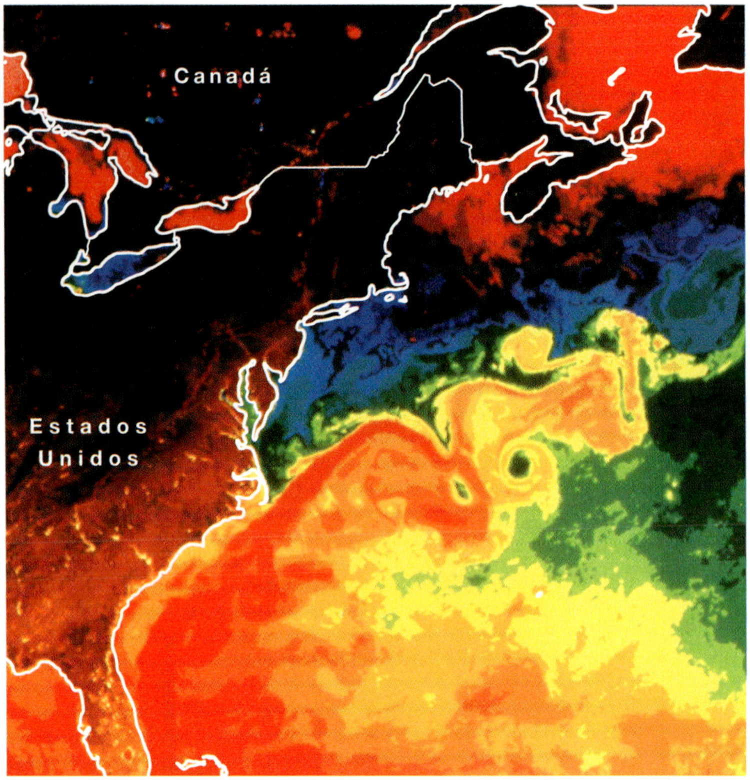

Efectos en el clima La corriente del Golfo y otra corriente cálida, la deriva del Atlántico Norte, son muy importantes para los habitantes de la ciudad de Trondheim, localizada en la costa oeste de Noruega. Aunque está muy cerca del círculo polar ártico, los inviernos son bastante benignos. La nieve se funde poco después de caer. Por fortuna para los botes de pesca, los puertos locales no tienen hielo la mayor parte del invierno. Las dos corrientes cálidas llevan a esta región de Noruega un clima templado. El **clima** es el patrón de temperatura y precipitación característico de una región en un período prolongado.

Las corrientes afectan el clima al llevar agua caliente y fría por todo el planeta. En general, las corrientes llevan agua caliente de los trópicos a los polos y agua fría de regreso al ecuador. **Una corriente superficial calienta o enfría el aire superior, lo que influye en el clima de la tierra cercana a las costas.**

Los vientos se humedecen cuando soplan sobre corrientes cálidas. Por ejemplo, la corriente cálida de Kuroshio lleva un clima templado y lluvioso a las islas del sur de Japón. En contraste, las corrientes de agua fría enfrían el aire. Como el aire frío retiene menos humedad que el aire caliente, estas corrientes favorecen un tiempo frío y seco en las zonas terrestres que están dentro de su trayectoria.

Lab zone **Actividad** Destrezas

Sacar conclusiones

Localiza la corriente de Benguela en la Figura 17 en la página anterior. Cerca de la punta sur de África el viento sopla de oeste a este. Con lo que aprendiste sobre las corrientes superficiales y el clima, ¿qué concluyes sobre el efecto de esta corriente en el clima de la costa suroeste de África?

El Niño Los cambios en los patrones de viento y en las corrientes pueden tener un gran efecto en los mares y las tierras cercanas. Un ejemplo de estos cambios es **El Niño,** una anormalidad climática que se da cada dos a siete años en el océano Pacífico. El Niño comienza cuando un patrón poco común de vientos se forma sobre el oeste del Pacífico. Esto hace que una franja grande de agua caliente se mueva al este hacia la costa de América del Sur. Las condiciones de El Niño pueden durar uno o dos años antes de que regresen los vientos y corrientes habituales.

El Niño puede tener consecuencias desastrosas. Causa cambios en el tiempo meteorológico de todo el mundo y produce condiciones inusitadas y a veces graves en diversas regiones. Por ejemplo, entre 1987 y 1988 El Niño trajo un invierno especialmente cálido para el noreste de Estados Unidos. Sin embargo, también fue la causa de lluvias intensas, inundaciones y deslaves de lodo en California, así como una cadena de tornados mortíferos en Florida.

Aunque los científicos no entienden completamente las condiciones que causan El Niño, han podido predecir su llegada con modelos computarizados del clima mundial. Saber cuándo ocurrirá El Niño reduce sus consecuencias. Científicos y autoridades pueden hacer planes de emergencia para realizar cambios a fin de proteger tanto a la gente como a la fauna y la flora.

Verifica tu lectura **¿Por qué es útil poder predecir la llegada de El Niño?**

FIGURA 19
El efecto de El Niño
El Niño puede causar mal tiempo en todo el mundo.

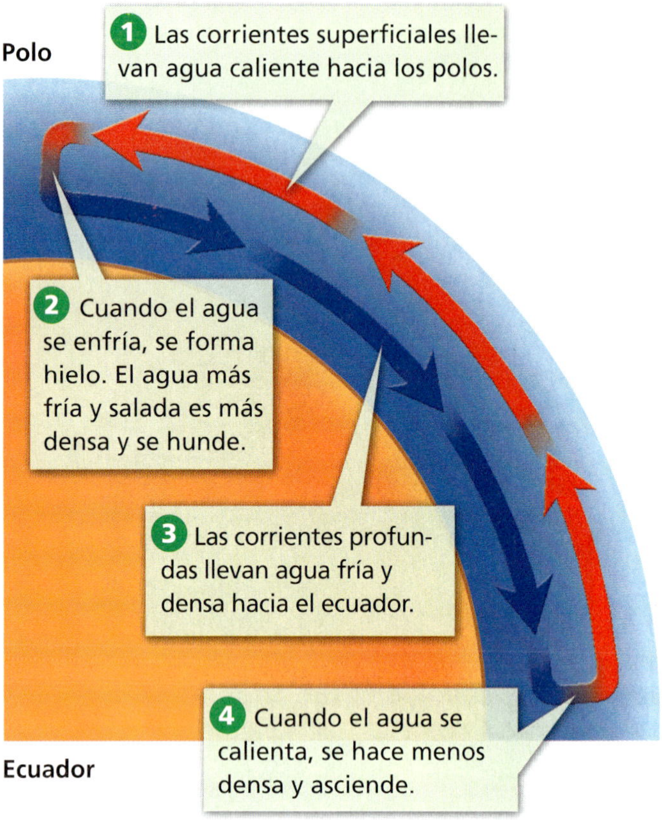

FIGURA 20
Corrientes profundas
Las corrientes profundas son el resultado de las diferencias en la densidad del agua del mar.

Corrientes profundas

En el fondo de la superficie del mar, otro tipo de corrientes arrastran lentamente aguas heladas por el suelo oceánico. **Estas corrientes profundas son el resultado de las diferencias en la densidad del agua del mar.**

Como leíste antes, la densidad del agua depende de su temperatura y su salinidad. Cuando una corriente superficial cálida se mueve del ecuador a los polos, se enfría gradualmente. Cuando se forma hielo cerca de los polos, la salinidad del agua aumenta con la sal dejada en el congelamiento. Al descender la temperatura y aumentar la salinidad, el agua se hace más densa y se hunde. Entonces, el agua fría fluye de vuelta por el suelo oceánico como corriente profunda. El efecto de Coriolis influye en las corrientes profundas y hace que se curven.

Las corrientes profundas mueven y mezclan el agua de todo el mundo. Llevan agua fría de los polos al ecuador. Las corrientes profundas avanzan lentamente. ¡Pueden tardar hasta 1,000 años en ir del polo al ecuador y de vuelta!

Afloramientos

En la mayor parte del mar las aguas superficiales no se mezclan con las corrientes profundas. Sin embargo, a veces se producen mezclas cuando los vientos generan afloramientos. Un **afloramieno** es el movimiento del agua fría hacia arriba desde el fondo del mar. Cuando el viento aleja el agua superficial caliente, el agua fría asciende para reemplazarla.

El afloramiento arrastra consigo diminutos organismos marinos, minerales y otros nutrientes desde las capas más profundas del mar. Sin este movimiento, las aguas superficiales del mar abierto tendrían muy pocos nutrientes. Como en las zonas de afloramiento abundan los nutrientes, son hogar de enormes bancos de peces.

Una zona importante de afloramiento se encuentra en el océano Pacífico frente a la costa occidental de América del Sur. Muchas personas dependen de esta rica zona pesquera para tener comida y trabajo. La llegada de El Niño impide que se produzca afloramiento. Sin los nutrientes acarreados por éste, los peces mueren o se van a otro lado a buscar comida, lo que reduce la pesca en esa estación y daña los medios de vida de las personas.

Verifica tu lectura ¿Qué es afloramiento?

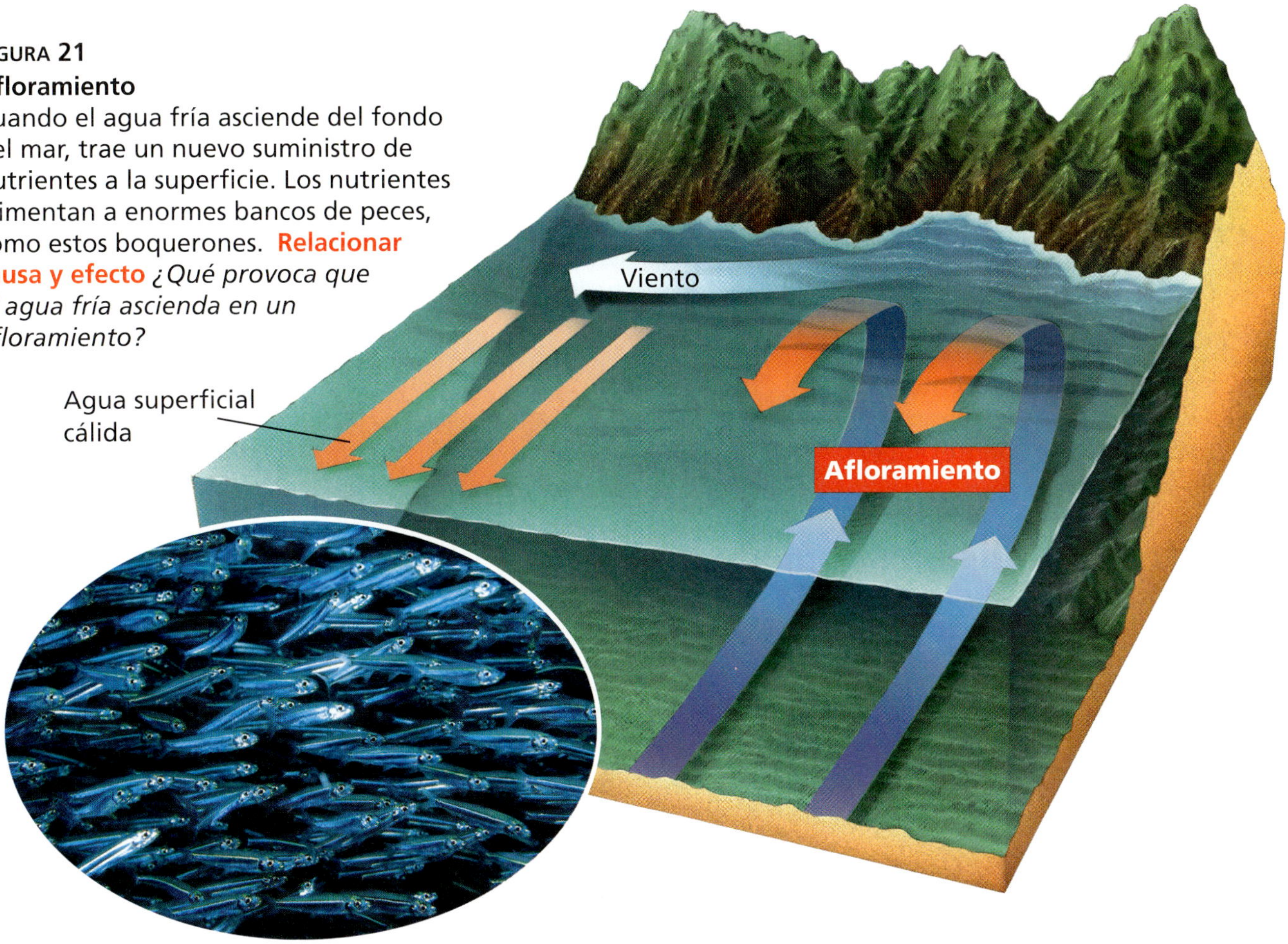

FIGURA 21
Afloramiento
Cuando el agua fría asciende del fondo del mar, trae un nuevo suministro de nutrientes a la superficie. Los nutrientes alimentan a enormes bancos de peces, como estos boquerones. **Relacionar causa y efecto** *¿Qué provoca que el agua fría ascienda en un afloramiento?*

Sección 4 Evaluación

Destreza clave de lectura **Relacionar causa y efecto** Consulta tu organizador gráfico para responder a las preguntas 1 y 2.

Repasar los conceptos clave

1. a. **Definir** ¿Qué es una corriente?
   b. **Describir** ¿Qué causa las corrientes superficiales? ¿Qué efecto tienen las corrientes en el clima de las regiones costeras?
   c. **Predecir** ¿Qué tipo de clima tendría una corriente costera si las corrientes cercanas fueran frías?
2. a. **Explicar** Explica cómo se forman y mueven en el mar las corrientes profundas.
   b. **Comparar y contrastar** Compara las causas y los efectos de las corrientes profundas y las superficiales.
3. a. **Repasar** ¿Qué causa el afloramiento?
   b. **Explicar** ¿Por qué hay enormes bancos de peces en las zonas de afloramiento?
   c. **Aplicar conceptos** ¿Por qué la capacidad de predecir la llegada de El Niño es importante para la industria pesquera en la costa occidental de América del Sur?

Lab zone Actividad En casa

Modelar el efecto de Coriolis Con la ayuda de un familiar, modela con gis y un globo terráqueo el efecto de Coriolis. Pídele que haga rotar lentamente el globo terráqueo en dirección al este. Mientras gira, traza una línea del polo norte al ecuador. Aprovecha tus conocimientos del efecto de Coriolis para explicar por qué se curva la línea.

Modelar corrientes oceánicas

Problema

¿Cómo se puede representar el movimiento del agua marina causado por las corrientes superficiales?

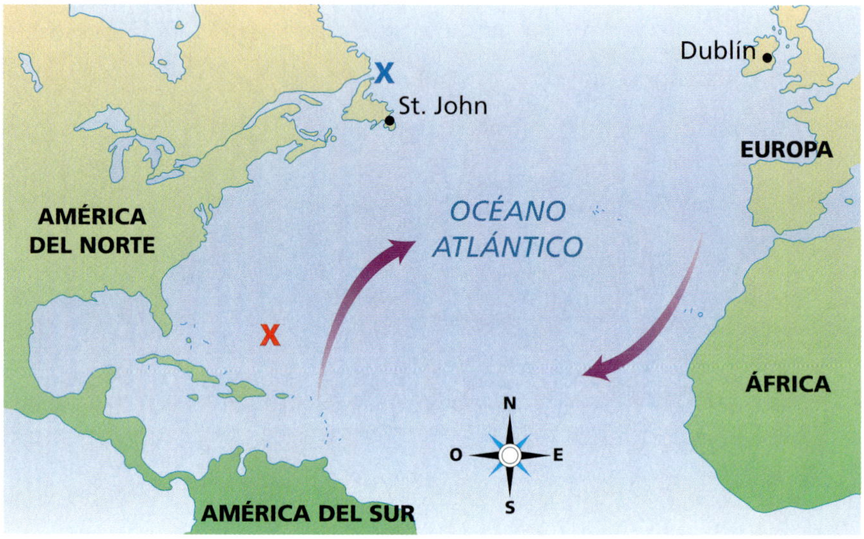

Destrezas aplicadas

hacer modelos, observar, inferir

Materiales

- bandeja para hornear rectangular
- gis
- plastilina, 3 barras
- regla
- marcador permanente
- perforadora
- periódico
- cartulina azul y roja
- pajillas articuladas, uno por estudiante
- líquido reoscópico reflejante, 400 mL (o agua y colorante vegetal)

Procedimiento

1. Cubre tu área de trabajo con periódico. Coloca la bandeja sobre el periódico.
2. Guiándote con el mapa, traza con el gis el contorno de la costa oriental de América del Norte y América del Sur al lado izquierdo de la bandeja. Dibuja del lado derecho la costa occidental de Europa y África.
3. Forma los continentes con plastilina, siguiendo el boceto de gis que dibujaste. Haz los continentes a una altura de unos 3 cm. Oprime con fuerza la plastilina sobre la bandeja para formar un sello resistente al agua.
4. Llena la parte del mar de tu modelo con líquido reoscópico (o agua y colorante) a una profundidad de 1 cm.
5. Coloca 10 perforaciones de papel azul en la zona oceánica marcada con una X azul en el mapa. Coloca 10 perforaciones de papel rojo en la zona marcada con una X roja.
6. Toma una pajilla y dóblala en la articulación. Escribe tus iniciales en el lado corto con el marcador.
7. Con un compañero simulen un sistema de vientos que sople en esa región del mundo. Un compañero debe poner su pajilla en el promontorio más occidental de África y soplar hacia el oeste (según la flecha del mapa). El otro compañero debe poner su pajilla sobre el extremo norte de América del Sur y soplar hacia el norte (según la flecha del mapa). Verifiquen que las pajillas están dobladas y que los extremos cortos están en sentido paralelo a la superficie marina. Los dos compañeros deben comenzar a soplar suavemente por las pajillas al mismo tiempo. Traten de soplar de la manera más continua que puedan durante uno o dos minutos.
8. Observen el movimiento del líquido y las perforaciones de papel en la superficie del mar. Observen lo que pasa cuando el líquido y las perforaciones rodean las masas continentales.

Analiza y concluye

1. **Hacer modelos** Dibuja un mapa en el que muestres el patrón de las corrientes oceánicas que se produjeron en tu modelo. Indica con flechas rojas el flujo de agua cálida que se mueve al norte del ecuador. Indica con flechas azules el flujo de agua fría al sur desde las regiones polares.
2. **Clasificar** Usa la Figura 17 para poner nombres a las corrientes que dibujaste en el mapa. ¿Qué corrientes son de agua cálida? ¿Cuáles son de agua fría?
3. **Observar** Basándote en lo que observaste en tu modelo, describe la relación entre vientos y corrientes superficiales en el mar.
4. **Inferir** Dublín, en Irlanda, está localizada a la misma latitud que St. John's en Terranova, Canadá. Sin embargo, cuando en enero hay 8 °C en Dublín, por lo regular la temperatura es bajo cero en St. John's. Con tus conocimientos de las corrientes oceánicas, explica por qué el clima de Dublín es diferente que el clima de St. John's.
5. **Comunicar** Supón que quieres navegar a Europa desde la costa este de Estados Unidos. Escribe un diálogo imaginario con un tripulante en el que comentes dos factores naturales que pueden acelerar el viaje.

Diseña un experimento

Diseña una investigación en la que simules un afloramiento frente a las costas de África. (*Pista*: Puedes usar un modelo semejante al de esta investigación.) *Pide permiso a tu maestro antes de hacer tu investigación.*

Capítulo 3 Guía de estudio

1 La acción de las olas

Conceptos clave

- La mayoría de las olas se forman cuando los vientos que soplan sobre la superficie del agua le transfieren su energía.
- Cerca de la costa, la altura de las olas aumenta y la longitud disminuye.
- A medida que las olas llegan a la costa, el agua baña la costa en ángulos y arrastra granos de arena. El agua y la arena regresan en línea recta a la playa. Las olas dan forma a la playa al erosionar la costa en algunos lugares y acumularla en otros.

Términos clave

ola
longitud de una ola
frecuencia
altura de una ola
tsunami
deriva litoral
corriente de resaca
escollera

2 Mareas

Conceptos clave

- Las mareas son la causa de la interacción de la Tierra, la Luna y el Sol.
- Los cambios en las posiciones de la Tierra, la Luna y el Sol afectan la altura de las mareas durante el mes.
- El movimiento de grandes cantidades de agua entre pleamar y bajamar es una fuente de energía potencial.

Términos clave

mareas
marea viva
marea muerta

3 Química del agua de mar

Conceptos clave

- En promedio un kilo de agua de mar contiene unos 35 gramos de sales.
- Al igual que las temperaturas en tierra firme, las temperaturas en la superficie del mar varían dependiendo del lugar y las estaciones. Los gases del mar también varían.
- Al descender en el océano, la temperatura del agua disminuye. La presión aumenta continuamente con la profundidad del mar.

Términos clave

salinidad
sumergible

4 Corrientes y clima

Conceptos clave

- Las corrientes superficiales, que afectan el agua hasta una profundidad de varios cientos de metros, son impulsadas principalmente por vientos. Una corriente superficial calienta o enfría el aire superior, lo que influye en el clima de la tierra cercana a la costa.
- Las corrientes profundas son el resultado de las diferencias en la densidad del agua del mar. Las corrientes profundas mueven y mezclan agua de todo el mundo. Llevan agua fría de los polos al ecuador.
- El afloramiento arrastra consigo diminutos organismos marinos, minerales y otros nutrientes desde las capas más profundas del mar. Sin este movimiento, las aguas superficiales del mar abierto tendrían muy pocos nutrientes.

Términos clave

corriente
efecto de Coriolis
clima
El Niño
afloramiento

Repaso y evaluación

Go Online
PHSchool.com
Para: Una autoevaluación, disponible en inglés.
Visita: PHSchool.com
Código Web: cfa-3030

Organizar la información

Ordenar en serie Copia el diagrama de flujo sobre el movimiento de una ola en una hoja de papel aparte. Luego, complétalo y pon en el orden correcto los siguientes pasos: la ola viaja como oleaje bajo; la ola rompe en la playa; la longitud de la ola disminuye y aumenta la altura. (Para más información sobre ordenar en serie, consulta el Manual de destrezas.)

Cómo se mueven las olas

El viento crea una onda en la superficie del mar.
↓
a. ___?___
↓
La ola toca el fondo en aguas someras.
↓
b. ___?___
↓
c. ___?___

Repasar los términos clave

Elige la letra de la mejor respuesta.

1. Las olas con una distancia horizontal grande entre crestas tienen una gran
   a. altura.
   b. longitud.
   c. frecuencia.
   d. seno.
2. Se construyen escolleras para reducir el efecto de
   a. tsunamis.
   b. deriva litoral.
   c. corrientes de resaca.
   d. corrientes profundas.
3. En luna llena, la atracción gravitatoria combinada del Sol y la Luna produce la mayor diferencia entre pleamar y bajamar, llamada
   a. corriente superficial.
   b. marea muerta.
   c. marea viva.
   d. corriente de resaca.
4. El agua de mar es más densa que el agua dulce a la misma temperatura por razones de (l)
   a. presión.
   b. efecto de Coriolis.
   c. afloramiento.
   d. salinidad.
5. Vientos y corrientes se mueven en trayectoria curva debido
   a. al efecto de Coriolis.
   b. a la deriva litoral.
   c. a la altura de las olas.
   d. a las mareas.
6. Llevan agua fría y cálida por todo el mundo
   a. mareas vivas **b.** mareas muertas
   c. corrientes **d.** tsunamis

Escribir en ciencias

Ensayo Supón que planeas tomar parte en una carrera de veleros alrededor del mundo. Escribe un ensayo breve sobre los conocimientos de las corrientes que necesitas para prepararte para la carrera.

Discovery Channel School

Ocean Motions
Video Preview
Video Field Trip
▶ Video Assessment

Repaso y evaluación

Verificar los conceptos

7. ¿Qué factores influyen en el tamaño de una ola?
8. ¿Por qué cambia la altura de una ola cuando se aproxima a la costa?
9. ¿Cómo se forma una corriente de resaca?
10. ¿Por qué hay dos mareas altas diarias en la mayor parte de los lugares?
11. ¿Qué es una marea viva? ¿En qué difiere de la marea muerta?
12. Nombra dos propiedades del agua de mar que afectan la salinidad. ¿Cómo afecta la salinidad a cada una?
13. ¿Qué es el efecto de Coriolis? ¿Cómo influye en las corrientes marinas?
14. ¿Cómo influyen las corrientes cálidas en el clima?
15. ¿Qué es El Niño? ¿Cuáles son algunos de sus efectos?
16. Describe la causa y los efectos del afloramiento.

Pensamiento crítico

17. **Predecir** ¿Cómo cambia la ubicación del pato con el movimiento de las olas? Explica.

18. **Aplicar conceptos** ¿Esperarías que la salinidad del mar fuera mayor o menor en una región lluviosa cerca de la desembocadura de un río? ¿Por qué?
19. **Comparar y contrastar** ¿De qué maneras el océano a 1,000 metros de profundidad es diferente del océano en la superficie del mismo lugar?
20. **Relacionar causa y efecto** ¿Cómo explica el movimiento de las olas el hecho de que buena parte de Europa occidental tenga un clima templado y húmedo?
21. **Clasificar** Clasifica los siguientes movimientos oceánicos señalando si son causados o no por el viento: olas, mareas, corrientes superficiales, corrientes profundas, afloramiento.

Practicar matemáticas

22. **Calcular la densidad** Se tomaron del mar dos muestras de 1 litro de agua, una en invierno y otra en verano. La muestra A tiene una masa de 1.02 kg. La muestra B tiene una masa de 1.05 kg. ¿Qué muestra fue tomada en invierno? Explica tu respuesta.

Aplicar destrezas

Usa los datos para responder a las preguntas 23 a 25.

Las medidas de temperatura de la tabla se obtuvieron en el océano Atlántico cerca de las Bermudas.

Temperaturas oceánicas

Profundidad (m)	Temp. (°C)	Profundidad (m)	Temp. (°C)
0	19	1,000	9
200	18	1,200	5
400	18	1,400	5
600	16	1,600	4
800	12	1,800	4

23. **Hacer una gráfica** Haz una gráfica lineal con los datos de la tabla. Marca las medidas de profundidad en el eje horizontal y las medidas de temperatura en el eje vertical.
24. **Sacar conclusiones** Usa tu gráfica para identificar la extensión de la temperatura en la zona de transición.
25. **Predecir** Predice cómo cambiaría la temperatura del mar a profundidades de 0 metros y 1,400 metros con las estaciones del lugar. Explica tu razonamiento.

Lab zone Proyecto del capítulo

Evaluación del desempeño Con tu modelo, presenta tu método de protección de la costa al grupo. Muestra a tus compañeros cómo protege tu método al faro de las olas del mar y a la costa de la erosión resultante.

Preparación para la prueba estandarizada

Sugerencia para hacer la prueba

Interpretar diagramas

Cuando respondas a una pregunta sobre un diagrama, examina el diagrama con atención incluyendo todos los rótulos. Por ejemplo, los rótulos del diagrama siguiente identifican la costa, varias escolleras y la deriva litoral. La flecha marcada *Deriva litoral* muestra la dirección de esa deriva. El diagrama también tiene una flecha para indicar el norte. Estudia el diagrama y responde a la pregunta de ejemplo siguiente.

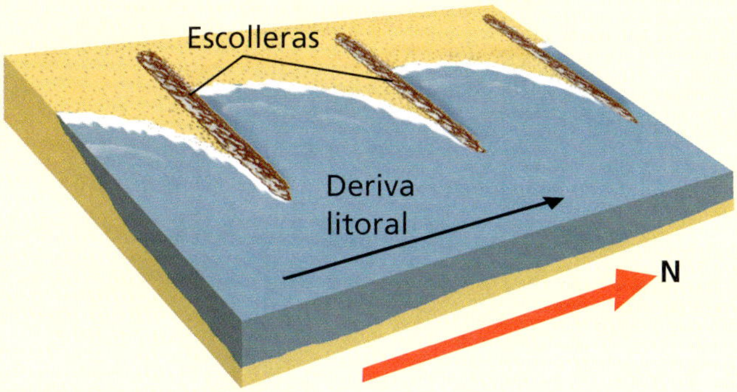

Pregunta de ejemplo

¿Dónde se acumula la arena contra las escolleras que se muestran en el diagrama?

A en el lado norte de las escolleras
B en el lado oeste de las escolleras
C en el lado sur de las escolleras
D no se acumula arena contra las escolleras.

Respuesta

La respuesta correcta es **C.** Según la dirección de la deriva litoral y la flecha que apunta al norte, se ve que la arena ha comenzado a acumularse en el lado sur de las escolleras.

Elige la letra de la mejor respuesta.

1. Una científica planea probar el efecto de la temperatura en la densidad del agua de mar. ¿Cuál será la variable manipulada en su experimento?
A densidad
B salinidad
C temperatura
D profundidad del agua

2. ¿En cuál de las zonas siguientes sería más elevada la salinidad del agua de mar?
F una zona cálida y seca
G cerca de una zona costera lluviosa próxima al ecuador
H en la desembocadura de un río grande
J en agua fría y profunda cerca del fondo del mar

3. Una de las principales corrientes marinas superficiales cálidas corre por una zona costera. ¿Qué clima es más probable que encuentres en la zona influida por esta corriente?
A muy cálido y seco
B frío y seco
C muy frío y húmedo
D templado y húmedo

Usa el diagrama de una ola y tus conocimientos de ciencias para responder a las preguntas 4 y 5.

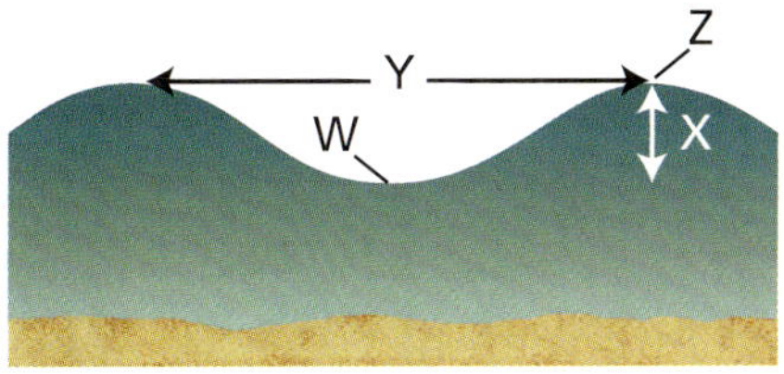

4. ¿Qué representa la característica de una ola marcada con **W** en el diagrama?
F la cresta
G el seno
H la longitud
J la altura

5. ¿Qué representa la característica de una ola marcada con **Y** en el diagrama?
A la cresta
B el seno
C la longitud
D la altura

Respuesta estructurada

6. Algunas personas dicen que un tsunami es una ola de marea. Explica por qué esto es incorrecto. Describe en tu respuesta qué es un tsunami y cómo se forma.

Capítulo

4

Regiones oceánicas

Avance del capítulo

1 Exploración del océano
Descubre *¿Qué puede aprenderse sin ver?*
Tecnología y diseño en la historia *La exploración del mar*
Laboratorio de destrezas *La forma del suelo oceánico*

2 Hábitats del océano
Descubre *¿Son muy complejas las relaciones alimenticias del océano?*
Inténtalo *Cómo se siente la presión*
Arte activo *La red alimentaria marina*

3 Zona intermareal
Descubre *¿Se sujeta el animal?*

4 Zona nerítica y mar abierto
Descubre *¿A qué profundidad se alcanza a ver?*
Actividad de destrezas *Inferir*

5 Recursos del océano
Descubre *¿Viene del mar?*
Inténtalo *Dulce de algas*
Analizar datos *Contaminación del mar por petróleo*
Laboratorio de destrezas *Limpieza de un derrame*
Ciencias y sociedad *Granjas de camarones: ¿a qué costo?*

Interactive Textbook

Estrellas de mar y anémonas verdes colorean este estanque formado por la marea. ▶

Ocean Zones

- Video Preview
- Video Field Trip
- Video Assessment

Proyecto del capítulo

En el mar como en casa

Los organismos marinos pueden prosperar en todos los hábitats del mar, de las playas arenosas tropicales a las frías profundidades del suelo oceánico. En este proyecto vas a crear un modelo de un hábitat marino.

Tu objetivo Construir un modelo tridimensional de un hábitat marino e incluir algunos de los organismos que viven ahí

Para completar este proyecto debes

- incluir todas las características físicas importantes del hábitat
- crear un modelo a tamaño natural de un organismo que viva en el hábitat
- explicar por escrito cómo está adaptado ese organismo a su hábitat
- seguir las reglas de seguridad del Apéndice A

Haz un plan Repasa las ayudas visuales del capítulo para identificar varios hábitats marinos. En grupo, analicen de qué hábitat les gustaría saber más. Hagan una lista de sus preguntas sobre él. Elige los materiales para construir tu modelo y luego haz un boceto del diseño. Cuando tu maestro lo apruebe, constrúyelo y esboza tu informe por escrito.

Sección 1

Exploración del océano

Avance de la lectura

Conceptos clave

- ¿Por qué razones estudiamos el mar?
- ¿Cuáles son las principales secciones del suelo oceánico?
- ¿Qué procesos han dado forma al suelo oceánico?

Términos clave

- sonar • plataforma continental • talud continental
- llanura abisal
- dorsal oceánica • fosa
- placa • expansión del suelo oceánico

Destreza clave de lectura

Desarrollar el vocabulario Una definición establece el significado de una palabra señalando su característica o función más importante. Después de leer la sección, vuelve a leer los párrafos que contienen definiciones de los términos clave. Usa toda la información que has aprendido para escribir una definición de cada término con tus propias palabras.

Lab zone Actividad Descubre

¿Qué puede aprenderse sin ver?

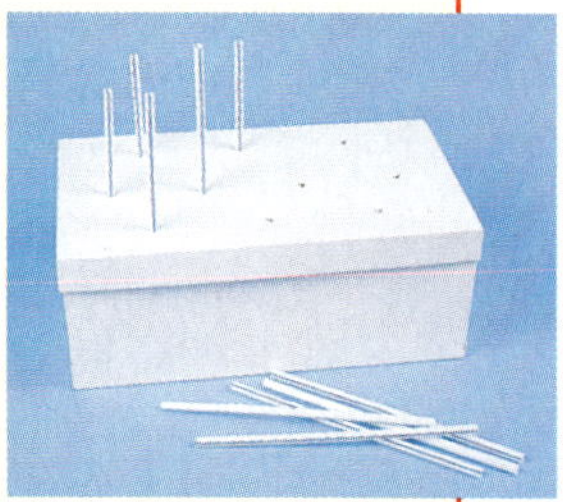

1. Tu maestro le dará a tu grupo diez pajillas de plástico y una caja tapada que contiene un objeto misterioso. La tapa de la caja tiene varias perforaciones. Usa las pajillas como sonda y trata de determinar el tamaño, forma y colocación del objeto que está en la caja.
2. Según la información que reuniste, describe el objeto. ¿Qué puedes decir acerca de su longitud, forma y posición? Escribe tu hipótesis sobre la identidad del objeto.
3. Quita la tapa para revelar el objeto.

Reflexiona

Inferir Explica cómo aplicaste el método de observación indirecta para aprender sobre el objeto.

Imagínate que te embarcas en un viaje alrededor del mundo que durará tres años y medio. Tu obligación es investigar todo sobre el mar. Tu embarcación es un velero con motor de vapor. A bordo hay termómetros para medir la temperatura del agua del mar y cable para bajar dragas submarinas. Con las dragas recoges arena, tierra y rocas del suelo oceánico. Arrastras redes en la popa del barco para capturar organismos marinos.

La tripulación del barco inglés HMS *Challenger* emprendió ese viaje en 1872. Al terminar su recorrido, los científicos a bordo habían reunido datos suficientes para llenar 50 volúmenes y habían reunido más de 4,000 organismos nuevos. Los científicos aprendieron sobre la química del agua de mar, corrientes, vida marina y la forma del suelo oceánico. El viaje del *Challenger* fue tan fructífero que se convirtió en el modelo de muchas expediciones marinas posteriores.

◄ HMS *Challenger*

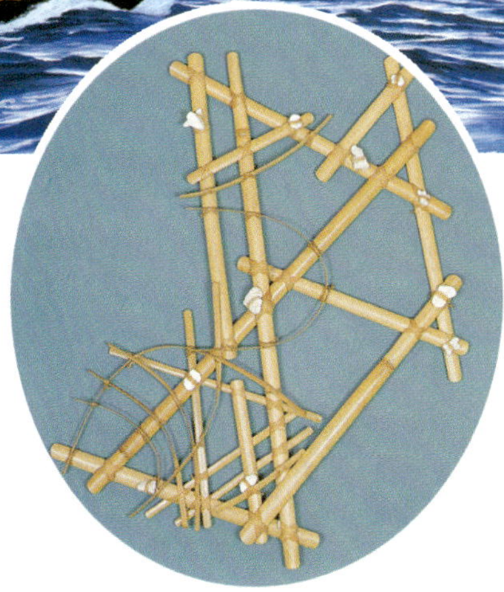

El estudio del océano

La gente ha explorado el mar durante miles de años. El conocimiento del océano siempre ha sido importante para las personas que viven en las costas. **Las personas han estudiado el mar desde la antigüedad porque proporciona alimento y sirve como ruta para el comercio y los viajes. Los científicos modernos han estudiado las características de las aguas y del suelo oceánico.**

Rutas comerciales Los fenicios, que vivieron en las costas del mar Mediterráneo, fueron una de las primeras culturas que exploraron los océanos. Aproximadamente en el 1200 a. C. habían establecido rutas comerciales con otras naciones del Mediterráneo. Después de los fenicios, pueblos de muchas culturas europeas, africanas y asiáticas navegaron por las costas para comerciar con tierras distantes.

En el océano Pacífico, hace alrededor de 2,000 años los polinesios dejaron la seguridad de sus islas y navegaron audazmente en el mar abierto. Su conocimiento de los vientos y corrientes les permitió asentarse en las islas muy dispersas de Hawai, Tahití y Nueva Zelanda. Navegaron el océano usando aparatos como el que se muestra en la Figura 1.

Descubrimientos científicos La exploración del océano cambió con el desarrollo de la ciencia moderna y el incremento del comercio. Las naciones necesitaban mapas precisos de los mares y las tierras que los bordeaban. Los gobiernos también querían que sus países fueran conocidos por sus nuevos descubrimientos científicos. Por ejemplo, a finales del siglo XVIII el gobierno inglés contrató al capitán James Cook para que dirigiera tres viajes de exploración. Entre la tripulación de Cook iban científicos que estudiaron las estrellas y otros que recolectaron especies nuevas de plantas y animales.

Un siglo después de los viajes de Cook casi todas las costas de la Tierra se habían cartografiado. A continuación los científicos se ocuparon del estudio de las aguas del mar. La expedición del *Challenger* marcó el comienzo de la oceanografía moderna.

FIGURA 1
Exploradores polinesios
Hace unos 2,000 años los polinesios exploraron el océano Pacífico en botes como el que se muestra arriba. Usaban mapas de varas (arriba a la derecha) para navegar. **Inferir** *¿Por qué es tan importante la navegación para los exploradores?*

La exploración del suelo oceánico Hasta hace poco el suelo oceánico no se había explorado. ¿Por qué pasó tanto tiempo para que se estudiara el suelo oceánico? El estudio del suelo oceánico es difícil porque el mar es muy hondo: 3.8 kilómetros de profundidad en promedio, más del doble que el Gran Cañón. A esas profundidades las condiciones son muy arduas. En primer lugar, como la luz del sol no penetra tanto bajo la superficie, el mar profundo está en la oscuridad total. Segundo, el agua está muy fría. Por último, el agua de las profundidades del mar ejerce una gran presión debida a la enorme masa de agua que empuja desde la superficie.

Los seres humanos no podemos sobrevivir en la oscuridad, temperaturas frías y presión extrema del fondo del mar, así que los científicos han tenido que desarrollar tecnología para estudiar el suelo oceánico. Muchos de los inventos consisten en métodos indirectos para reunir información.

• Tecnología y diseño en la historia •

La exploración del mar

Esta línea cronológica incluye varios inventos que han ayudado a los científicos a superar las dificultades de estudiar los mares.

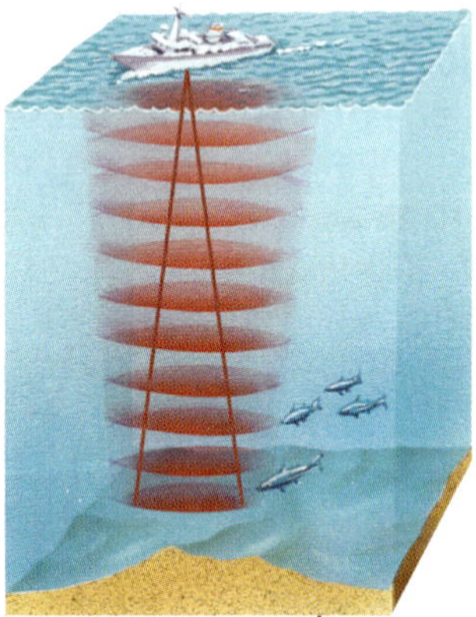

1925 Sonar
Los científicos a bordo del barco alemán *Meteor* exploraron el suelo oceánico. Usaron un aparato llamado resonador de eco para producir pulsos sonoros. La tripulación tomaba el tiempo del retorno de los ecos.

1943 SCUBA
Jacques Cousteau y Emile Gagnan inventaron el SCUBA (**s**elf **c**ontained **u**nderwater **b**reathing **a**pparatus o escafandra autónoma). Se trata de un tanque de aire comprimido sobre la espalda del buzo y conectado por un tubo a una boquilla. Permite explorar hasta una profundidad de 40 metros.

1960 Sumergibles
Exploradores viajaron al fondo de la Fosa de las Marianas, 11 kilómetros bajo la superficie del mar, protegidos por el grueso casco metálico del sumergible *Trieste*.

1920 — 1940 — 1960

Uno de los métodos más simples, usado por la tripulación del *Challenger*, era bajar al agua un peso en un cabo hasta que tocara el fondo. La longitud del cabo que se mojaba era aproximadamente igual a la profundidad del agua. Sin embargo, este método era lento e impreciso.

Un adelanto importante en la cartografía del suelo oceánico fue el **sonar,** que significa ***so**und **na**vigation and **r**anging* ("navegación y medición sonora"). El sonar es un sistema que usa ondas sonoras para calcular la distancia a un objeto. El equipo de sonar de un barco envía pulsos sonoros que rebotan en el suelo oceánico. A continuación el equipo mide la rapidez con que las ondas sonoras vuelven al barco. Las ondas sonoras vuelven rápidamente si el suelo oceánico está cerca. Se tardan más en volver si el suelo está más alejado.

Verifica tu lectura **¿Qué condiciones se dan en las profundidades del mar?**

Escribir en ciencias

Analizar y escribir Cada uno de los inventos que se muestran en esta línea cronológica resolvió una dificultad de la exploración del mar. Averigua más acerca de uno de estos inventos. Escribe un artículo periodístico breve en el que cuentes la historia de su desarrollo. Incluye detalles sobre quiénes lo inventaron y qué aportó a nuestro conocimiento del mar.

1978 Satélite

Seasat A fue el primer satélite en órbita terrestre para estudiar los mares. Los satélites hacen millones de observaciones al día y arrojan datos sobre condiciones marinas. Estos datos incluyen temperatura, patrón de crecimiento de algas y hasta el movimiento de bancos grandes de peces.

1986 Manipulador remoto submarino

El manipulador remoto submarino, RUM III, tiene más o menos el tamaño de un auto. Es controlado desde una computadora a bordo de un barco en la superficie. El RUM III reúne muestras, toma fotografías y reconoce el suelo oceánico sin tripulación.

2003 Aviador de vuelo profundo

Es un nuevo tipo de sumergible que fue lanzado en la bahía de San Francisco. Este aparato maniobra más rápido y fácil que otros sumergibles. Además, los pasajeros pueden ver mucho más.

1980 2000 2020

Características del suelo oceánico

Cuando los científicos pudieron explorar el suelo oceánico, descubrieron algo sorprendente. El suelo oceánico no es una llanura arenosa. Las aguas profundas ocultan cadenas montañosas más grandes que cualquiera de tierra firme, además de cañones que se extienden al interior del planeta. Si pudieras emprender un viaje en submarino por el suelo oceánico, ¿qué verías? **Si viajaras por el suelo oceánico, verías la plataforma continental, el talud continental, la llanura abisal y la dorsal oceánica.** Sigue tu viaje de la orilla de un continente a otro en la Figura 2.

Aguas someras Al dejar el puerto, tu submarino pasa primero por la **plataforma continental,** una zona poco profunda que se inclina ligeramente a partir de la orilla de un continente. A una profundidad de aproximadamente 130 metros, la pendiente del suelo oceánico se hace más empinada. Esta pendiente inclinada de la plataforma se llama **talud continental.** El talud continental marca el verdadero límite de un continente, donde las rocas que lo forman se detienen y comienzan las rocas del suelo oceánico.

FIGURA 2

El suelo oceánico

El suelo del mar tiene montañas, pendientes y otros accidentes. Para mostrar las características principales del suelo oceánico, en la ilustración se "comprimieron" varios kilómetros.

Interpretar diagramas *¿Qué es más empinado, el talud o la plataforma continental?*

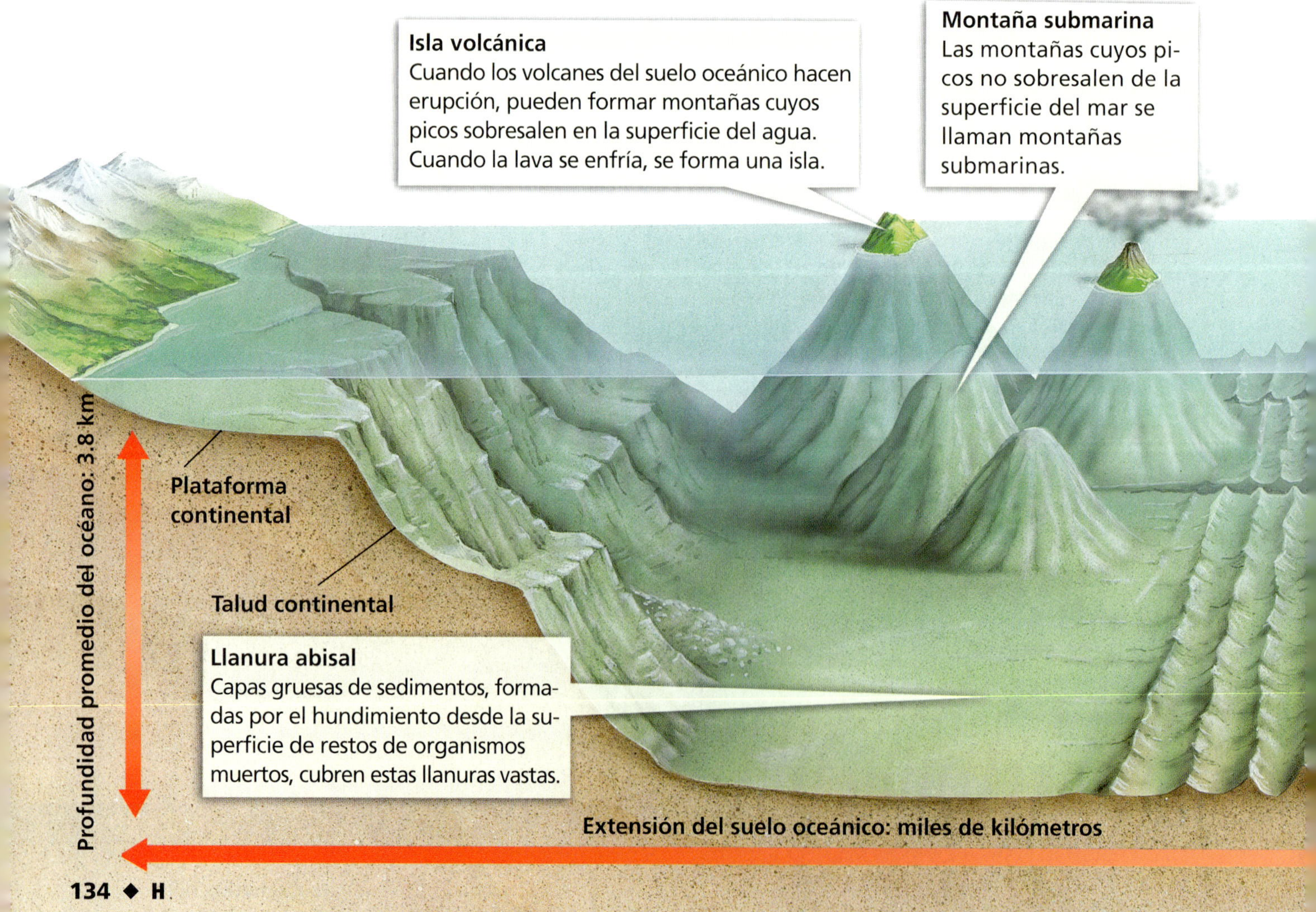

Mar abierto Tu submarino desciende ahora más gradualmente siguiendo el suelo oceánico que se inclina hacia las profundidades. Al cabo de cierta distancia topas con un grupo de montañas. Algunas son tan altas que sobresalen de la superficie del mar y forman islas. Otras, llamadas montañas submarinas, están totalmente bajo el agua. Algunas montañas submarinas tienen cumbres planas porque sus picos se desgastaron por erosión.

A continuación cruzas una zona ancha con capas gruesas de lodo y cieno. Esta región uniforme y casi llana del suelo oceánico se llama **llanura abisal.** Después de deslizarte por ella durante muchos kilómetros tienes que maniobrar velozmente tu submarino para que ascienda y evite una cadena montañosa. La **dorsal oceánica** es una cadena montañosa continua que recorre toda la Tierra, de manera parecida a las costuras de una pelota de béisbol. La dorsal oceánica pasa por todos los mares de la Tierra. Mide casi 80,000 kilómetros y es la cordillera más extensa de la Tierra.

Discovery Channel School

Ocean Zones

Video Preview
▶ Video Field Trip
Video Assessment

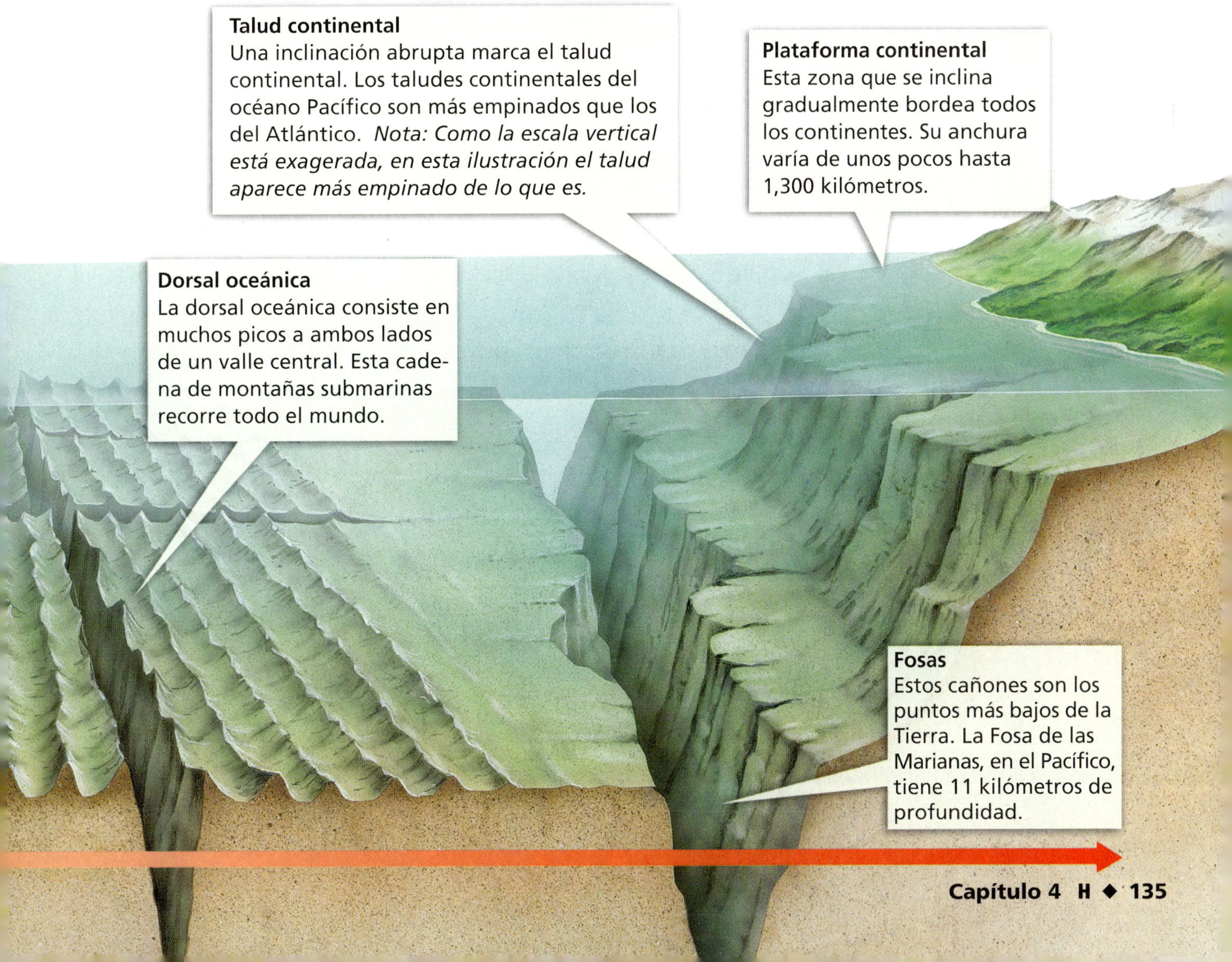

FIGURA 3
Las profundidades del mar
En el oscuro suelo oceánico, enormes masas de camarones se alimentan cerca de un humadero, una chimenea del suelo oceánico que expide agua muy caliente y rica en minerales.

Las mayores profundidades En la parte alta de la dorsal oceánica tu submarino está unos dos kilómetros sobre la llanura abisal, pero todavía estás por lo menos a un kilómetro de la superficie. Desde este punto ventajoso puedes ver que la dorsal oceánica consta en realidad de dos cadenas de montañas paralelas separadas por un valle central.

Cruzas el suelo oceánico de la dorsal oceánica hacia la llanura abisal. Pronto las luces de tu submarino revelan una hendidura oscura en el suelo oceánico frente a ti. Cuando pasas sobre ella te asomas a un cañón del suelo oceánico llamado **fosa.** La fosa es tan profunda que no alcanzas a ver el fondo.

Tu viaje está cerca de terminar cuando tu submarino sube lentamente por el talud continental. Por último, cruzas la plataforma continental y metes el submarino en el puerto.

Verifica tu lectura **¿Qué accidente del suelo oceánico compone las partes más hondas del mar?**

Movimientos del suelo oceánico

Cuando los oceanógrafos cartografiaron el suelo oceánico, sus mediciones les revelaron los accidentes que acabas de ver en tu viaje imaginario entre los continentes. Para reunir más información sobre el suelo del fondo del mar, los científicos usaron un barco perforador llamado *Glomar Challenger*, en honor del *Challenger* original.

Los científicos reunieron muestras de roca del suelo oceánico. Excavaron muestras de rocas de los dos lados de la dorsal oceánica en el Atlántico. En las pruebas de las muestras se vio que las rocas más cercanas a la cordillera se habían formado mucho más recientemente que las rocas alejadas. Esta información sirvió para explicar cómo se forma el suelo oceánico. Para entenderlo, tienes que conocer la estructura de la Tierra.

Movimiento de las placas de la Tierra

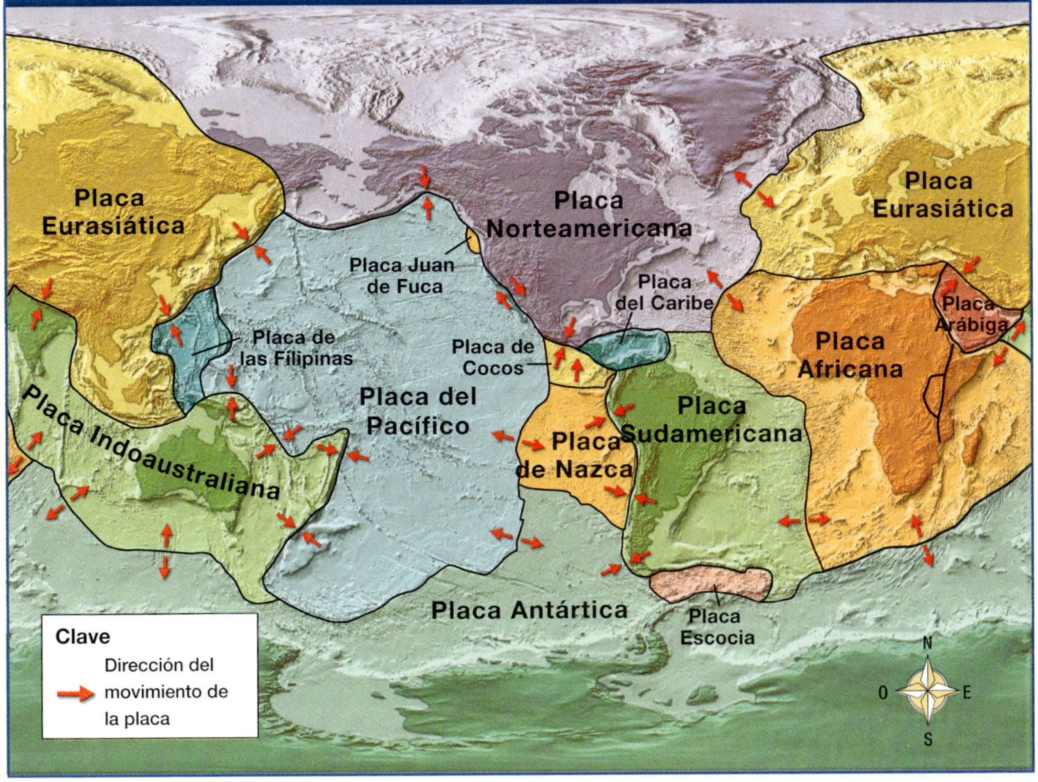

Capas del interior de la Tierra La Tierra está compuesta por capas que cubren el centro o núcleo del planeta. La delgada capa rocosa exterior se llama corteza. La capa gruesa entre la corteza y el núcleo es el manto. La temperatura elevada del interior de la Tierra hace que parte del material del manto forme un líquido caliente llamado magma. El magma fluye muy lentamente. Puede escapar hacia arriba por grietas en la corteza y en erupciones volcánicas. El magma que llega a la superficie se llama lava. Cuando la lava se enfría, forma corteza nueva.

Las placas de la Tierra La corteza de la Tierra es roca sólida que se rompe en partes irregulares como la cáscara de un huevo cocido. Las partes de la corteza terrestre, junto con las partes del manto superior, se llaman **placas.** Algunas placas se mueven más lentamente en la parte baja del manto.

Aproximadamente 14 placas principales componen la corteza de la Tierra, como se muestra en la Figura 4. Se encuentran bajo los continentes lo mismo que bajo los océanos. Las placas se mueven con una rapidez promedio de varios centímetros por año, que es apenas más rápido de lo que crecen tus uñas. Cuando dos placas se unen o se separan crean accidentes, como montañas y fosas. **Los movimientos de las placas han dado forma a los accidentes más notables del planeta, tanto en tierra firme como en el mar.** El suelo oceánico, fosas, volcanes submarinos y las cadenas montañosas de la dorsal oceánica se formaron por interacción de las placas oceánicas.

FIGURA 4
Placas de la Tierra
La corteza de la Tierra y el manto superior se dividen en 14 placas principales.
Interpretar mapas
Nombra las placas que se encuentran debajo de partes del subcontinente de América del Norte.

Go Online SCI LINKS NSTA

Para: Vínculos sobre las placas tectónicas, disponible en inglés.
Visita: www.SciLinks.org
Código Web: scn-0841

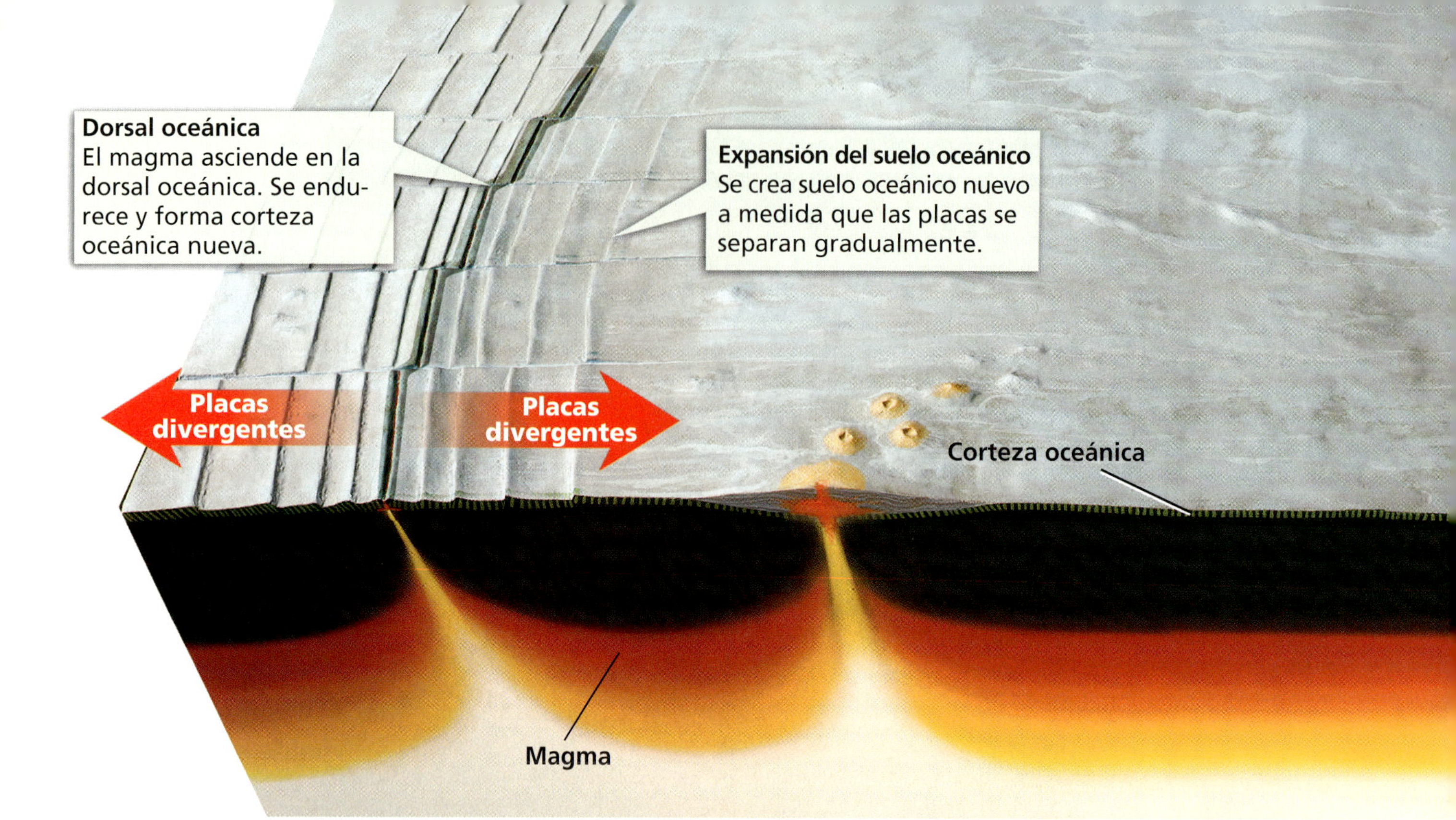

FIGURA 5
Movimiento de las placas bajo el mar

Cuando dos placas divergen, el magma del manto de la Tierra asciende por la grieta. Cuando dos placas convergen en una fosa, una placa se hunde bajo la otra. **Interpretar diagramas** *¿Qué pasa cuando el magma sube a la superficie del suelo oceánico?*

Placas que se separan La dorsal oceánica se encuentra en los límites entre dos placas que se separan o divergen. En la dorsal, el magma sale por las grietas entre las placas divergentes. Cuando se endurece ahí, añade otra franja de rocas al suelo oceánico. Al cabo de millones de años este proceso, llamado **expansión del suelo oceánico,** ha producido el suelo oceánico.

Las muestras de roca reunidas por el *Glomar Challenger* sirvieron para confirmar la teoría de la expansión del suelo oceánico. El análisis científico mostró que las rocas cercanas a la dorsal son más recientes que las rocas más alejadas.

Placas que se acercan Cuando el suelo oceánico nuevo surge de la dorsal oceánica, ¿qué pasa con el suelo más alejado? ¿Por qué la Tierra no se hace más grande? La respuesta está en las profundas fosas oceánicas de las que ya leíste. Cuando las placas se unen, o convergen, una placa se hunde bajo la otra, como se muestra en la Figura 5. Cuando se forman rocas nuevas en la dorsal oceánica, las rocas alejadas se hunden en las fosas. Estas rocas vuelven al interior de la Tierra. Este proceso permite que el suelo se expanda al tiempo que la Tierra conserva su mismo tamaño.

Verifica tu lectura ¿Qué pasa con el magma en la expansión del suelo oceánico?

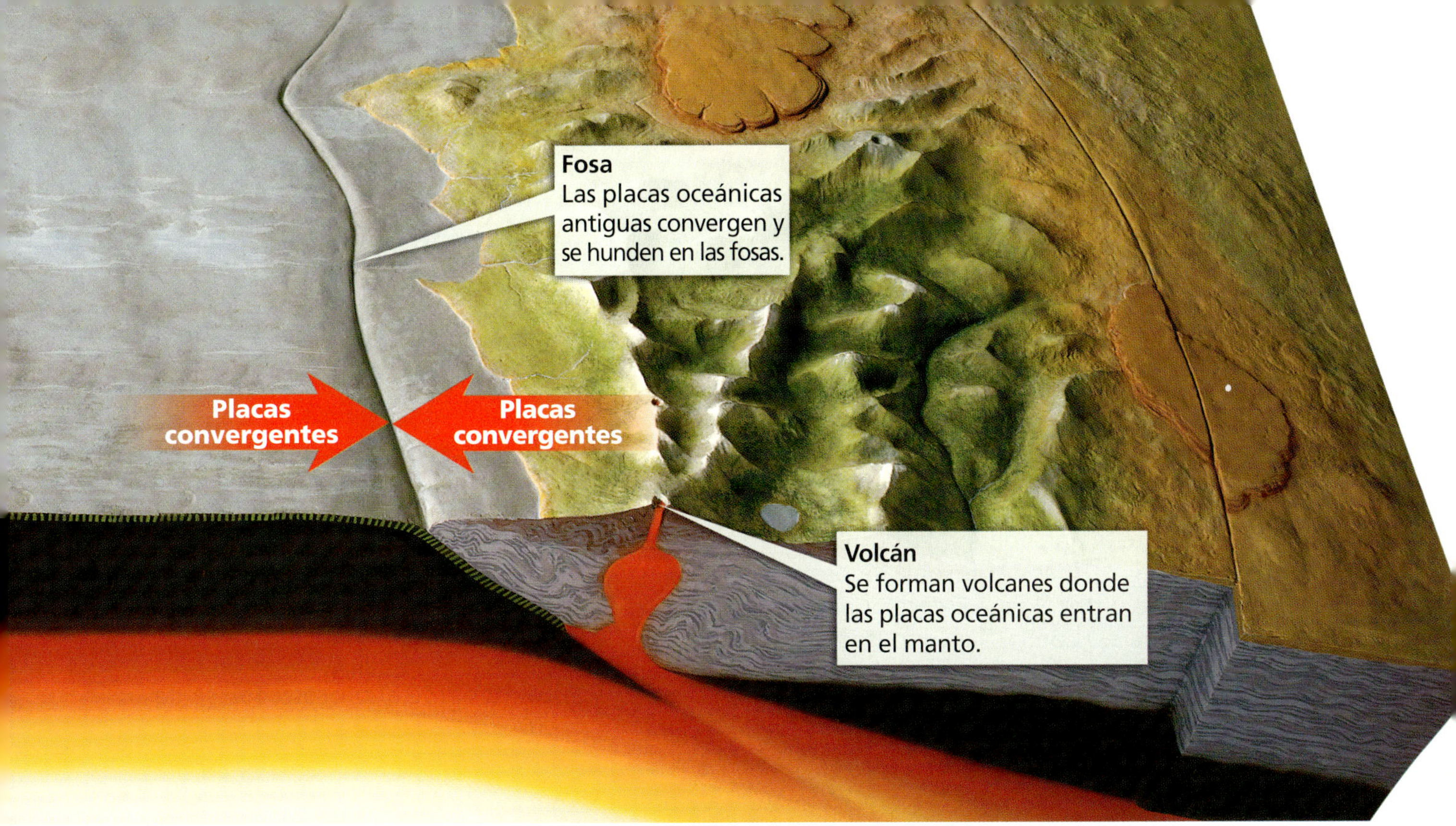

Sección 1 Evaluación

Destreza clave de lectura **Desarrollar el vocabulario** Usa tus definiciones para responder a las preguntas siguientes.

Repasar los conceptos clave

1. a. **Repasar** ¿Qué características del océano han investigado los científicos modernos?
   b. **Relacionar causa y efecto** ¿Por qué ha sido difícil esta investigación?
   c. **Resolver un problema** ¿Qué es el sonar? Explica cómo ha ayudado a los científicos a resolver problemas asociados con la investigación del mar.
2. a. **Hacer una lista** Anota las cuatro secciones principales del suelo oceánico.
   b. **Interpretar diagramas** Consulta la Figura 2. Describe las características de las cuatro secciones del suelo oceánico que anotaste arriba. Incluye las características de cada sección.
3. a. **Definir** ¿Qué son las placas de la Tierra?
   b. **Relacionar causa y efecto** ¿Qué es la expansión del suelo oceánico? ¿Cómo se relaciona con el movimiento de las placas terrestres?
   c. **Comparar y contrastar** Compara el proceso de la expansión del suelo oceánico con el proceso que se da cuando las placas convergen.

Lab zone Actividad En casa

Cartografía del océano Con un familiar, escoge una habitación de tu casa y haz un mapa del "suelo del cuarto" basado en lecturas de profundidad. Imagínate que el techo es la superficie del mar y que el suelo es el fondo. Sigue una trayectoria recta por la mitad de la habitación de un muro al otro. A intervalos regulares usa una cinta de medir para medir del techo al suelo o a la parte alta de cualquier mueble que esté en ese punto. Haz una gráfica de profundidades. Luego desafía a otro familiar a que identifique la habitación mirando la gráfica.

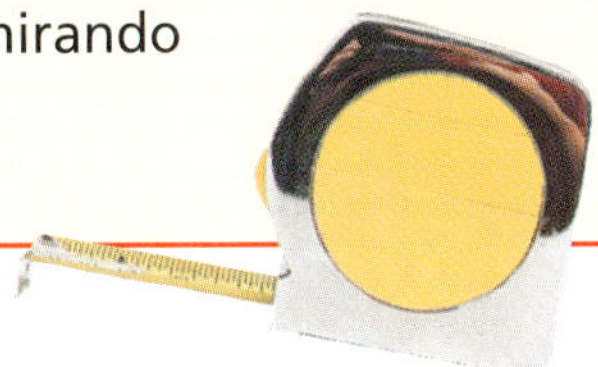

La forma del suelo oceánico

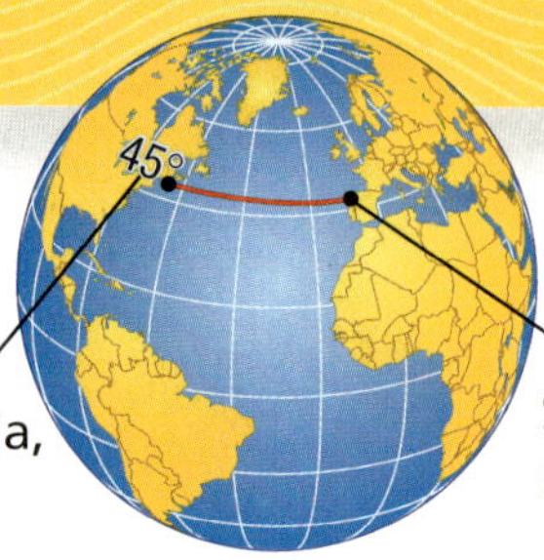

Problema

Imagínate que eres un oceanógrafo y que vas por el Atlántico sobre la línea de 45° latitud N señalada en el mapa. Reúnes datos sobre la profundidad del océano entre Nueva Escocia, Canadá, y Soulac, Francia. ¿Cómo usas los datos para determinar la forma del suelo oceánico?

Destrezas aplicadas

hacer una gráfica, predecir, inferir

Materiales

- lápiz
- papel cuadriculado

Procedimiento

1. Dibuja los ejes de una gráfica. Escribe en el eje horizontal *Longitud.* Marca 65° O a 0° de izquierda a derecha. Anota en el eje vertical *Profundidad del mar.* Marca 0 metros en la parte alta del eje vertical para que representen el nivel del mar. Marca −5,000 metros en la parte baja para representar la profundidad de 5,000 metros bajo el mar. Marca las profundidades a intervalos iguales en el eje vertical.
2. Examina los datos de la tabla. Las cifras de la columna Longitud dan la ubicación del barco en 19 puntos del océano Atlántico. Las cifras de la columna Profundidad del mar indican las mediciones de profundidad tomadas en cada lugar. Recuerda que las profundidades se representan en tu gráfica como números menores que 0, el nivel del mar.
3. Conecta los puntos que trazaste con una línea para crear un perfil del suelo oceánico.

Analiza y concluye

1. **Hacer una gráfica** En tu gráfica, identifica y marca la plataforma y el talud continentales.
2. **Predecir** Señala en tu gráfica la llanura abisal. ¿Cómo esperarías que fuera el océano ahí?
3. **Hacer una gráfica** Señala la dorsal oceánica en tu gráfica. Describe el proceso que se da ahí.
4. **Inferir** ¿Cuál crees que sea el accidente de los 10° O? Explica.
5. **Comunicar** Imagínate que viajas por el suelo oceánico de Nueva Escocia, Canadá, a Soulac, Francia. Describe las características que verías en tu viaje.

Explora más

Con las medidas de profundidad de la tabla, calcula la profundidad promedio del océano Atlántico entre Nueva Escocia y Francia.

Datos de profundidad del sonar

Longitud	Profundidad del mar (m)	Longitud	Profundidad del mar (m)
1. 64° O	0	11. 28° O	1,756
2. 60° O	91	12. 27° O	2,195
3. 55° O	132	13. 25° O	3,146
4. 50° O	73	14. 20° O	4,244
5. 48° O	3,512	15. 15° O	4,610
6. 45° O	4,024	16. 10° O	4,976
7. 40° O	3,805	17. 05° O	4,317
8. 35° O	4,171	18. 04° O	146
9. 33° O	3,439	19. 01° O	0
10. 30° O	3,073		

Sección 2

Integración con las ciencias de la vida

Hábitats del océano

Avance de la lectura

Conceptos clave

- ¿En qué zonas dividen los científicos el océano?
- ¿Cómo se clasifican los organismos marinos?

Términos clave

- zona intermareal • zona nerítica • zona de mar abierto
- plancton • necton • bentos
- red alimentaria

Destreza clave de lectura

Usar el conocimiento previo Tu conocimiento previo es lo que ya sabes antes de leer sobre un tema. Antes de leer, escribe lo que sabes sobre las condiciones que determinan dónde viven los organismos marinos. Usa un organizador gráfico como el que sigue. Mientras lees, escribe lo que aprendas.

Lo que sabes
1. Muchos organismos necesitan luz solar. 2.

Lo que aprendiste
1. 2.

Lab zone Actividad Descubre

¿Son muy complejas las relaciones alimenticias del océano?

1. Forma un círculo de cinco estudiantes. Cada uno representará uno de los siguientes organismos marinos: alga, camarón, pez, nutria y ballena. Cada estudiante debe escribir el nombre de su organismo en una tarjeta.
2. Comenten las posibles relaciones de alimentación entre los cinco organismos. ¿Qué comería tu organismo? ¿Qué organismo se comería al que tú representas?
3. Une con trozos de cordel tu tarjeta a las tarjetas de los organismos que tengan una relación de alimentación con tu organismo.

Reflexiona

Inferir Según los resultados del paso 3, ¿las relaciones de alimentación entre los organismos del océano son simples o complejas? Explica tu respuesta.

A primera vista parece que el mar no alberga vida. Si caminas por la playa, tus pies se hunden en la arena suave y húmeda. Quizá hayas notado algas oscuras y enmarañadas que fueron arrastradas a la orilla. Algunas gaviotas chillan y arremeten sobre tu cabeza. Por lo demás todo está en calma. Te detienes a escudriñar el horizonte. El mar se extiende hasta donde se pierde la vista. Las olas azotan la orilla. Pero no ves ningún indicio de vida en el agua.

Mira con más atención. Justo bajo tus pies hay pruebas de seres vivos. Unos orificios pequeños y redondos son señales de almejas excavadoras que se entierran en la arena, lo que les permite esconderse de depredadores y evita que las arrastre la marea. Si chapoteas un poco en el agua, quizá descubras algún cangrejo alimentándose en la resaca. A lo lejos en el mar pasa un grupo de delfines. Sus cuerpos forman arcos gráciles cuando entran y salen del agua. Aunque parezca que el océano no tiene vida, muchos organismos habitan este vasto ambiente acuático.

Una gaviota ▶

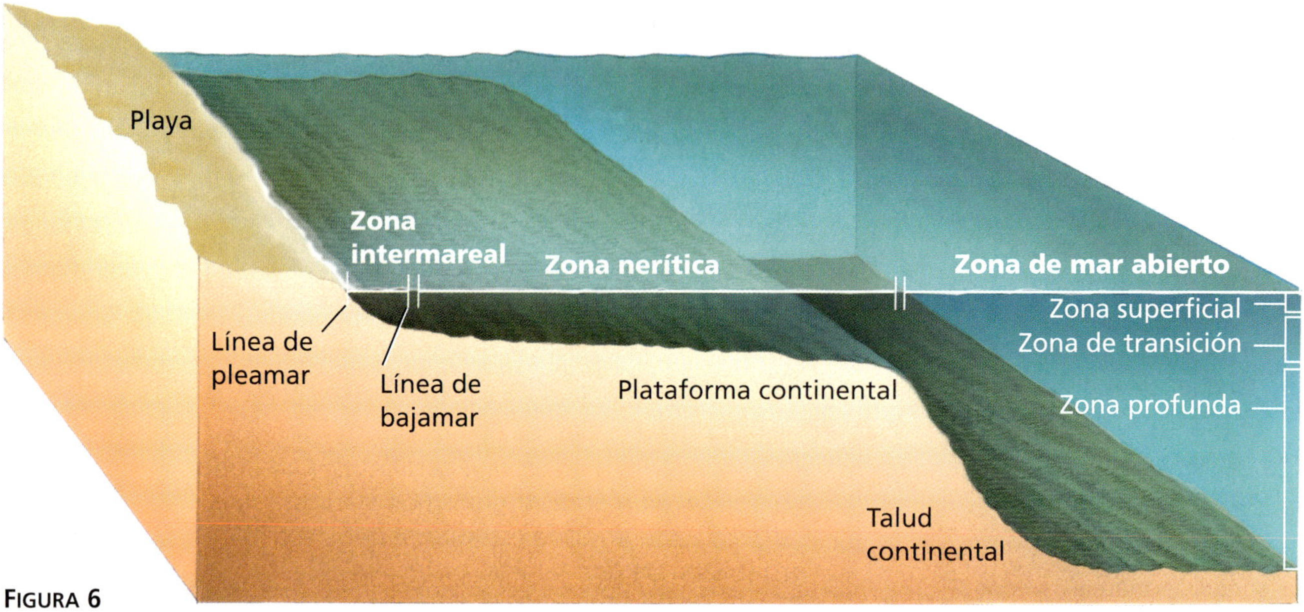

FIGURA 6
Regiones oceánicas
Las tres zonas del océano son la intermareal, nerítica y de mar abierto. **Clasificar** *¿En qué tres zonas está dividida la zona de mar abierto?*

Lab zone Actividad Inténtalo

Cómo se siente la presión

1. Con una pluma, haz dos orificios semejantes en un cartón de leche vacío. Un orificio debe estar aproximadamente a un tercio del fondo y el otro debe estar a unos dos tercios del fondo.
2. Cubre los orificios con cinta adhesiva. Luego llena el cartón con agua.
3. Mete el cartón en el fregadero. Quita la cinta. Observa cualquier diferencia en el flujo de agua por los dos orificios.

Hacer modelos ¿Qué condición física del océano representa esta actividad? ¿En qué zona oceánica es más importante esta condición?

Regiones oceánicas y condiciones

Puedes pensar que el mar es una enorme comunidad que incluye seres vivos y cosas sin vida. En cierto sentido, la comunidad marina es como una ciudad o pueblo humano. Por lo regular, ciudades y pueblos se dividen en varias zonas. Algunas zonas constan principalmente de casas y departamentos. En otras hay tiendas y talleres, o fábricas y edificios de oficinas.

Regiones oceánicas El mar también puede dividirse en zonas, como se muestra en la Figura 6. Por ejemplo, tu paseo por la playa arenosa tuvo lugar en la zona intermareal. **Las regiones oceánicas son la zona intermareal, nerítica y de mar abierto.** En la línea más alta de pleamar comienza la **zona intermareal.** A partir de ahí la zona se extiende hasta el punto de la plataforma continental que queda expuesta con la bajamar más baja. La **zona nerítica** se extiende de la línea de bajamar hasta el borde de la plataforma continental. Luego del borde de la plataforma continental se encuentra la **zona de mar abierto.** Esta zona comprende la parte más profunda y oscura del océano. En las secciones 3 y 4 vas a aprender más sobre estas regiones oceánicas.

Condiciones físicas Cada zona tiene sus condiciones físicas características. Estas condiciones determinan qué organismos viven en esa zona. Por ejemplo, la luz no penetra mucho más allá de la superficie del mar. Los organismos que necesitan luz para la fotosíntesis deben vivir cerca de la superficie. Por otro lado, en el fondo del mar la presión es elevada. Los organismos que viven en el mar deben ser capaces de resistir esta fuerza.

Verifica tu lectura **¿Qué zona oceánica está más alejada de la costa?**

La vida en el mar

Sobre la tierra, muchos organismos viven en la superficie o cerca de ella. Por su parte, en el mar hay organismos en todas las profundidades. **Los científicos clasifican los organismos marinos según dónde viven y cómo se mueven.** En la Figura 7 se muestran las tres categorías de organismos del océano: plancton, necton y bentos.

Plancton El **plancton** está compuesto por diminutas algas y animales que flotan en el agua llevados por las olas y las corrientes. Entre las algas del plancton se encuentran las diatomeas de forma geométrica. Entre los animales del plancton están crustáceos microscópicos y algunas crías de peces diminutas.

Necton El **necton** está formado por animales que nadan libremente y se desplazan por la columna de agua. Calamares, la mayoría de los peces y los mamíferos marinos, como las ballenas y los delfines, son necton.

Bentos El **bentos** son organismos que habitan en el suelo oceánico. Algunos bentos, como cangrejos, estrellas de mar, pulpos y langostas se mueven de un lado a otro. Otros, como las esponjas y las anémonas, se quedan en un sitio.

Verifica tu lectura **¿Los tiburones son plancton, necton o bentos? ¿Por qué?**

FIGURA 7
Organismos marinos
Los organismos marinos se clasifican como plancton, necton y bentos.

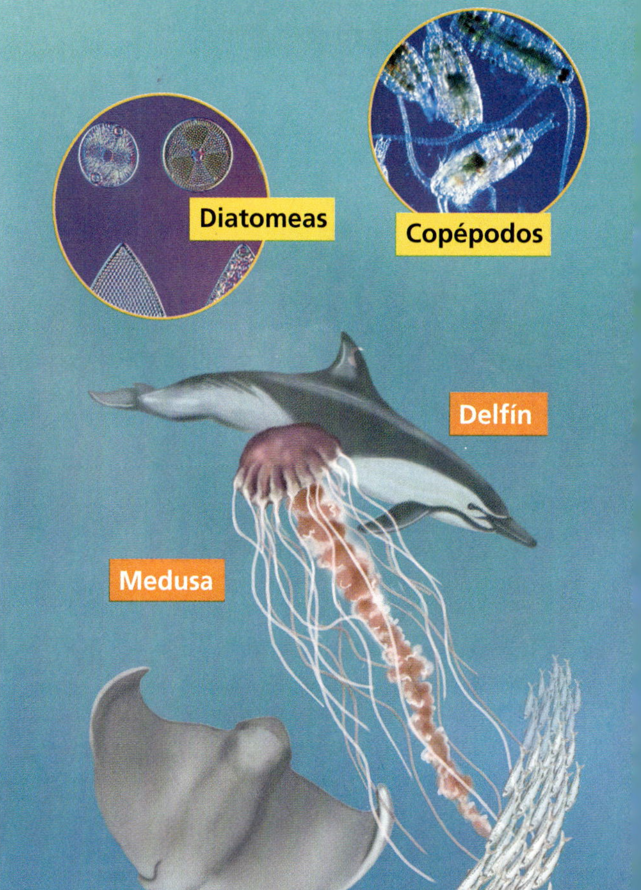

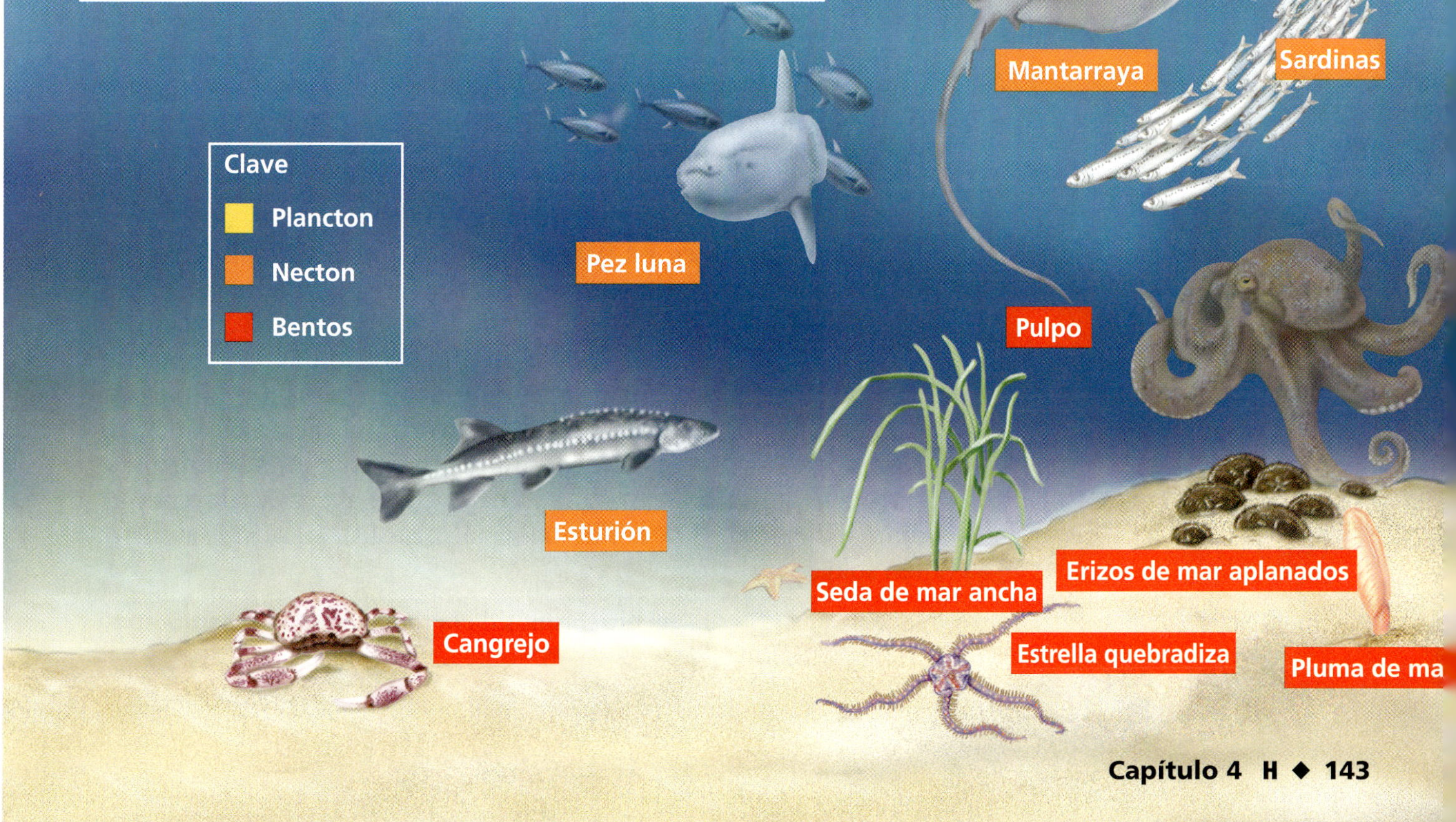

Go Online active art

Para: Actividad de red alimentaria marina, disponible en inglés.
Visita: PHSchool.com
Código Web: cfp-3042

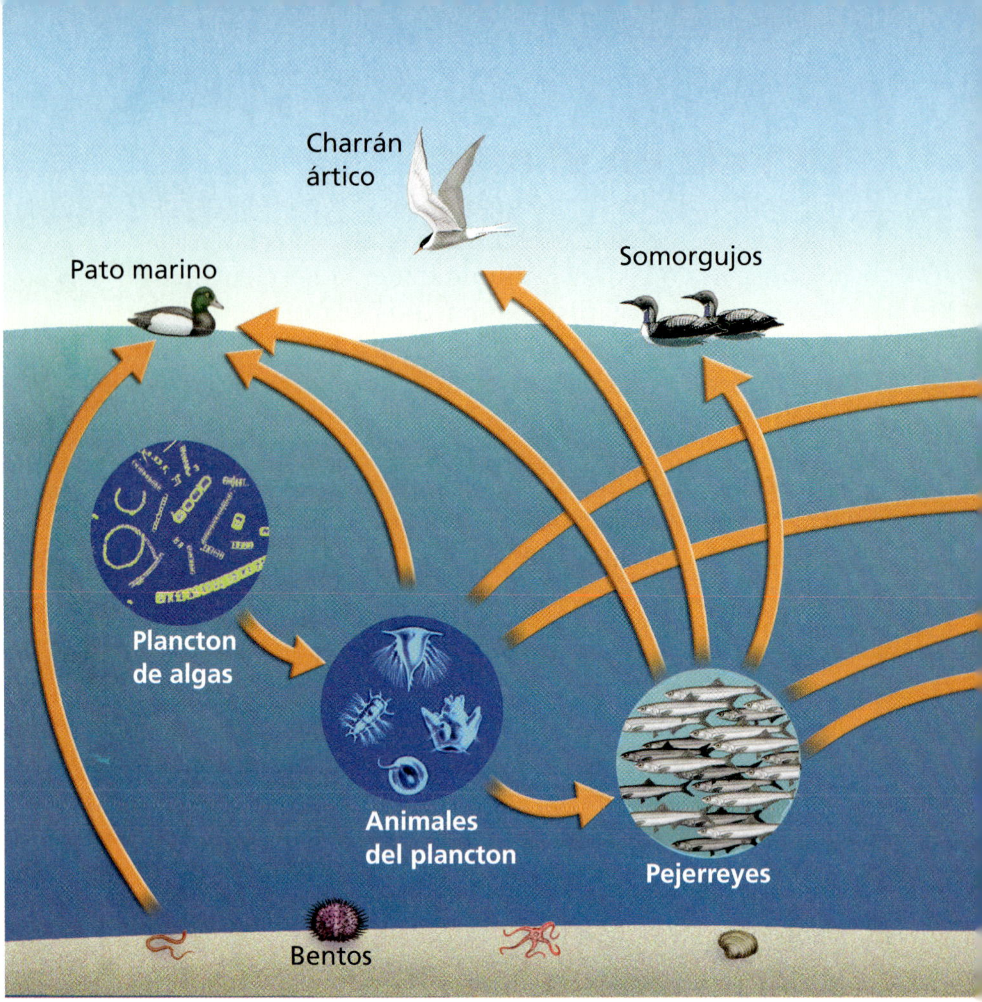

FIGURA 8
Una red alimentaria marina
Esta red alimentaria comprende organismos característicos del océano Ártico. Las flechas indican qué come cada organismo.
Interpretar diagramas *¿Qué organismos se alimentan directamente del bacalao del Ártico? ¿Cuáles se alimentan indirectamente del bacalao?*

Relaciones entre los organismos Plancton, necton y bentos se encuentran en todos los hábitats marinos. Muchos seres del plancton y el bentos son algas. Como las plantas, las algas usan luz solar para producir su propio alimento mediante fotosíntesis. Las algas fotosintéticas del plancton se llaman productoras. Otros seres del plancton y el bentos, así como del necton, comen algas u otros organismos. Se llaman consumidores. Por último, algunos organismos, incluso muchos del bentos, decomponen los desechos y restos de otros organismos. Se llaman descomponedores.

Redes alimentarias marinas Todas las relaciones de alimentación que se dan en un hábitat conforman una **red alimentaria.** En la Figura 8 se muestra una red alimentaria marina común. Cada organismo de la red del Ártico depende directa o indirectamente de las algas del plancton. En todo el mar, el plancton es una fuente de alimento para otros organismos de todos los tamaños. Si piensas que los tiburones son cazadores carnívoros de dientes afilados, te sorprenderá saber que los tiburones más grandes se alimentan directamente de plancton diminuto. Muchas ballenas, incluyendo el animal más grande de la Tierra (la ballena azul) también se alimentan sólo de plancton.

Verifica tu lectura **¿Qué organismos de la red alimentaria marina son los productores?**

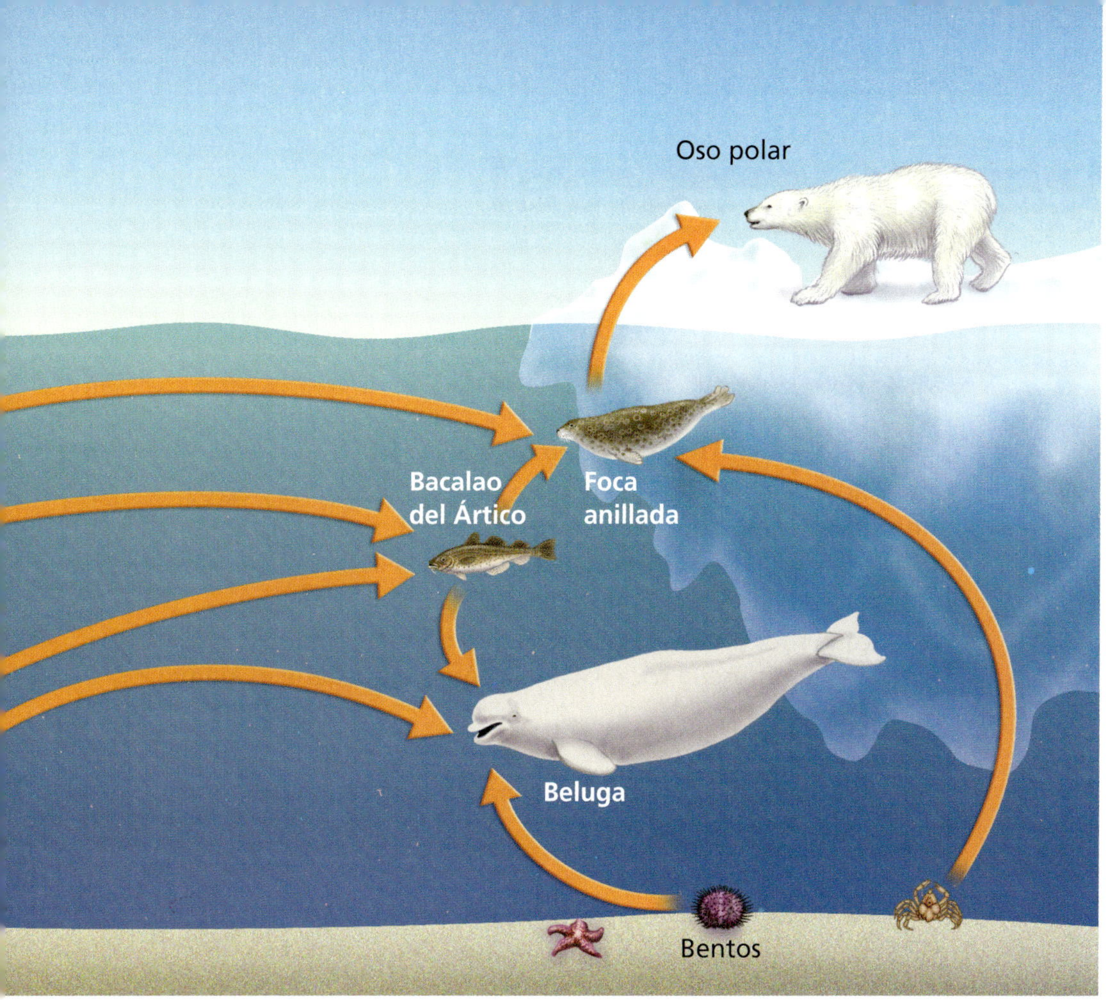

Sección 2 Evaluación

Destreza clave de lectura **Usar el conocimiento previo** Repasa tu organizador gráfico y corrígelo con lo que acabas de aprender.

Repasar los conceptos clave

1. a. **Identificar** Identifica las tres zonas oceánicas.
   b. **Ordenar en serie** Ordena las zonas oceánicas, desde la menos profunda hasta la más profunda.
   c. **Inferir** ¿Qué zona es probable que tenga la mayor variedad de seres vivos? ¿Cómo se relaciona esta variedad con la profundidad del agua?
2. a. **Repasar** ¿Qué características usan los científicos para clasificar los organismos marinos?
   b. **Describir** Identifica las tres categorías de organismos marinos y describe sus características.
   c. **Clasificar** Los pepinos de mar son animales pequeños que se arrastran por el suelo oceánico. ¿A qué categoría de organismos marinos pertenecen? Explica.

Escribir en ciencias

Párrafo de causa y efecto Describe en un párrafo breve qué efecto tendría en la red alimentaria de la Figura 8 una reducción de la población del bacalao del Ártico. ¿Qué poblaciones crecerían como resultado y por qué? ¿Qué poblaciones decrecerían y por qué? Si quieres, planea tu escritura con un organizador gráfico de causa y efecto.

Sección 3

Zona intermareal

Avance de la lectura

Conceptos clave

- ¿Qué condiciones deben tolerar los organismos en la zona rocosa intermareal?
- ¿Cuáles son los principales tipos de humedales costeros?

Término clave

- estuario

Destreza clave de lectura

Hacer un esquema Mientras lees, haz un esquema sobre la zona intermareal. Usa los encabezados en rojo para los temas principales y los azules para los subtemas.

Zona intermareal

I. Costas rocosas
  A. En las rocas
  B.
II. Donde el río desemboca en el mar

Lab zone Actividad Descubre

¿Se sujeta el animal?

1. Tu maestro te dará una pelota de pimpón, una roca y otros materiales. La pelota representa un animal marino. Diseña una manera para que el animal se aferre a la roca.
2. Adhiere la pelota de pimpón a la roca.
3. Coloca la roca en un fregadero o una bandeja honda. Deja correr agua sobre la roca. Observa cómo se sostiene el animal en la roca.

Reflexiona

Inferir ¿Por qué es importante la capacidad de "sujetarse" para un animal que vive en la costa?

Imagina tu hogar sin paredes ni techo. Dos veces al día pasa una enorme tormenta que lo empapa todo y vientos tan fuertes que apenas conservas el equilibrio. Otras veces el sol brilla, te calienta y te reseca. Así es la vida de los organismos que viven en las costas rocosas, donde la tierra se encuentra con el mar.

Costas rocosas

Una costa rocosa es un tipo de hábitat que se encuentra en la zona intermareal. En la Sección 2 leíste de otro tipo, las playas arenosas. **Los organismos que viven en la zona rocosa intermareal deben tolerar el azote de las olas y los cambios de salinidad y temperatura. También deben tolerar períodos bajo el agua y períodos de exposición al aire.** Deben evitar deshidratarse, esconderse de los depredadores y encontrar alimento en este medio difícil. Por suerte, están bien adaptados para estas tareas.

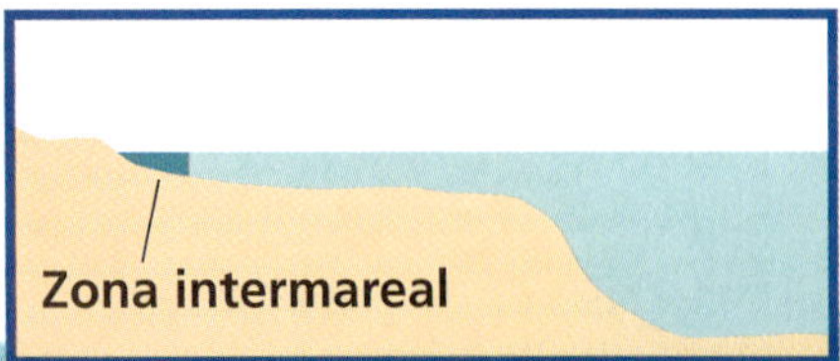

En las rocas Las costas rocosas se encuentran en buena parte de los dos litorales de Estados Unidos. En la Figura 9 se muestran algunos de los coloridos organismos que viven comúnmente en la costa de California.

Las rocas más elevadas, las que están sobre la línea más alta de pleamar, forman la zona de rocío. La zona de rocío nunca está cubierta completamente de agua, sino que se moja cuando las olas rompen en las rocas. Una franja de algas negras marca la línea más alta de la pleamar.

Las rocas debajo de este nivel están cubiertas de percebes que pueden cerrar sus conchas duras. Con esta acción atrapan una gota de agua para superar el período de secas hasta la siguiente pleamar. Las rocas también son el hogar de unos animales planos llamados lapas. Las lapas tienen un pie muscular grande con el que se aferran a las rocas. Producen gotas de mucosidad en las orillas de sus conchas. Esta mucosidad forma un sello firme.

Estanques de las mareas Cuando la marea baja, queda agua en las depresiones de las rocas. Estas depresiones se llaman estanques de las mareas. Cuando el sol calienta el agua de un estanque, el agua comienza a evaporarse. El agua restante se hace más salada. En cambio, si llueve, la salinidad disminuye rápidamente. Los organismos del estanque deben ser capaces de soportar estos cambios de temperatura y salinidad. Los organismos de los estanques de las mareas también deben resistir la fuerza de las olas cuando la marea vuelve a subir.

Las estrellas de mar se aferran a las rocas con hileras de ventosas diminutas. Los espinosos erizos de mar se arrastran lentamente por el fondo del estanque. Si el fondo es arenoso, el erizo usa sus espinas para excavar un hoyo en el que se entierra durante las olas más fuertes.

Bajo la sombra de las salientes rocosas, las esponjas y anémonas esperan que la llegada de la marea les traiga un suministro fresco de plancton y otras partículas alimenticias. Casi todas las anémonas tienen un aspecto delicado; sin embargo, algunas sobreviven fuera del agua más de dos semanas. Cuando está fuera del agua, la anémona retrae sus tentáculos y se pliega en forma de globo.

Verifica tu lectura ¿Cómo se aferran a las rocas las estrellas de mar?

FIGURA 9
Costa rocosa
El cambio constante en el nivel del agua en una costa rocosa de la zona intermareal crea varios hábitats. **Comparar y contrastar** *¿En qué difieren las condiciones de los organismos en las partes altas y las partes bajas de las rocas?*

Go Online
PHSchool.com
Para: Más información sobre la zona intermareal, disponible en inglés.
Visita: PHSchool.com
Código Web: cfd-3043

Donde los ríos llegan al mar

Otros ambientes importantes de las orillas del mar son los estuarios. Los **estuarios** son ensenadas o bahías donde el agua dulce de los ríos se mezcla con el agua salada del mar. El agua que es en parte salada y en parte dulce es salobre.

Los humedales costeros se encuentran en los estuarios y en sus proximidades. **En las costas de Estados Unidos, la mayoría de los humedales son manglares o marismas.** Los manglares aparecen en el sur de Florida y en las costas del golfo de México. Las marismas son especialmente abundantes en la costa este de Massachusetts a Florida.

Manglares Los mangles son árboles de poca altura y nudosos que crecen bien en aguas salobres. Estos árboles recubren el litoral del sur de Florida. Las raíces de soporte de los mangles, como se muestra en la Figura 10, arraigan a los árboles en el suelo. Los mangles resisten todos los vientos excepto los más huracanados. Detienen la acción de vientos y olas, con lo que protegen las costas durante las tormentas. Las raíces de sostén también atrapan sedimentos del suelo. Crean un albergue protegido, rico en nutrientes, para muchas crías de animales.

Marismas Una marisma rebosa de fango maloliente. El fango está compuesto de sedimentos, materia animal y vegetal y nutrientes arrastrados a la marisma por agua dulce y mareas.

El espartillo es la planta más común de las marismas. A diferencia de la mayoría de las plantas, el espartillo puede sobrevivir en agua salada. La planta descarga la sal por pequeñas aberturas de sus hojas largas y estrechas. Algunos espartillos son comidos por animales. El resto las descomponen bacterias y hongos del agua. El material descompuesto proporciona nutrientes a los organismos de la marisma.

FIGURA 10
Bosque de mangles
Raíces arqueadas de sostén aferran estos mangles al suelo blando y arenoso. **Relacionar causa y efecto** *¿Cómo protegen los mangles el litoral?*

▲ Espátula rosada

▼ Lagarto

Canales de mareas corren entre los espartillos. Las olas rompen cuando entran en los canales, de modo que los organismos de las marismas están protegidos de la resaca. En la marisma, peces, cangrejos, camarones y ostras ponen sus huevos y se alimentan antes de entrar al ambiente marino más difícil de las costas. Cuando la marea se retira, quedan expuestas capas de fango. Muchos cangrejos buscan comida en el fango rico. Garzas, cigüeñuelas y garcetas chapotean en el fango para comer cangrejos y otros animales bentónicos expuestos por la bajamar.

La protección de los estuarios Los ríos que fluyen en los estuarios pueden llevar sustancias nocivas. Pesticidas, aguas residuales y desechos industriales pueden terminar en un estuario. Estos contaminantes afectan a los organismos que viven ahí.

Por ejemplo, la Bahía de Chesapeake es un enorme estuario localizado a la mitad de la costa del Atlántico. Ha sido una fuente rica de ostras, almejas y jaibas azules. Sin embargo, contaminantes originados tierra adentro se acumularon durante años en la bahía. La contaminación, junto con la pesca excesiva, redujo enormemente el número de jaibas azules en la Bahía de Chesapeake. Cuando las personas se dieron cuenta de la amenaza al estuario, emprendieron acciones. Se aprobaron leyes para regular la calidad del agua de los ríos que desembocan en la bahía. Los esfuerzos de limpieza han reducido buena parte de la contaminación de la bahía. En la actualidad, la contaminación ya no es un problema tan grave como antes.

FIGURA 11
Alimentos del estuario
Un cangrejero de la Bahía de Chesapeake saca la última jaiba del día. A medida que mejora la salud del estuario, la población de jaiba azul vuelve a incrementarse.

Verifica tu lectura **¿Qué se ha hecho para reducir la contaminación en la Bahía de Chesapeake?**

Sección 3 Evaluación

Destreza clave de lectura **Hacer un esquema** Usa la información de tu esquema sobre la zona intermareal para responder a las preguntas siguientes.

Repasar los conceptos clave

1. a. **Describir** ¿Cómo son las condiciones en la zona rocosa intermareal?
   b. **Explicar** Explica qué hace una anémona cuando no está bajo el agua.
   c. **Aplicar conceptos** ¿Cómo ayuda esta conducta a la anémona a sobrevivir en la zona intermareal?
2. a. **Identificar** Identifica dos tipos de humedales costeros.
   b. **Comparar y contrastar** Anota dos semejanzas y dos diferencias de estos ambientes.
   c. **Emitir un juicio** Un constructor propone rellenar una marisma para crear un centro recreativo costero. ¿Qué efectos positivos y negativos tendría esta acción en la flora y la fauna y los habitantes del lugar? ¿Apoyarías la propuesta? Explica.

Escribir en ciencias

Hoja informativa Supón que trabajas en un parque nacional o estatal donde hay marismas. Conduces visitas guiadas para los turistas en las marismas. Antes de una visita, distribuyes una hoja informativa en la que señalas lo que los visitantes verán. Escribe una hoja informativa sobre las marismas para repartir a los visitantes del parque. Si quieres, ilustra la hoja.

Sección 4

Zona nerítica y mar abierto

Avance de la lectura

Conceptos clave

- ¿Cuáles son las condiciones en la zona nerítica?
- ¿Qué ambientes sostienen los arrecifes de coral y los bosques de laminarias?
- ¿Cuáles son las condiciones de mar abierto?

Términos clave

- atolón
- bioluminiscencia
- chimenea hidrotermal

Destreza clave de lectura

Relacionar causa y efecto
Mientras lees, identifica tres condiciones que afectan la vida en la zona nerítica. Escribe la información en un organizador gráfico como el que sigue.

Causas	Efecto
	La zona nerítica tiene una gran variedad de organismos.

Lab zone Actividad Descubre

¿A qué profundidad se alcanza a ver?

1. Con un marcador permanente, divide una tapa blanca de plástico en cuatro cuartos. Sombrea dos cuartos como se muestra.
2. Con unas tijeras, haz con cuidado un orificio pequeño en el centro de la tapa.
3. Ata un trozo de cuerda a un sujetapapeles. Coloca el sujetapapeles bajo la tapa y pasa la cuerda por el orificio.
4. Pega firmemente la cuerda a una regla en centímetros de modo que la tapa presione contra la base de la regla.
5. Llena una cubeta grande y honda con agua corriente. Al tiempo que agitas el agua, agrega una cucharada de harina para representar las sustancias disueltas en el agua de mar. El agua debe quedar ligeramente turbia.
6. Sumerge la tapa en el agua a 5 cm de la superficie. Observa si la tapa todavía es visible en el agua.
7. Baja la tapa a 10 cm de la superficie, luego 15, y así hasta que la tapa no sea visible.

Reflexiona
Observar ¿A qué profundidad ya no puedes ver la tapa? Según tus resultados, ¿cómo crees que cambia la visibilidad con la profundidad del mar?

Alfombras flotantes de algas en la superficie del mar señalan la ubicación de un bosque de laminarias. Los sargos nadan en los alrededores. Crías de leones marinos se persiguen entre los tallos de laminarias. Una nutria se zambulle en el fondo rocoso del mar. Cuando asciende, lleva entre las garras un erizo de mar. En la superficie, la nutria se voltea de espaldas entre las laminarias. Con destreza, usa sus patas para sacar la carne de las partes blandas del erizo.

▼ Nutria en un bosque de laminarias

FIGURA 12
Organismos de la zona nerítica
Como la zona nerítica es rica en nutrientes, sostiene una gran variedad de organismos, entre los que se encuentran leones marinos (izquierda) y arenques (abajo).
Inferir *¿Por qué la zona nerítica es tan rica en nutrientes?*

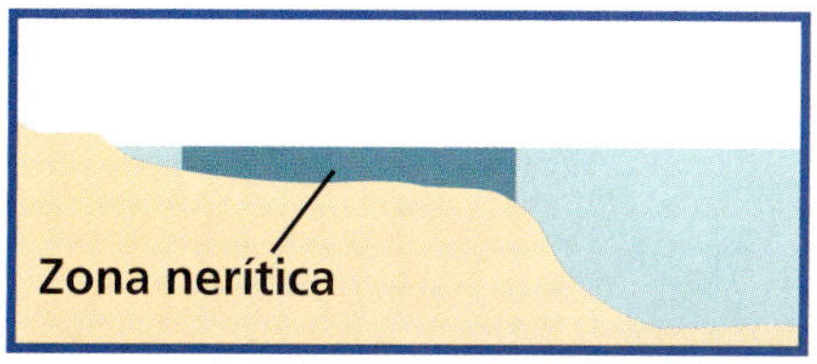

Condiciones en la zona nerítica

Un bosque de laminarias es un hábitat que se encuentra en la zona nerítica. Recuerda que la zona nerítica se extiende de la línea de bajamar al borde de la plataforma continental. En la zona nerítica se encuentra una enorme variedad de organismos, más que en cualquier otra zona del océano. La mayoría de las principales zonas pesqueras del mundo se hallan en esta zona.

¿Por qué la zona nerítica es el hogar de tantos seres vivos? La respuesta tiene que ver con su localización sobre la plataforma continental. **Las aguas someras de la plataforma continental reciben luz solar y un suministro continuo de nutrientes arrastrados de la tierra al mar. La luz y los nutrientes permiten el crecimiento de algas grandes parecidas a plantas.** Estas algas son fuente de alimento y refugio para otros organismos.

En muchas partes de la zona nerítica, afloramientos llevan más nutrientes del fondo a la superficie. Estos nutrientes sustentan abundante plancton, que forma la base de las redes alimentarias marinas. Bancos de peces, como sardinas y arenques, se alimentan del plancton. Las principales pesquerías de las zonas de afloramiento son el Cañón de Monterey frente a las costas de California, los Grandes Bancos de Terranova y el Banco George frente a las costas de Nueva Inglaterra.

Verifica tu lectura **¿De qué dos formas llegan los nutrientes a la zona nerítica?**

FIGURA 13

Cómo se forma un atolón

Un atolón se forma en etapas, comenzando con un arrecife en franja que rodea una isla volcánica. **Relacionar causa y efecto** *¿Qué debe pasar en una isla volcánica para que se forme un atolón?*

1 Un arrecife en franja rodea una isla.

2 A medida que la isla se hunde, se forma una laguna dentro del arrecife de barrera.

3 Al final, la isla se hunde y deja un atolón en forma circular.

Arrecifes de coral

Un arrecife de coral es otro tipo de hábitat de la zona nerítica. Aunque un arrecife de coral parezca hecho de roca, en realidad está hecho de seres vivos. Los arrecifes de coral son creados por colonias de animales coralinos diminutos, cada uno apenas un poco más grande que la goma de un lápiz. Cada animal produce una estructura dura que rodea su cuerpo blando. Cuando el coral muere, se queda la estructura vacía. Nuevos animales de coral se adhieren y crecen en la parte alta. Al cabo de muchos años se forma un arrecife.

Ambiente de los arrecifes de coral Algas microscópicas viven en el cuerpo de los animales del coral y les proveen alimento. Las algas necesitan temperaturas cálidas y luz solar. **Por tanto, los arrecifes de coral se forman sólo en aguas someras de mares tropicales.** Los arrecifes crecen sobre las plataformas continentales o alrededor de islas volcánicas, donde el agua es poco profunda.

Arrecifes en forma de anillo En las zonas donde el suelo oceánico se hunde, con el tiempo un arrecife puede convertirse en un atolón. Un **atolón** es un arrecife en forma de anillo que rodea una laguna poco profunda. En la Figura 13 se muestra el desarrollo de un atolón. Comienza con un arrecife en franja que rodea las orillas de una isla. A medida que el suelo oceánico se hunde, la isla se hunde también y el arrecife crece. El agua separa la parte superior del arrecife de barrera de la isla. La isla sigue hundiéndose hasta que queda completamente bajo el agua, con lo que se forma el atolón.

La vida en un arrecife El coral adopta diversas formas, las cuales están indicadas por los nombres de las especies de corales: cuerno, cerebro, plato, estrella. Muchos animales viven en un arrecife de coral. Entre éstos se cuentan pulpos, langostas, camarones y peces de todos colores y tamaños. Peces loro arrancan trozos del arrecife para comerlos. Los peces loro trituran en el interior de su cuerpo el coral roto y producen la arena suave y fina que se encuentra comúnmente alrededor del arrecife.

▼ **Pez payaso**

Arrecifes de coral y seres humanos Los arrecifes de coral son como acuarios naturales en los que se exhibe una colorida diversidad de vida que podemos disfrutar y estudiar. Los arrecifes también protegen las costas durante las tormentas violentas. Rompen la espuma, de modo que impiden que las olas erosionen gravemente la tierra. Sin embargo, las actividades humanas pueden dañar los frágiles arrecifes. Las anclas de los barcos que pasan por un arrecife pueden dañarlo. Incluso rozar un arrecife puede dañar a los animales de coral. Como el coral crece unos milímetros al año, un arrecife no se recupera rápidamente.

Los cambios en la temperatura y la limpieza del agua también afectan las algas y, por consiguiente, ponen en peligro el arrecife. Por ejemplo, si el agua se vuelve demasiado cálida, los corales desprenden las algas que viven dentro. El agua turbia pone en peligro las algas porque reduce la luz que les llega. Si los sedimentos producidos por tormentas o por actividades humanas entierran un arrecife, no sobreviven las algas del coral vivo. Sin las algas, los animales del coral mueren.

En la actualidad muchas personas entienden la importancia de los arrecifes de coral y tratan de protegerlos. Muchas zonas de arrecifes han sido preservadas como santuarios marinos. En un santuario marino se limitan las actividades de buceo y de otro tipo cerca del arrecife. Los científicos también estudian los efectos del cambio de temperatura y la contaminación en los arrecifes para conservarlos.

Verifica tu lectura **¿Qué efecto tienen las actividades humanas en un arrecife de coral?**

Go Online SCILINKS NSTA

Para: Vínculos sobre arrecifes de coral, disponible en inglés.
Visita: www.SciLinks.org
Código Web: scn-0844

FIGURA 14
La vida en un arrecife de coral
Muchos animales, algas y otros organismos viven en el hábitat diverso de un arrecife de coral.

FIGURA 15
Un bosque de laminarias
Las laminarias son algas grandes y pesadas que crecen en partes de la zona nerítica. Requieren agua fría y un suelo oceánico rocoso para crecer bien. **Observar** *¿Por qué este grupo de laminarias puede considerarse bosque?*

La vida en un bosque de laminarias

Debajo de la superficie del agua tallos de laminarias gigantes se mecen. La luz solar se filtra por el agua y produce una luz verdosa. Si pudieras examinar de cerca una laminaria, observarías pequeños bulbos en la base de cada fronda. Estos bulbos mantienen rectas en el agua a las pesadas frondas.

Ambiente de los bosques de laminarias Las condiciones que favorecen la existencia de los bosques de laminarias se dan en las costas del Pacífico desde Alaska hasta México. **Los bosques de laminarias crecen en aguas neríticas donde el océano tiene un suelo rocoso.** Las laminarias son algas grandes y pesadas y requieren un fondo sólido y rocoso para arraigar sus tallos. Un grupo de filamentos a modo de raíces llamado zarcillo adhiere las algas a las rocas. El tallo de una laminaria gigante puede crecer hasta 30 metros. Las vejigas llenas de aire mantienen el tallo recto en el agua.

Hábitat de laminarias Las laminarias usan la luz solar y los gases disueltos en la zona nerítica para producir su propio alimento. La laminaria también es hábitat de muchos otros organismos. Las cortinas de laminarias esconden de los depredadores a las crías de la ballena gris mientras sus madres las alimentan. Babosas y caracoles de mar viven entre la maraña de los zarcillos.

Las nutrias cumplen una función muy importante en un bosque de laminarias. Además de comer abulón, las nutrias se alimentan de erizos de mar, los cuales comen laminarias. En las zonas donde han desaparecido las nutrias, ejércitos de erizos han devorado las laminarias. Lo que era un bosque próspero se convierte en una zona rocosa baldía.

Verifica tu lectura **¿Qué mantiene rectas a las laminarias en el agua?**

FIGURA 16
Organismo de mar abierto
Las orcas, o ballenas asesinas, son depredadores feroces de la zona superficial.

Condiciones del mar abierto

El mar abierto comienza donde termina la zona nerítica, en el borde de la plataforma continental. **El mar abierto tiene dos diferencias importantes con respecto de la zona nerítica. En primer lugar, sólo una parte pequeña del mar abierto recibe luz solar. Segundo, el agua tiene menos nutrientes.** Por consiguiente, el mar abierto sostiene a menos organismos.

Bucear en el mar abierto es como bajar por una escalera que sólo tiene luz arriba. La luz penetra en el agua apenas una distancia corta. Si el agua se enturbia, la luz no llega demasiado lejos. En cambio, en las aguas tropicales claras la luz llega hasta varios cientos de metros.

Recuerda que la zona nerítica recibe un suministro constante de nutrientes de la costa. En contraste, los nutrientes disueltos son menos abundantes en el mar abierto.

Zona superficial Ya leíste que la columna de agua del mar abierto se divide en tres zonas. La zona superficial se extiende hasta donde llega la luz bajo la superficie. La zona superficial es la única parte del mar abierto que recibe suficiente luz para sostener el crecimiento de las algas. Estas algas microscópicas son la base de las redes alimentarias del mar abierto. Entre los animales del plancton que se alimentan de las algas están el krill, parecido al camarón pero más pequeño, así como crías de cangrejos, moluscos y peces.

Zona de transición La zona de transición se extiende de la parte inferior de la zona superficial a una profundidad de aproximadamente 1 kilómetro. Aquí el agua es más oscura y fría que en la zona superficial.

Lab zone Actividad Destrezas

Inferir

Para no hundirse, muchos seres del plancton aprovechan la fricción entre su cuerpo y el agua que los rodea. En aguas cálidas se requiere más fricción para estar a flote que en aguas frías, que son más densas. Uno de los copépodos siguientes se encuentra en aguas marinas tropicales, mientras que el otro aparece cerca de los polos. ¿Cuál crees que sea cada uno? (*Pista*: Las formas más aerodinámicas generan menos fricción con el entorno.)

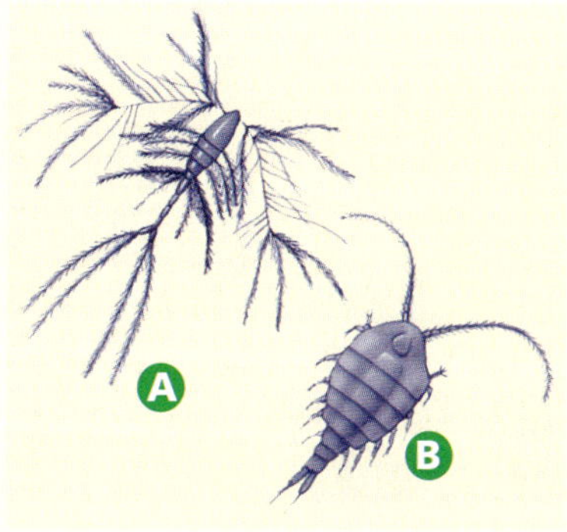

Zona profunda En la zona profunda el agua es aún más oscura y fría que en la zona de transición. Dadas estas condiciones difíciles, el mar profundo se compara a veces con un desierto. Pocos organismos viven en la zona profunda, en comparación con otros ambientes marinos y terrestres. Pero a diferencia del desierto, que arde bajo el sol brillante, el fondo del mar es frío, oscuro y húmedo.

Encontrar comida en la oscuridad es un reto. Muchos peces del fondo del mar emiten su propia luz. La producción de luz de los seres vivos se llama **bioluminiscencia.** Reacciones químicas de las células de los organismos producen bioluminiscencia.

En algunos casos la luz es producida por bacterias bioluminiscentes que viven en el cuerpo de los peces. En otros casos, las reacciones químicas tienen lugar en el cuerpo de los peces, como las luciérnagas en tierra. Por ejemplo, en la superficie de algunos peces están repartidas pequeñas estructuras que producen luz. Otros peces, como el rape de profundidad, tienen órganos que emiten luz. El rape tiene un órgano lumínico sobre la cabeza. El rape merodea en la oscuridad debajo del cono de luz creado por su órgano lumínico. Camarones y peces atraídos por la luz se convierten en su presa.

El suministro alimenticio en la mayor parte del fondo del mar está mucho más limitado que en las aguas profundas. Por consiguiente, los animales de esta zona deben ser buenos cazadores para sobrevivir. Las mandíbulas de muchos peces del fondo del mar tienen hileras de dientes afilados, las cuales sobresalen en ángulos para que ningún animal que muerdan escape.

FIGURA 17
Los organismos de la zona profunda
El rape (arriba) y el pulpo de las profundidades (derecha) son animales que prosperan en el frío y la oscuridad de la zona profunda.

Chimeneas hidrotermales En la zona profunda la comida es muy escasa. Por consiguiente, los organismos son pequeños y más lentos. Sin embargo, hay un ambiente de la zona profunda (la chimenea hidrotermal) que sostiene organismos de número, variedad y tamaño inusitado. En una **chimenea hidrotermal** brota agua caliente de las grietas en el suelo oceánico. Esta agua fue calentada por el magma caliente debajo del suelo oceánico. Estas chimeneas se encuentran sobre la dorsal oceánica, donde las placas se separan y se forma suelo oceánico nuevo.

Una chimenea hidrotermal está muy lejos de la luz solar. ¿Qué pueden encontrar para comer los organismos que viven alrededor de una chimenea hidrotermal? El agua caliente que sale de la chimenea lleva gases y minerales del interior de la Tierra. Las bacterias se alimentan directamente de estos nutrientes químicos. Al igual que las algas en la zona superficial que aprovechan la luz del sol para producir alimentos, estas bacterias usan nutrientes químicos para fabricar comida.

Estas bacterias forman la base de la red alimentaria en la chimenea hidrotermal. Otros organismos, como las almejas gigantes, se alimentan de las bacterias. Los gigantescos gusanos tubulares de punta roja son provistos de alimento por las bacterias que viven en sus tejidos. Entre tanto, los cangrejos se alimentan de los restos de otros habitantes de su extraño hábitat.

Verifica tu lectura ¿Qué es una chimenea hidrotermal?

FIGURA 18
Chimenea hidrotermal
Gusanos tubulares gigantes y cangrejos se amontonan en una chimenea hidrotermal en el suelo oceánico.

Sección 4 Evaluación

Destreza clave de lectura **Relacionar causa y efecto** Consulta tu organizador gráfico sobre la zona nerítica para responder a la pregunta 1.

Repasar los conceptos clave

1. a. **Describir** Describe las condiciones físicas de la zona nerítica.
   b. **Relacionar causa y efecto** Explica cómo las condiciones de la zona nerítica sostienen el crecimiento del plancton.
   c. **Hacer generalizaciones** ¿Por qué las redes alimentarias de la zona nerítica son tan complicadas? (*Pista*: ¿Cuál es el papel del plancton en las redes alimentarias?).
2. a. **Describir** Describe la vida en un arrecife de coral y la vida en un bosque de laminarias.
   b. **Comparar y contrastar** Compara y contrasta las condiciones físicas que sostienen a los arrecifes de coral y los bosques de laminarias.
3. a. **Repasar** ¿En qué difieren las condiciones del mar abierto y de la zona nerítica?
   b. **Resumir** Resume las condiciones que hay en las chimeneas hidrotermales.
   c. **Aplicar conceptos** ¿Los organismos de las chimeneas hidrotermales son característicos de los organismos del fondo del mar? Explica.

Escribir en ciencias

Editorial Eres un científico que estudia un arrecife de coral situado en una isla tropical. Se ha talado un bosque de la isla. Por consiguiente, la erosión del suelo aumenta. Escribe un editorial para el periódico local en el que expliques qué efecto puede tener esto en el arrecife de coral.

Sección 5

Recursos del océano

Avance de la lectura

Conceptos clave

- ¿Cómo aprovechamos los recursos vivos del mar?
- ¿Cuáles son algunos de los recursos no vivos del mar?
- ¿Cuáles son las fuentes de la contaminación del mar?

Términos clave

- acuicultura
- nódulo

Destreza clave de lectura

Identificar ideas principales Mientras lees Recursos no vivos, escribe la idea principal (la idea mayor o más importante) en un organizador gráfico como el que sigue. Luego, escribe los detalles de apoyo que dan ejemplos de la idea principal.

Idea principal

Los recursos no vivos son...

Detalle	Detalle	Detalle

Lab zone Actividad Descubre

¿Viene del mar?

1. Tu maestro te dará algunas etiquetas de productos domésticos comunes. Lee la información sobre los ingredientes.
2. Divide los productos en dos grupos, el que incluye sustancias que vienen del mar y el otro.

Reflexiona

Clasificar Con cada producto que clasificaste como proveniente del mar, nombra el recurso marino que se usa para producirlo. ¿En qué zona oceánica se encuentra?

Cuando los exploradores europeos comenzaron a navegar a América del Norte se sorprendieron por el gran número de bacalaos frente a la costa este. Los marineros dijeron que esta zona "era un hervidero de peces, pues se recogían no sólo con una red, sino con canastas que se hacían bajar usando una piedra como lastre". Otros decían que la navegación por los bancos de bacalao era tan cerrada que los botes tenían que disminuir la marcha.

Esta pesquería de bacalao se extendía de Terranova a un promontorio de tierra llamado, convenientemente, Cabo Cod ("Cabo Bacalao"). Durante más de 400 años, el abasto al parecer interminable de "bacalao rey" sustentó una próspera industria pesquera. Pero al comenzar el siglo XX, se vio que la población de bacalao disminuía. El precio del bacalao aumentaba y había más competencia para capturar menos peces. En 1992 el gobierno canadiense cerró la pesquería.

Pesca de bacalao ▶

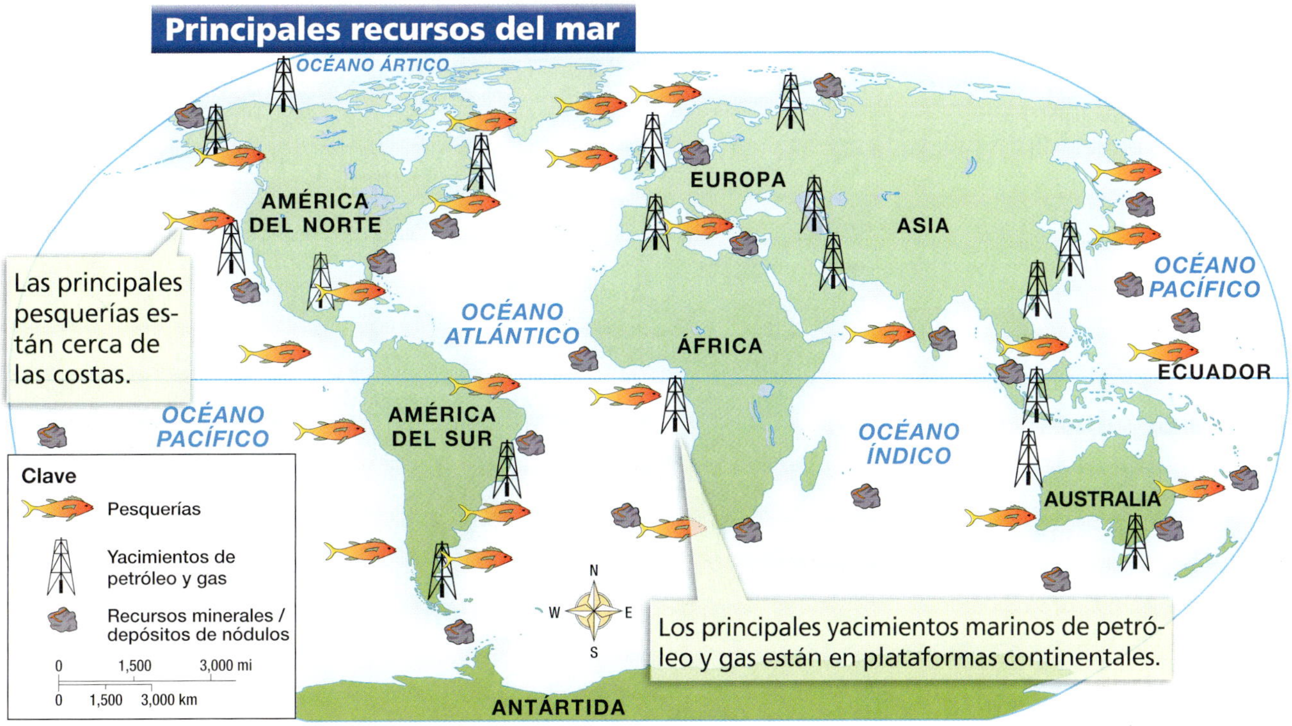

FIGURA 19
Recursos del mar
En todo el mundo los océanos son fuente importante de alimentos, petróleo y gas, y minerales. **Interpretar mapas** *¿Dónde se encuentran las mayores pesquerías de África?*

Recursos vivos

El bacalao es apenas un ejemplo de un recurso vivo del océano. ¿Cuántos pescados y mariscos has comido: atún, camarones, platija, langosta, almejas, calamar, ostras, algas marinas o mejillones? **La gente depende en gran medida de los peces y otros organismos marinos para alimentarse. Los organismos marinos también proporcionan materiales que se usan en productos como detergentes y pinturas.**

Captura pesquera Muchos peces se capturan para comerlos. Anchoas, abadejos, caballas, arenques y atunes componen la mayor parte de la pesca mundial. Localiza las principales pesquerías del mundo en la Figura 19. Se observa que están situadas cerca de las costas. Casi todos los peces capturados provienen de zonas costeras o de afloramientos. Esta agua contiene nutrientes y plancton del que se alimentan los peces.

Si se aprovechan con inteligencia, las pesquerías se renuevan naturalmente cada año. Nacen peces nuevos que sustituyen a los capturados, pero sólo si la pesca no es excesiva. La pesca excesiva hace que disminuya el suministro de peces.

Las mejoras tecnológicas han permitido capturar grandes cantidades de peces muy rápidamente. A veces se capturan peces con más rapidez de la que pueden reproducirse. Cuando disminuye la producción de peces, cada temporada hay menos. Al final, los peces de una pesquería se hacen muy escasos. Eso fue lo que pasó con la pesquería de bacalao de la que leíste arriba.

Go Online SCI LINKS NSTA

Para: Vínculos sobre recursos del mar, disponible en inglés.
Visita: www.SciLinks.org
Código Web: scn-0845

FIGURA 20
Acuicultura
Estos "granjeros" cultivan bagres en zonas cercadas junto a la desembocadura del Mississippi.

Lab zone Actividad Inténtalo

Dulce de algas

Haz un postre asiático cuyo ingrediente principal son las algas. Vas a necesitar un paquete de 0.5 onzas de agar (una sustancia que se obtiene de las algas), 1 taza de azúcar, 4 tazas de jugo de guayaba o de otra fruta y colorante vegetal. Recuerda que la comida sólo se prepara en clases que no sean de ciencias y que hay que pedir permiso antes de usar la estufa.

1. Enjuaga el agar. Luego rómpelo en cubos y colócalo en la bandeja.
2. Añade el azúcar y el jugo a la bandeja. Pon a hervir la mezcla. A fuego bajo, cocina moviendo hasta que se disuelva el agar.
3. Retira la bandeja del fuego y mezcla algunas gotas de colorante vegetal. Vacía la mezcla en una bandeja poco honda. Deja que se enfríe.
4. Refrigera el postre hasta que esté firme. Corta en cubos y sirve.

Inferir ¿Qué propósito cumple el agar en esta receta?

Acuicultura A medida que disminuye la cantidad de peces, se vuelve más común la **acuicultura,** el cultivo de organismos de agua dulce o salada. La acuicultura se ha practicado durante siglos en algunos países asiáticos.

La acuicultura consiste en crear un ambiente para los organismos. Para que éstos prosperen hay que controlar las concentraciones de nutrientes, temperatura del agua, luz y otros factores. En lagunas artificiales de agua salada y bahías protegidas se cultivan ostras, abulones y camarones. Incluso en regiones de tierra adentro se pueden producir mariscos con acuicultura. Por ejemplo, en Nebraska ahora se cría salmón donde antes había ranchos ganaderos.

Otros productos del mar Aparte de la comida, se cultivan organismos del mar para muchos propósitos. Las algas son un ingrediente de muchos productos domésticos. Su textura gelatinosa las hace una base ideal para detergentes, champús, cosméticos, pinturas y hasta helados. Los sedimentos que contienen partes duras de diatomeas se usan como abrasivos y pulidores. Muchos investigadores creen que en el futuro otros organismos marinos pueden ser fuentes importantes de sustancias químicas para medicamentos.

Verifica tu lectura **¿Qué es la acuicultura?**

Recursos no vivos

Además de los organismos vivos, los mares contienen recursos no vivos muy valiosos. **Entre los recursos marinos no vivos se encuentran el agua, combustibles y minerales.**

Agua Ya leíste que se puede obtener agua dulce del agua de mar mediante desalinización. La desalinización provee agua dulce a muchas zonas secas e islas.

Combustibles Los restos de organismos marinos muertos son la fuente de otro recurso no vivo. Los restos se hunden al fondo del mar, donde quedan sepultados por sedimentos. A medida que se acumulan sedimentos, los restos enterrados se descomponen. Al cabo de cientos de miles de años, el calor y la presión de las capas superpuestas transforman gradualmente los restos de los organismos en petróleo y gas natural.

Como sabes, muchos organismos viven en la parte del mar que está sobre la plataforma continental. Los gruesos sedimentos de las plataformas continentales sepultan los restos de los seres vivos. Por ello, los yacimientos más abundantes de petróleo y gas se encuentran por lo regular en estas zonas.

Las plataformas petroleras como la de la Figura 21 perforan el suelo oceánico rocoso hasta 300 metros bajo la superficie. Imagínate tratando de cavar un hoyo en el fondo de concreto de una alberca mientras estás parado en una balsa que flota en la superficie del agua. Ahora ves por qué es tan difícil perforar el suelo oceánico. La perforación marina se dificulta todavía más por las fuertes corrientes, vientos y tormentas.

FIGURA 21
Plataforma petrolera
Iluminada como una ciudad de noche, esta plataforma petrolera de Noruega se eleva sobre las aguas heladas del mar del Norte. En una plataforma petrolera viven y trabajan cientos de personas.
Relacionar causa y efecto *¿Cómo se forman los yacimientos de petróleo bajo el mar?*

Minerales Los minerales son sustancias sólidas que se obtienen del suelo y el agua. Cuando se extrae agua dulce del agua de mar, las sales que quedan son un recurso mineral valioso. Más de la mitad del suministro mundial de magnesio, un metal resistente y ligero, se obtiene del agua de mar de esa manera.

El suelo oceánico es otra fuente de recursos minerales. Desde los sedimentos que cubren las plataformas continentales, se extraen grava y arena para uso en la construcción. En algunas regiones del mundo se extraen diamantes y oro de yacimientos en la arena. Metales como el manganeso también se acumulan en el suelo oceánico. Los metales se concentran alrededor de trozos de conchas y forman promontorios negros llamados **nódulos.** A veces los nódulos se encuentran a profundidades de hasta 5,000 metros; por consiguiente, es difícil recuperarlos. La tecnología para recogerlos todavía está en desarrollo.

Verifica tu lectura **¿Qué minerales se obtienen del mar?**

Contaminación del mar

El mar es un sistema que se limpia solo porque puede absorber desechos sin daños permanentes. Pero la descarga de grandes cantidades de desechos en el mar amenaza a muchos organismos marinos. La mayor parte de la contaminación del océano viene de tierra. **Aunque parte de la contaminación del mar es el resultado de casos naturales, la mayoría de la contaminación tiene relación con las actividades humanas.**

Matemáticas **Analizar datos**

Contaminación del mar por petróleo

En la gráfica se muestran las principales fuentes de contaminación del mar por petróleo. La fuente *Filtraciones naturales* se refiere a las salidas de petróleo de los yacimientos a los océanos por procesos naturales. Estudia la gráfica y luego responde a las preguntas.

Contaminación del mar por petróleo

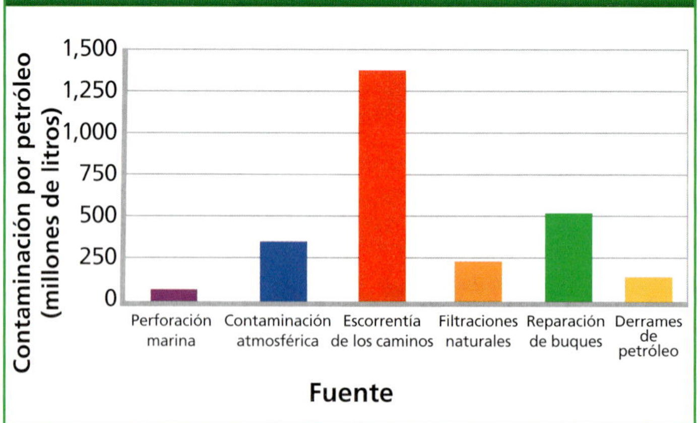

1. **Leer gráficas** ¿Cuántas fuentes de contaminación del mar por petróleo se muestran en la gráfica?
2. **Interpretar datos** ¿Qué fuente produce la mayor contaminación? ¿Y la mínima?
3. **Clasificar** Clasifica las fuentes de contaminación por petróleo como de causa natural o provocada por acciones humanas.
4. **Resolver un problema** ¿Qué fuente o fuentes de contaminación del mar por petróleo podrías reducir? ¿Qué acciones emprenderías para reducirlas?

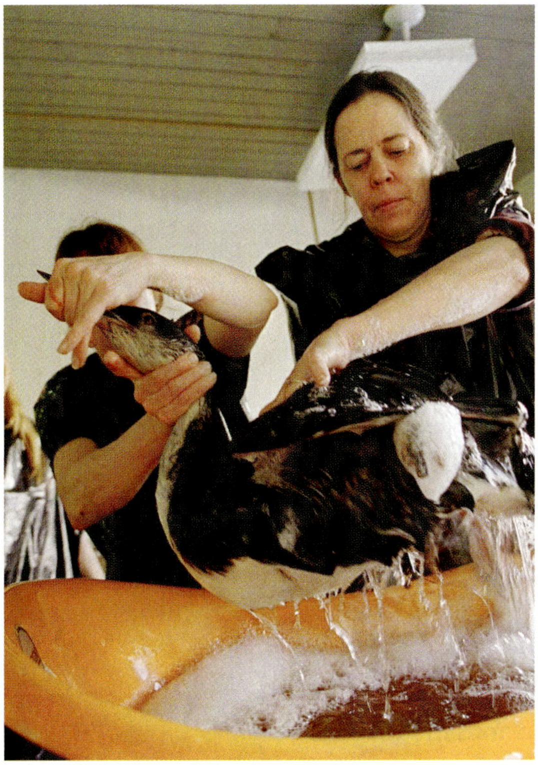

FIGURA 22
Limpieza del petróleo
Este trabajador de limpieza usa estopas absorbentes para quitar el petróleo de la arena (izquierda). A la derecha, dos trabajadoras tratan de limpiar el petróleo del pico y las plumas de un ave.
Inferir *¿Qué pudo haber causado esta contaminación por petróleo?*

Situaciones naturales Parte de la contaminación es el resultado del tiempo meteorológico. Por ejemplo, las lluvias intensas llevan agua dulce a los estuarios y al mar; los contamina porque reduce su salinidad. Un cambio repentino en la salinidad puede matar animales marinos que no pueden adaptarse.

Actividades humanas Aguas residuales, sustancias químicas y basura descargadas en las aguas costeras proceden de fuentes humanas. Las sustancias que escurren de campos y caminos terminan muchas veces en el océano y pueden dañar directamente a los organismos. También se acumulan en el cuerpo de los organismos y envenenan a otros animales que se alimenten con ellos, incluso personas. La basura puede causar problemas graves. Los mamíferos marinos que respiran aire se ahogan si se enredan en líneas y redes de pesca. Otros animales se lastiman si tragan bolsas de plástico que obstruyen su estómago.

Otra amenaza importante es la contaminación por petróleo. Cuando un buque petrolero o una plataforma petrolera se dañan, escurre petróleo al mar de los alrededores y daña a muchos organismos. Como se ve en la Figura 22, el petróleo de un derrame cubre el cuerpo de los animales que viven cerca. Esto destruye su aislamiento natural y afecta su capacidad de flotar. El petróleo también es nocivo para los animales que lo tragan.

Hay un proceso natural de limpieza que se da lentamente después de un derrame. Ciertas bacterias que viven en el mar se alimentan de petróleo y se multiplican. Se tardan muchos años, pero al final estas bacterias pueden limpiar una playa cubierta de petróleo. Desde luego, el petróleo puede causar muchos daños a una zona en ese tiempo, así que las personas ayudan a limpiar los derrames grandes.

FIGURA 23
Santuario marino
Esta científica etiqueta un elefante marino en un santuario de California. Así los científicos podrán vigilar los viajes del elefante.

La protección de las aguas del mar ¿Quién es el dueño del mar y sus recursos? ¿Quién tiene la responsabilidad de protegerlos? Éstas son preguntas que las naciones han tratado de responder durante cientos de años. Como el océano del mundo es una masa continua de agua que no tiene límites, es difícil determinar si alguien debe controlar partes de él. Las naciones deben cooperar para administrar y proteger los océanos.

La Organización de las Naciones Unidas ha establecido varios límites al océano. De acuerdo con un tratado, ahora una nación controla los primeros 22 kilómetros frente a sus costas. La nación también controla los recursos de las aguas o la plataforma continental en una zona de 370 kilómetros del litoral. Este tratado deja aproximadamente la mitad de las aguas superficiales del océano como "alta mar", que no es propiedad de ninguna nación. La propiedad del suelo oceánico debajo de alta mar todavía se debate.

Otros esfuerzos internacionales han resultado en la cooperación destinada a reducir la contaminación del océano. Entre los ejemplos se encuentran el establecimiento de santuarios marinos y normas para construir buques petroleros más seguros.

✓ Verifica tu lectura **¿Por qué es difícil determinar quién controla los recursos del mar?**

Sección 5 Evaluación

Destreza clave de lectura Identificar ideas principales Usa tu organizador gráfico sobre recursos no vivos para responder a la pregunta 2.

Repasar los conceptos clave

1. a. **Repasar** ¿Cuáles son dos maneras en que aprovechamos los organismos marinos?
   b. **Resumir** ¿Qué es la acuicultura? ¿Qué problema ayuda a resolver?
2. a. **Hacer una lista** Anota tres recursos no vivos del océano.
   b. **Describir** ¿Cómo se obtiene el petróleo del suelo oceánico?
   c. **Inferir** Los yacimientos de petróleo se encuentran debajo de tierra firme así como en el mar. ¿De qué lugar, tierra o mar, es más difícil extraer petróleo? Explica tu respuesta.
3. a. **Repasar** Identifica un caso natural y tres actividades humanas que contaminen los océanos.
   b. **Explicar** Explica por qué una nación no puede controlar sola la contaminación del mar.
   c. **Emitir un juicio** ¿Los recursos minerales del suelo oceánico pertenecen a quien los encuentre o a la nación más cercana? Escribe tu opinión en un párrafo breve.

Lab zone Actividad En casa

Modelo de contaminación del mar Pide a un familiar que se ponga en la muñeca una liga. Estírala por el dorso de la mano y mete el otro extremo sobre tres dedos, como se muestra. Luego, pídele que trate de quitársela sin usar la otra mano. Explica que esto demuestra la dificultad de focas y delfines para liberarse de los anillos de plástico de las bebidas o de trozos de red. ¿Se te ocurren maneras de reducir esta amenaza para los mamíferos marinos?

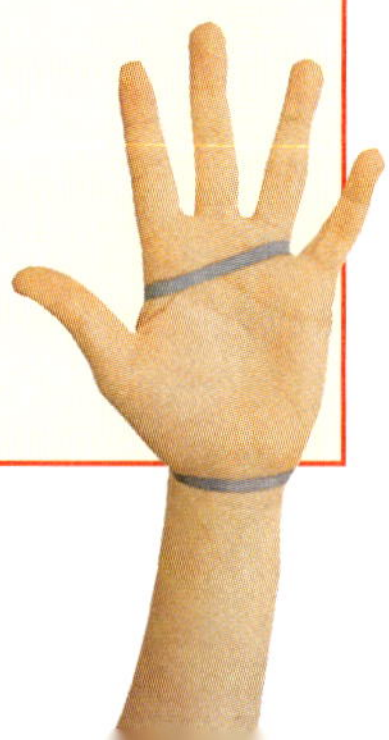

Lab zone **Laboratorio de destrezas**

Limpieza de un derrame

Problema

¿Cómo se limpia un derrame petrolero?

Destrezas aplicadas

hacer modelos, observar

Materiales

- agua
- pluma de ave
- marcador
- bandeja
- toallas de papel
- vaso de papel
- torundas de algodón
- aceite vegetal
- gotero de plástico
- palitos de madera
- cilindro graduado de 100 mL

Procedimiento

1. Coloca una bandeja en una mesa o escritorio cubierto de periódico. Anota en un extremo de la bandeja "Playa" y en el otro "Mar abierto".
2. Vacía agua en la bandeja a una profundidad de 2 cm.
3. Vierte poco a poco aceite vegetal en el centro de la bandeja. Anota tus observaciones.
4. Moja una pluma y tu dedo en el aceite. Observa el efecto del aceite en cada uno.
5. Trata de limpiar el aceite de la pluma y de tu dedo con torundas de algodón o toallas de papel. Anota si quedó aceite en la pluma o en tu piel.
6. Ahora trata de limpiar el derrame. Primero, con los palitos de madera trata de impedir que el aceite llegue a la "playa". Luego, sopla suavemente sobre la superficie del agua desde "mar abierto" para simular vientos y olas. Usa las torundas, las toallas y el gotero para recuperar todo el aceite que puedas. Anota tus observaciones.
7. Cuando hayas terminado, deposita el aceite y los artículos usados en el vaso de papel. Lávate las manos.

Analiza y concluye

1. **Observar** ¿Pudiste limpiar el aceite? ¿El agua quedó tan limpia como al principio?
2. **Hacer modelos** ¿Pudiste evitar que el aceite llegara a la playa? ¿Cómo representa esta actividad los problemas que enfrentan los verdaderos trabajadores de limpieza?
3. **Inferir** Describe qué sucedió cuando limpiaste la pluma y tu dedo. ¿Qué pasaría con peces, aves y otros animales si quedaran cubiertos de aceite por causa de un derrame?
4. **Predecir** Predice el efecto de vientos y olas fuertes en la limpieza de un derrame de petróleo.
5. **Comunicar** Observa los materiales de limpieza usados en el vaso de papel. ¿Qué otros problemas te revela esto para las cuadrillas de limpieza? Escribe los procedimientos que deberían seguir las cuadrillas de limpieza para enfrentar estos problemas.

Explora más

Una manera de reducir la amenaza de los derrames petroleros es transportar menos petróleo por mar. Para ello, tenemos que usar menos petróleo en la vida diaria. Busca en materiales de referencia y en la Internet sugerencias para la conservación del petróleo. Luego haz una lista de por lo menos tres maneras de reducir la cantidad de petróleo que usan en tu familia.

Granjas de camarones: ¿A qué costo?

Alrededor de una cuarta parte de los camarones del mundo se crían en granjas. Muchas granjas se instalaron luego de talar bosques de mangles y excavar estanques poco profundos y bardados que los granjeros llenan con agua de mar y larvas de camarón. Al cabo de unos seis meses, cuando los camarones crecieron lo suficiente para venderlos, los granjeros drenan el agua del estanque en el mar.

Para que los camarones crezcan sanos, a menudo los agricultores añaden a los estanques fertilizantes, medicinas y pesticidas. Cuando el agua se drena, estas sustancias químicas pueden dañar a otros animales marinos. La Organización de las Naciones Unidas calcula que la cría de camarones ha destruido 25 por ciento de los manglares del mundo.

Cría de camarones
Este camaronero de Honduras es uno de los muchos que creen que la cría local de camarones reduce su captura y daña sus medios de vida.

Los temas

¿Cuál es la importancia de la cría de camarones?

Para muchas personas en el mundo, los camarones son más que un alimento de lujo: son una parte fundamental de su dieta y su fuente principal de proteínas animales. La demanda actual de camarones es mayor que la oferta natural del mar. Para satisfacer la demanda, muchos países, incluso Estados Unidos, han recurrido a la cría de camarones. Algunas personas creen que los alimentos y empleos que proporcionan las granjas de camarones valen a cambio de ciertos daños al ambiente.

¿Puede reducirse la contaminación?

Los criadores de camarones investigan medios de reducir el efecto de sus granjas en el ambiente del litoral. Mejorar la construcción de los estanques puede impedir que las sustancias químicas escurran a las aguas del entorno. Algunos gobiernos han promulgado leyes que regulan dónde pueden construirse las granjas. Los criadores deben investigar el resultado de sus estanques en los manglares cercanos y solicitar una autorización antes de escoger un lugar. Pero estos métodos de reducir el daño ambiental son caros y demorados para los criadores.

¿Deben los criadores usar otros métodos?

En algunas partes de Asia se ha practicado durante siglos un método menos destructivo: los camarones se crían en zanjas excavadas entre grupos de mangles. Esto da a las crías un abasto de nutrientes naturales que incluye restos de los mangles. Una compuerta evita que los camarones escapen y permite el movimiento de las mareas para reabastecer el agua de las zanjas. La desventaja del método es que es mucho menos rentable que los estanques construidos. Muchos criadores no pueden darse el lujo de cambiarse a este método. Si lo hicieran, el precio de los camarones subiría en todo el mundo.

Tú decides

1. Identifica el problema
Con tus propias palabras, resume el problema que enfrentan los criadores de camarones.

2. Analiza las opciones
Haz una lista de las soluciones mencionadas. Anota las ventajas y los inconvenientes de cada una. ¿Quién se beneficia de cada plan? ¿Quién sale perjudicado?

3. Halla una solución
Escribe un folleto para criadores de camarones en el que expongas la solución que propones para su problema. Después de escribir el texto, ilustra tu folleto.

Go Online
PHSchool.com

Para: Más información sobre granjas de camarones, disponible en inglés.
Visita: PHSchool.com
Código Web: cfh-3040

Capítulo 4 Guía de estudio

1 Exploración del océano

Conceptos clave

- Las personas han estudiado el mar desde la antigüedad porque proporciona alimento y sirve como ruta para el comercio y los viajes. Los científicos modernos han estudiado las características de las aguas del mar y del suelo oceánico.
- Si viajaras por el suelo oceánico, verías la plataforma continental, el talud continental, la llanura abisal y la dorsal oceánica.
- Los movimientos de las placas han dado forma a los accidentes más notables del planeta, tanto en tierra como en el mar.

Términos clave

sonar
plataforma continental
talud continental
llanura abisal
dorsal oceánica
fosa
placa
expansión del suelo oceánico

2 Hábitats del océano

Conceptos clave

- Las regiones oceánicas son la zona intermareal, nerítica y de mar abierto.
- Los científicos clasifican los organismos marinos según dónde viven y cómo se mueven.

Términos clave

zona intermareal
zona nerítica
zona de mar abierto
plancton
necton
bentos
red alimentaria

3 Zona intermareal

Conceptos clave

- Los organismos que viven en la zona rocosa intermareal deben tolerar el azote de las olas y los cambios de salinidad y temperatura. También deben tolerar períodos bajo el agua y períodos de exposición al aire.
- En las costas de Estados Unidos, la mayoría de los humedales son manglares o marismas.

Término clave

estuario

4 Zona nerítica y mar abierto

Conceptos clave

- Las aguas someras de la plataforma continental reciben luz solar y un suministro continuo de nutrientes arrastrados de la tierra al mar. La luz y los nutrientes permiten el crecimiento de algas grandes parecidas a plantas.
- Los arrecifes de coral se forman sólo en aguas marinas someras tropicales. Los bosques de laminarias crecen en aguas neríticas frías donde el océano tiene suelo rocoso.
- El mar abierto difiere de la zona nerítica en dos sentidos importantes. En primer lugar, sólo una parte pequeña del mar abierto recibe luz solar. Segundo, el agua tiene menos nutrientes.

Términos clave

atolón
bioluminiscencia
chimenea hidrotermal

5 Recursos del océano

Conceptos clave

- La gente depende en gran medida de los peces y otros organismos marinos para alimentarse. Los organismos marinos también proporcionan materiales que se usan en productos como detergentes y pinturas.
- Entre los recursos marinos no vivos se encuentran agua, combustibles y minerales.
- Aunque parte de la contaminación del mar es el resultado de casos naturales, la mayoría de la contaminación tiene relación con las actividades humanas.

Términos clave

acuicultura
nódulo

Repaso y evaluación

Go Online
PHSchool.com
Para: Una autoevaluación, disponible en inglés.
Visita: PHSchool.com
Código Web: cfa-3040

Organizar la información

Comparar y contrastar Copia la tabla sobre hábitats del mar en una hoja de papel aparte. Luego, complétala y ponle un título. (Para más información sobre comparar y contrastar, consulta el Manual de destrezas.)

Hábitat	Zona	Condiciones	Organismos
Estanque de marea	Intermareal	a. ___?___	b. ___?___
Arrecife de coral	c. ___?___	d. ___?___	Corales, peces, camarones, anguilas
Zona superficial	Mar abierto	e. ___?___	f. ___?___
Chimenea hidrotermal	g. ___?___	Presión elevada, oscura, cálida	h. ___?___

Repasar los términos clave

Elige la letra de la mejor respuesta.

1. Una región llana y uniforme del suelo oceánico se llama
   a. fosa.
   b. dorsal oceánica.
   c. llanura abisal.
   d. montaña submarina.
2. Los animales natatorios que se pueden mover por la columna de agua se llaman
   a. plancton.
   b. bentos.
   c. coral.
   d. necton.
3. Una zona donde los ríos desembocan en el mar y se mezclan el agua dulce y el agua salada se llama
   a. estanque de marea.
   b. chimenea hidrotermal.
   c. estuario.
   d. bosque de laminarias.
4. Las chimeneas hidrotermales se localizan en
   a. arrecifes de coral.
   b. zona intermareal.
   c. bosques de laminarias.
   d. dorsal oceánica.
5. Los nódulos están formados por
   a. metales.
   b. algas.
   c. sedimentos.
   d. nutrientes químicos.

Si la oración es verdadera, escribe *verdadera*. Si es falsa, cambia la palabra o palabras subrayadas para hacer verdadera la oración.

6. La dorsal oceánica se forma donde convergen dos placas.
7. La zona entre las líneas de pleamar y bajamar es la zona nerítica.
8. Un estuario es una ensenada o bahía donde se mezcla agua dulce con agua salada.
9. Muchos peces del fondo del mar usan bioluminiscencia para atraer a sus presas.
10. La acuicultura es la cría de organismos de agua salada y dulce.

Escribir en ciencias

Crónica presencial Supón que vas a viajar a la parte más profunda del mar en un sumergible. Escribe sobre tu viaje y describe todos los accidentes del suelo oceánico que veas en tu recorrido.

Discovery Channel School

Ocean Zones
Video Preview
Video Field Trip
▶ Video Assessment

Repaso y evaluación

Verificar los conceptos

11. ¿Por qué los científicos usan métodos indirectos para estudiar el suelo oceánico?

12. ¿Qué es la expansión del suelo oceánico y qué la causa?

13. Describe una red alimentaria marina característica.

14. Describe tres factores físicos que deben superar los organismos de la zona rocosa intermareal.

15. Explica por qué los estuarios son más vulnerables a la contaminación.

16. ¿Qué es un atolón? ¿Cómo se forma?

17. Explica por qué los científicos se sorprendieron al descubrir la variedad de organismos que viven en las chimeneas hidrotermales.

Pensamiento crítico

18. Sacar conclusiones El Mauna Kea se eleva aproximadamente 4,200 metros sobre el nivel del mar. Su base está en el suelo del océano Pacífico, a unos 6,000 metros bajo el nivel del mar. El monte Everest se eleva 8,850 metros de la base a la cumbre. Su base se encuentra sobre tierra. ¿Qué montaña es más alta, el Mauna Kea o el Everest?

19. Clasificar Clasifica los organismos de las fotos siguientes como plancton, necton o bentos.

20. Hacer generalizaciones Explica por qué tantas pesquerías del mundo se localizan en la zona nerítica.

21. Relacionar causa y efecto ¿Por qué los fertilizantes usados tierra adentro pueden contaminar el mar en las costas?

Aplicar destrezas

Usa el siguiente diagrama de una parte del suelo oceánico para responder a las preguntas 22 a 25.

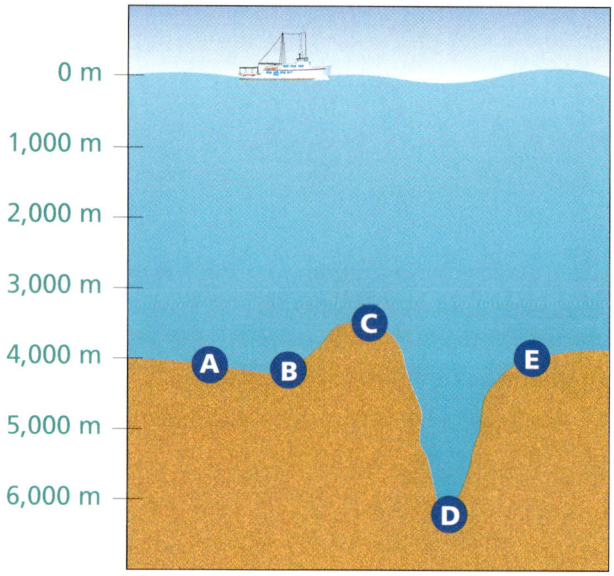

22. Interpretar diagramas ¿Cuál es la profundidad aproximada del suelo oceánico en el punto A? ¿En el punto C?

23. Inferir ¿Cuál es el accidente entre los puntos A y B? ¿Qué es el punto D?

24. Describir ¿Cómo piensas que son las condiciones en el punto D?

25. Plantear preguntas ¿Qué otra información te ayudaría a determinar qué punto, A o E, está más cerca de la dorsal oceánica? Explica.

Lab zone Proyecto del capítulo

Evaluación del desempeño Prepara una visita guiada a tu ambiente marino. En primer lugar, ensaya tu visita con tu grupo. En el ensayo, verifica que tu ambiente marino esté completo. Haz los últimos cambios. Luego, lleva a tus compañeros por la visita.

Preparación para la prueba estandarizada

Sugerencia para hacer la prueba

Elegir entre respuestas semejantes

A veces dos o más opciones de respuesta parecen semejantes o muy relacionadas. Tienes que leer con atención la pregunta y todas las opciones para elegir la respuesta correcta.

Pregunta de ejemplo

¿Cuál es la zona poco profunda y de poca pendiente del suelo oceánico que se extiende desde el litoral?

A llanura abisal
B plataforma continental
C talud continental
D dorsal oceánica

Respuesta

La respuesta correcta es **B.** Si lees las respuestas rápidamente, **B** y **C** parecen semejantes. Sin embargo, el talud continental, la respuesta **C,** no se extiende desde el litoral, no es una zona poco profunda y tiene una pendiente más empinada que la plataforma continental.

Elige la letra de la mejor respuesta.

1. ¿A qué categoría de organismos marinos pertenecen tiburones, atún, ballenas asesinas y calamares?
A plancton
B necton
C bentos
D ninguna de los anteriores

2. Aprovecha tu conocimiento de las zonas oceánicas para inferir qué adaptaciones serían las más importantes para los organismos en la zona intermareal.
F la capacidad de usar bioluminiscencia
G la capacidad de tolerar presiones elevadas
H la capacidad de tomar nutrientes químicos del agua
J la capacidad de resistir períodos bajo el agua y períodos de exposición al aire

Usa el diagrama siguiente y tus conocimientos de ciencias para responder a las preguntas 3 y 4.

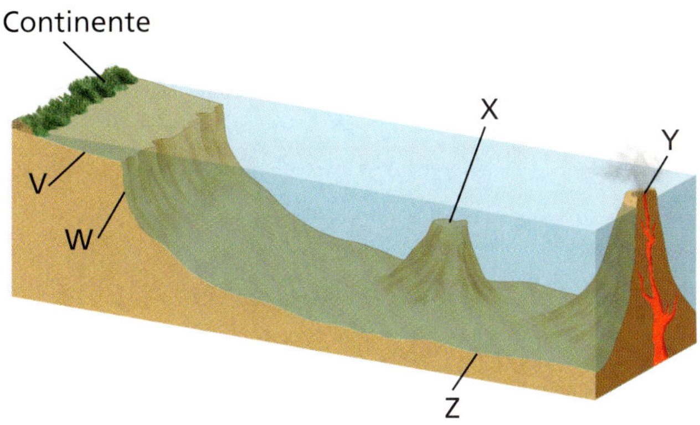

3. ¿Cuál es el accidente marcado con X en el diagrama anterior?
A montaña submarina
B llanura abisal
C dorsal oceánica
D talud continental

4. ¿En qué parte del diagrama se encontraría la mayor variedad de organismos?
F parte V
G parte W
H parte X
J parte Z

5. Si construyeras un modelo de un estuario, ¿cuál de los elementos siguientes sería el más importante?
A la profundidad del agua a la que la luz penetra
B la temperatura del agua
C la mezcla de agua dulce y salada
D la presencia de chimeneas hidrotermales

Respuesta estructurada

6. El ecosistema del arrecife de coral tiene más diversidad de organismos que cualquier otro ecosistema. Explica las condiciones necesarias para que se forme un arrecife de coral. Incluye en tu explicación la relación entre corales y algas. Predice si es probable que se forme un arrecife de coral en la desembocadura de algún río grande. Explica por qué.

Exploración interdisciplinaria

El Mississippi

¿Cómo llamarías a un río que

- transporta alrededor de 420 millones de toneladas métricas de carga al año?
- drena 31 estados y 2 provincias canadienses?
- tiene un caudal de unos 18,100 metros cú' icos de agua por segundo?

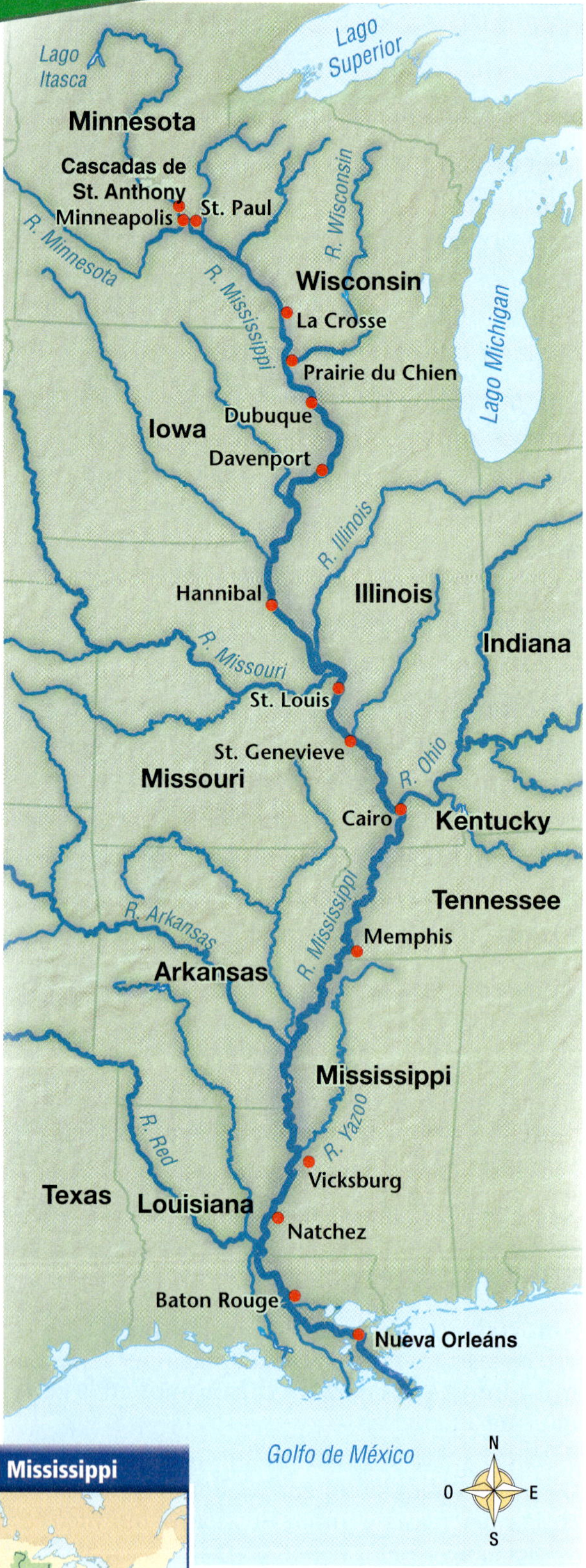

El río Mississippi
El río Mississippi comienza en el lago Itasca y recorre 10 estados hasta el golfo de México. El río es un punto de drenaje de cientos de afluentes en la cuenca del Mississippi.

Los indígenas americanos llamaban al río *misi sipi*, una palabra algonquina que significa "grandes aguas" o "padre de las aguas".

Quizá has estado en un río o lago afluente del poderoso Mississippi sin saberlo. En el mapa de la derecha se muestra la cuenca de este gran río. Desde el oeste, el río Missouri (el "Gran Lodoso") arrastra cieno suave de las Grandes Llanuras. El Missouri desemboca en el Mississippi cerca de St. Louis y da un tono café lodoso a las aguas claras del río. Desde el este, el río Ohio fluye de la meseta de los Apalaches y casi duplica el volumen de agua del río. En total, la enorme cuenca del Mississippi drena alrededor de 40 por ciento del territorio de Estados Unidos.

Cuenca del Mississippi

Ruta comercial nacional

Desde que los indígenas americanos establecieron aldeas a orillas del Mississippi hace 1,200 años, el río ha sido vía para el comercio y el transporte.

A finales del siglo XVII, exploradores franceses, comerciantes de pieles y soldados llegaron al valle del Mississippi. Eligieron sitios estratégicos para fuertes y puestos de intercambio de pieles, como Pairie du Chien, St. Louis y St. Genevieve. Al principio los comerciantes viajaban en canoas, balsas y chalanas para llevar sus bienes corriente abajo. Pero era difícil remontar el río. Tenían que usar pértigas para impulsar contra la corriente estrechas embarcaciones.

En 1811 la llegada de *The New Orleans*, el primer barco de vapor del Mississippi, cambió el río para siempre. En 40 años había cientos de vapores y muchos pueblos ribereños nuevos. En la parte alta del Mississippi la ciudad de Minneapolis creció alrededor de los molinos de harina cerca de las cascadas de St. Anthony. Corriente abajo, Memphis se convirtió en centro del transporte de algodón y luego fue el punto de llegada de músicos y buques teatro. Nueva Orleáns se convirtió rápidamente en un puerto mundial. Recibía algodón, tabaco y caña de azúcar de las plantaciones del sur y exportaba maíz, trigo y añil a Europa. Artículos importados de lujo, como jabón, café, zapatos y textiles, subían el río desde Nueva Orleáns. Corriente arriba y abajo, los habitantes esperaban con ansias el grito: "¡Ya viene el vapor!"

Chalanas
Los navegantes de las chalanas enfrentaban las corrientes del río usando largas pértigas.

Nueva Orleáns
La ciudad ha sido un importante puerto comercial desde su fundación en 1718.

El Mississippi en Minnesota

Actividad Estudios sociales

Investiga una ciudad del río Mississippi. Imagínate que eres uno de los primeros pobladores. Escribe una carta para convencer a tus parientes de que se muden a tu ciudad. Antes de escribir, investiga la historia de la ciudad buscando la respuesta a estas preguntas:

- ¿Quién fundó la ciudad? ¿Cuándo se fundó? ¿Por qué se establecieron ahí los pobladores?
- ¿Qué función cumplió el Mississippi en la fundación de la ciudad?
- ¿Qué otros accidentes geográficos fueron importantes para la ciudad?
- ¿De dónde viene el nombre de la ciudad?
- ¿Qué productos se cultivaban, compraban y vendían ahí?

El dominio del río

Navegar entre los bancos de arena, aguas someras y rápidos rocosos de la parte alta del Mississippi era traicionero en el siglo XIX. Para facilitar la navegación, los ingenieros de comienzos del siglo XX construyeron una "escalera acuática", una serie de 29 esclusas y presas entre Minneapolis, Minnesota y Alton, Illinois, arriba de St. Louis.

Una esclusa es una dársena encerrada con compuertas en los extremos. Las esclusas permiten a los ingenieros elevar o bajar el nivel del agua en cierta parte del río. Entre las esclusas del alto Mississippi, el río forma lagunas anchas de agua tranquila que mantienen un canal con la suficiente profundidad para los barcos grandes. Observa en los diagramas el "salto de las esclusas" que sigue un barco cuando viaja río arriba.

1 La compuerta de la esclusa se abre.

Tu bote entra y sujeta las amarras al muro.

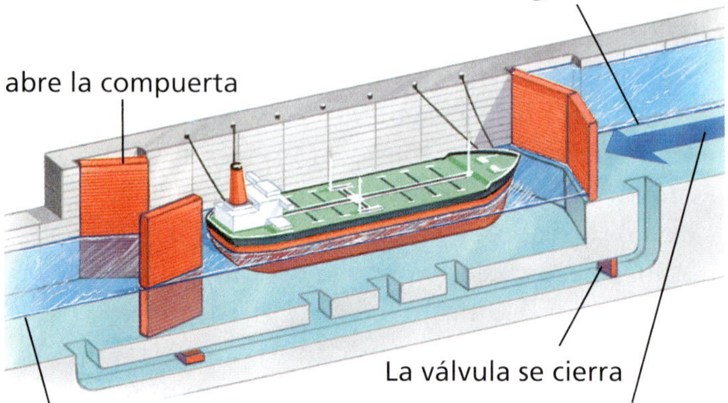

2 La compuerta se cierra y el agua entra.

A medida que el agua llena la esclusa (como una tina de baño) eleva el barco un metro o más. Cuando el agua de la esclusa está al mismo nivel que la corriente superior, la compuerta río arriba se abre. Sueltas las amarras del barco y pasas al río.

Si fueras corriente abajo, "saltarías las esclusas" en sentido contrario. El agua se vaciaría de la esclusa para igualar el nivel de la corriente del río.

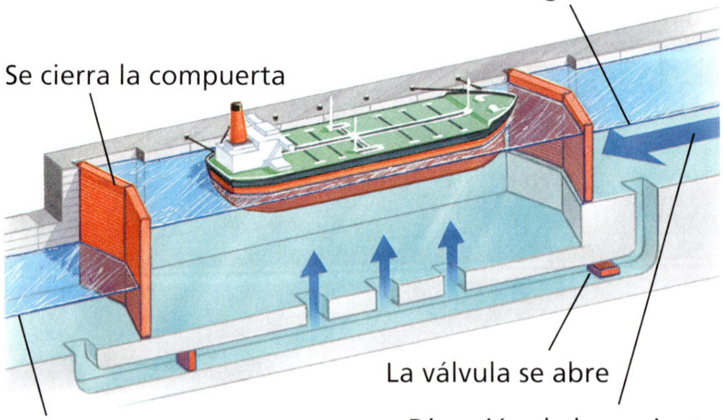

Actividad Ciencias

Con un envase de cartón de leche construye un modelo operable de una esclusa. Prepara la esclusa siguiendo la ilustración. Luego demuestra cómo funciona: toma como barco un corcho o la tapa de un bolígrafo y navega por la esclusa.

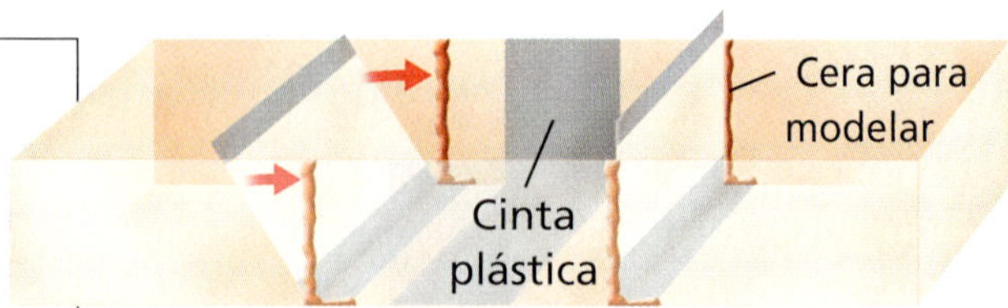

Corte lateral

Todos a bordo

El silbato suena. El barco blanco de vapor se aleja de la esclusa junto a Fort Snelling, Minnesota. Te diriges corriente abajo hacia Nueva Orleáns. Mientras observas la rueda de paletas golpear el agua, piensas en los viejos vapores que recorrían el río Mississippi en el siglo XIX.

Hoy navegas a 11.3 kilómetros por hora. Quieres estar despierto hasta llegar a la esclusa 3 en Red Wing, Minnesota. Son las 4.30 p.m. de un lunes. Sabes que hay unos 78.8 kilómetros hasta Red Wing. Tardas unas 7 horas en llegar a la esclusa. Estarás allá a las 11.30 p.m. y atravesarás las esclusa hacia la medianoche.

Mientras tu barco viaja por el río sigue el horario siguiente. Vas a llegar el viernes al pueblo donde nació Mark Twain, Hannibal, Missouri.

Mira el horario del alto Mississippi para responder a las preguntas siguientes. Las distancias se dan desde Fort Snelling.

- ¿Cuál es tu velocidad promedio entre Dubuque y Hannibal? Usa la ecuación siguiente:

$$\text{Velocidad} = \frac{\text{Distancia}}{\text{Tiempo}}$$

Redondea a la décima más cercana.

- ¿Cuánto tiempo estarás en Prairie du Chien?
- ¿Cuánto te tomará viajar de Prairie du Chien a Dubuque?

Horario de barcos en el alto Mississippi Mayo–Sep.

Puerto	Hora de llegada	Hora de salida	Distancia de Fort Snelling
Fort Snelling, MN		4:30 p.m. Lun.	0 km
Esclusa 3, Red Wing, MN	11:30 p.m. Lun.	12:00 Medianoche	78.8 km
Prairie du Chien, WI	11:00 p.m. Mar.	10:30 a.m. Miér.	337.8 km
Dubuque, IA	6:30 p.m. Miér.	7:00 p.m. Miér.	426.3 km
Hannibal, MO	1:00 a.m. Vier.	______	863.9 km

Actividad Matemáticas

Ahora completa el horario del barco en el bajo Mississippi. Tu barco saldrá de Hannibal a las 6 p.m. del viernes y navegará a 14.7 kilómetros por hora el resto del viaje.

- ¿Cuándo llegarás a la esclusa 26?
- Pasas 34 minutos en la esclusa. ¿Cuándo saldrás de la esclusa 26? Tu viaje prosigue su marcha. ¿Cuándo llegará a St. Louis?
- Pasarás 4 horas en St. Louis y partirás a Cape Girardeau, llegando a las 6.30 a.m. del domingo. ¿A qué distancia está St. Louis de Cape Girardeau?

Horario de barcos en el alto Mississippi Mayo–Sep.

Puerto	Hora de llegada	Hora de salida	Distancia de Fort Snelling
Hannibal, MO		6 p.m. Vier.	863.9 km
Esclusa 26, Alton, IL	a. ?	b. ?	1,033.0 km
St. Louis, MO	c. ?	d. ?	1,070.7 km
Cape Girardeau, MO	6:30 a.m. Dom.	______	e. ?

Mark Twain: La vida en el Mississippi

Para gobernar un barco por el Mississippi los primeros pilotos tuvieron que memorizar las señales del litoral en todo recodo y curva del río, corriente arriba y abajo. Tenían que saber dónde era el canal lo bastante profundo para que pasara el barco, dónde era fuerte la corriente y dónde había bancos de arena o troncos hundidos.

Cuando Samuel Clemens era niño en el pequeño pueblo ribereño de Hannibal, Missouri, ambicionaba convertirse en piloto de un barco de vapor del río Mississippi. Fue piloto algún tiempo. Después se convirtió en uno de los más famosos escritores de Estados Unidos con el seudónimo de Mark Twain. En el fragmento de la derecha, tomado de su libro *Life on the Mississippi* (La vida en el Mississippi), Twain describe una lección que aprendió de un piloto experimentado, el señor Bixby.

"Hijo mío: [dijo Bixby] debes conocer perfectamente la forma del río. Es todo lo que tienes si hay que gobernar en una noche muy oscura. Todo lo demás está perdido, desaparecido. Pero recuerda que no tiene la misma forma de noche que de día.

—¿Y entonces cómo carambas voy a aprenderlo?

—¿Cómo caminas por un pasillo de tu casa en la oscuridad? Porque conoces su forma. No puedes verlo.

—Quiere decir que tengo que conocer las millones de mínimas variaciones de la forma de los bancos de este río inacabable así como conozco el vestíbulo de mi casa?

—Te doy mi palabra de que tienes que conocerlas mejor de lo que cualquiera conoce la forma de los pasillos de su propia casa.

—Quisiera desaparecer.

—Mira, no es que quiera desalentarte, pero... ¿sabes?, esto hay que aprenderlo; no hay otra manera...

¿Qué hay en un nombre?
El nombre de Mark Twain viene de un término que las tripulaciones de los barcos de vapor usaban para medir la profundidad de las aguas. *Twain* significa "dos" (*two*). Dejaban caer un cabo lastrado y gritaban la profundidad: "¡Marca twain!" (mark twain, en inglés): dos brazas de profundidad. "¡Marca tres!": tres brazas de profundidad. (Nota: Una braza es igual a 1.8 metros.)

Amanecer sobre el río Mississippi en Iowa.

—El río tiene una forma muy distinta en una noche oscurísima que en una noche estrellada. Todas las orillas parecen rectas y además muy pequeñas. Las tomarías por rectas si no supieras que no son así. Luego está la niebla gris. Vas de noche cuando hay una de estas nieblas grises horribles y húmedas y no se distingue ninguna forma en la costa. Una niebla gris confundiría la cabeza del hombre más viejo que haya habido. Luego, las variedades de la luz de la luna cambian el contorno del río de diversas maneras. Mira...

—¡Basta! ¡No me diga más! ¿Tengo que aprender la forma del río de todas estas quinientas mil maneras diferentes? Si tratara de llevar toda esa carga en la cabeza, se me encorvarían los hombros.

—No. Sólo aprendes la forma del río y la aprendes con tanta certidumbre que siempre gobiernas con la forma que está en tu cabeza, sin que te importe la forma que está ante tus ojos.

Actividad Artes del lenguaje

Lee el fragmento y fíjate en lo que revela el diálogo sobre el carácter de Mark Twain y el señor Bixby.

- ¿Qué lección aprendió Mark Twain?
- ¿Qué piensa el señor Bixby del río Mississippi?

¿Cómo lo sabes?

Ahora usa el diálogo y escribe un final para este fragmento sobre los barcos. Antes de escribir, reflexiona sobre los personajes, el ambiente y tu conclusión.

Relaciónalo

Celebración del río

Planea una feria de la clase con las ciudades actuales del río Mississippi, como St. Louis (arriba). Prepara un quiosco para cada ciudad y crea un folleto de viaje convincente.

Elige una ciudad para representarla. Luego investiga para encontrar información sobre:

- Atracciones y espectáculos interesantes: zoológicos, museos, parques, encuentros deportivos y festivales musicales.
- Influencias de diversos grupos en la comida, costumbres, música y arquitectura.
- características físicas en la ciudad.
- Personajes que vivieron ahí: escritores, políticos, actores.
- Lugares históricos que visitar: monumentos, casas, campos de batalla y estatuas.
- Ilustraciones y fotografías de atracciones.
- Mapas de caminatas y zonas históricas.
- Plantas y animales nativos.

Antes de empezar tu folleto, decide qué atracciones vas a destacar. Luego prepara tu quiosco, exhibe tu folleto y celebra la vida actual en el Mississippi.

Piensa como científico

Los científicos tienen una manera particular de mirar el mundo, es decir, tienen hábitos científicos de pensamiento. Cada vez que te haces una pregunta y examinas las respuestas posibles, aplicas muchas de las mismas destrezas que usan los científicos. Algunas de esas destrezas se describen en esta página.

Observar

Observas cada vez que reúnes información sobre el mundo con ayuda de uno o más de tus cinco sentidos. Oír que ladra un perro, contar doce semillas verdes y oler el humo son observaciones. Para aumentar el alcance de los sentidos, los científicos usan microscopios, telescopios y otros instrumentos que los ayudan a hacer observaciones más detalladas.

Una observación debe ser un informe preciso de lo que detectan tus sentidos. Es importante llevar un registro cuidadoso de tus observaciones en la clase de ciencias; para ello puedes escribir o hacer dibujos en un cuaderno. La información recopilada mediante las observaciones se llama evidencia o dato.

Inferir

Cuando interpretas una observación, **infieres,** es decir, haces una inferencia. Por ejemplo, si oyes que tu perro ladra, infieres que hay alguien en la puerta. Para hacer esta inferencia, combinas la evidencia (tu perro ladra) con tu experiencia o conocimientos (sabes que el perro ladra cuando se acerca un desconocido) y llegas a una conclusión lógica.

Ten en cuenta que una inferencia no es un hecho, sino sólo una de muchas interpretaciones posibles de una observación. Por ejemplo, quizá tu perro ladra porque quiere ir de paseo. Una inferencia puede ser incorrecta aun cuando esté basada en observaciones precisas y en un razonamiento lógico. La única manera de saber si una inferencia es correcta consiste en investigarla más a fondo.

Predecir

Cuando escuchas el pronóstico del tiempo, oyes muchas predicciones sobre el tiempo meteorológico del día siguiente: cuál será la temperatura, si lloverá o no y si habrá mucho viento. Los pronosticadores del tiempo usan sus observaciones y conocimientos de patrones climáticos para predecir el tiempo meteorológico. La destreza de **predecir** consiste en hacer una inferencia sobre un acontecimiento futuro, basada en pruebas actuales o en la experiencia.

Ya que una predicción es una inferencia, a veces resulta falsa. En la clase de ciencias, puedes hacer experimentos para probar tus predicciones. Por ejemplo, supón que predices que los aviones de papel más grandes vuelan más lejos que los pequeños. ¿Cómo probarías tu predicción?

Actividad

Usa la fotografía para responder a las preguntas que siguen.

Observar Mira con atención la fotografía. Anota por lo menos tres observaciones.

Inferir Usa tus observaciones para hacer una inferencia de lo que sucedió. ¿Qué experiencias o conocimientos utilizaste para hacer tu inferencia?

Predecir Predice lo que va a suceder. ¿En qué evidencia o experiencia basas tu predicción?

Clasificar

¿Te imaginas cómo sería buscar un libro en la biblioteca si los libros estuvieran acomodados sin ningún orden particular? Tu visita a la biblioteca sería cosa de todo un día. Por fortuna, los bibliotecarios agrupan los libros por tema o por autor. Agrupar los elementos que comparten algún parecido se llama **clasificar.** Puedes clasificar las cosas de muchas maneras: por tamaño, por forma, por uso y por otras características importantes.

Igual que los bibliotecarios, los científicos usan la destreza de clasificar para organizar información y objetos. Cuando las cosas están ordenadas en grupos, es más fácil comprender sus relaciones.

Actividad

Clasifica los objetos de la fotografía en dos grupos basándote en una característica que elijas. Luego, usa otra característica para clasificarlos en tres grupos.

Hacer modelos

Actividad

Esta estudiante usa un modelo para mostrar qué causa el día y la noche en la Tierra. ¿Qué representan la lámpara y la pelota de tenis en el modelo?

¿Alguna vez has hecho un dibujo para que alguien comprenda mejor lo que dices? Ese dibujo es un tipo de modelo. Un modelo es un dibujo, diagrama, imagen de computadora o cualquier otra representación de un objeto o proceso complejo. **Hacer modelos** nos ayuda a comprender las cosas que no vemos directamente.

A menudo, los científicos usan modelos para representar las cosas muy grandes o muy pequeñas, como los planetas del sistema solar o las partes de las células. En esos casos se trata de modelos físicos, o sea, dibujos o estructuras tridimensionales que se parecen a los objetos reales. En otros casos son modelos mentales: ecuaciones matemáticas o palabras que describen el funcionamiento de algo.

Comunicar

Cuando hablas por teléfono, escribes un informe o escuchas a tu maestro en la escuela, te estás comunicando. **Comunicar** es el proceso de compartir ideas e información con los demás. La comunicación eficaz requiere de muchas destrezas, como escribir, leer, hablar, escuchar y hacer modelos.

Los científicos se comunican para compartir resultados, información y opiniones. Suelen comunicar su trabajo en publicaciones, por teléfono, en cartas y en la Internet. También asisten a conferencias científicas donde comparten sus ideas en persona.

Actividad

En una hoja aparte, escribe instrucciones detalladas para amarrarse los cordones. Intercámbialas con un compañero. Sigue sus instrucciones. ¿Pudiste amarrarte fácilmente los cordones? ¿Cómo podría haberse comunicado mejor tu compañero?

Hacer mediciones

Al hacer mediciones, los científicos pueden expresar sus observaciones con mayor exactitud y comunicar más información sobre lo que observan.

Medir en SI

El sistema estándar de medición que usan los científicos de todo el mundo es el *Sistema Internacional de Unidades*, que se abrevia como SI (**Système International d'Unités**, en francés). Estas unidades son fáciles de usar porque se basan en múltiplos de 10. Cada unidad es diez veces mayor que la inmediata anterior y un décimo del tamaño de la siguiente. En la tabla están los prefijos que se usan para nombrar las unidades más comunes del SI.

Prefijos Comunes del SI

Prefijo	Símbolo	Significa
kilo-	k	1,000
hecto-	h	100
deca-	da	10
deci-	d	0.1 (un décimo)
centi-	c	0.01 (un centésimo)
mili-	m	0.001 (un milésimo)

Longitud Para medir la longitud, es decir, la distancia entre dos puntos, la unidad de medida es el **metro (m).** Un metro es aproximadamente la distancia que hay del suelo al pomo de una puerta. Las distancias más grandes, como la que hay entre dos ciudades, se miden en kilómetros (km). Las longitudes más pequeñas se miden en centímetros (cm) o milímetros (mm). Para medir la longitud, los científicos usan reglas y varas métricas.

Conversiones comunes

1 km	=	1,000 m
1 m	=	100 cm
1 m	=	1,000 mm
1 cm	=	10 mm

Actividad

En la regla métrica de la ilustración, las líneas largas son divisiones en centímetros, mientras las cortas, que no están numeradas, son divisiones en milímetros. ¿Cuántos centímetros de largo tiene este caracol? ¿A cuántos milímetros equivale?

Volumen líquido Para medir el volumen de un líquido, es decir, la cantidad de espacio que ocupa, se usa una unidad de medida llamada **litro (L).** Un litro es aproximadamente el volumen de un cartón de leche de tamaño mediano. Los volúmenes más pequeños se miden en mililitros (mL). Los científicos usan cilindros graduados para medir el volumen líquido.

Actividad

El cilindro graduado de la ilustración está marcado con divisiones en milímetros. Observa que la superficie del agua del cilindro es curva. Esta curvatura se llama *menisco.* Para medir el volumen, tienes que leer el nivel en el punto más bajo del menisco. ¿Cuál es el volumen del agua en este cilindro graduado?

Conversión común

1 L	=	1,000 mL

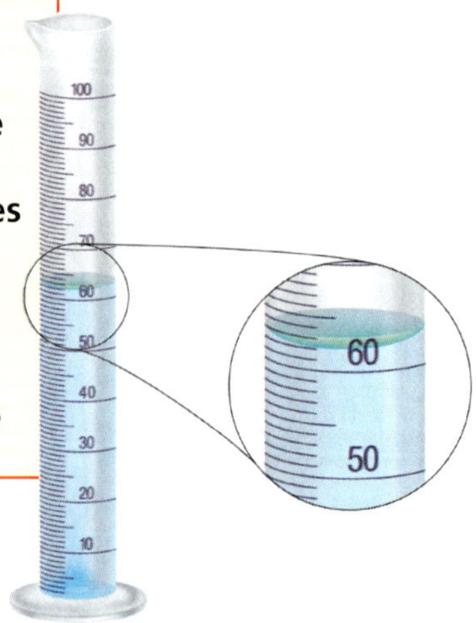

Masa Para medir la masa, es decir, la cantidad de materia de un objeto, se usa una unidad de medida llamada **gramo** (g). Un gramo es aproximadamente la masa de un sujetapapeles. Las masas más grandes se miden en kilogramos (kg). Los científicos usan balanzas para medir la masa.

Conversión común
1 kg = 1,000 g

Actividad

La masa de la papa de la ilustración se mide en kilogramos. ¿Cuál es la masa de la papa? Supón que una receta para ensalada de papa requiere un kilogramo de papas. ¿Como cuántas papas necesitarías?

Temperatura Para medir la temperatura de una sustancia, se usa la **escala Celsius.** La temperatura se mide con un termómetro en grados Celsius (°C). El agua se congela a 0 °C y hierve a 100 °C.

Tiempo La unidad que los científicos usan para medir el tiempo es el **segundo** (s).

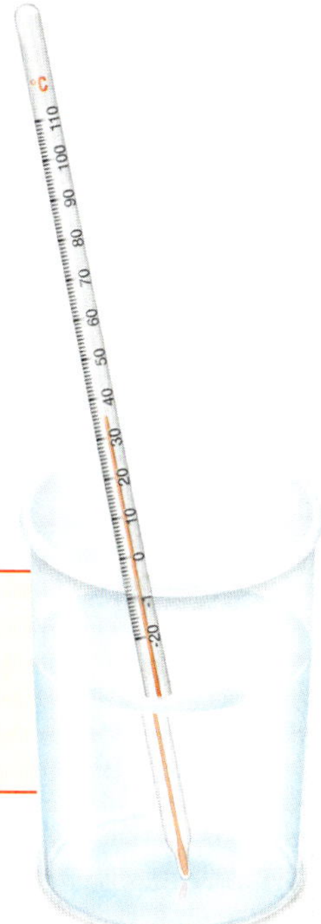

Actividad

¿Cuál es la temperatura del líquido en grados Celsius?

Conversión de unidades SI

Para trabajar con el sistema SI, debes saber cómo convertir de unas unidades a otras. La conversión de unidades requiere la destreza de **calcular,** es decir, realizar operaciones matemáticas. Convertir unidades SI es igual que convertir dólares y monedas de 10 centavos porque los dos sistemas se basan en múltiplos de diez.

Supón que quieres convertir una longitud de 80 centímetros a metros. Sigue estos pasos para convertir las unidades.

1. Primero escribe la medida que quieres convertir; en este ejemplo, 80 centímetros.
2. Escribe un factor de conversión que represente la relación entre las dos unidades. En este ejemplo, la relación es 1 metro = 100 centímetros. Escribe este factor de conversión como fracción. Asegúrate de poner en el denominador las unidades de las que conviertes (en este ejemplo, centímetros).
3. Multiplica la medición que quieres convertir por la fracción. Al hacer esto, las unidades de esta primera medición se cancelarán con las unidades del denominador. Tu respuesta estará en las unidades a las que conviertes (en este ejemplo, metros).

Ejemplo

80 centímetros = ■ metros

$$80 \text{ centímetros} \times \frac{1 \text{ metro}}{100 \text{ centímetros}} = \frac{80 \text{ metros}}{100}$$

$$= 0.8 \text{ metros}$$

Actividad

Convierte las siguientes unidades.

1. 600 milímetros = ■ metros
2. 0.35 litros = ■ mililitros
3. 1,050 gramos = ■ kilogramos

Realizar una investigación científica

En cierta forma, los científicos son como detectives que unen claves para comprender un proceso o acontecimiento. Una manera en que los científicos reúnen claves es realizar experimentos. Los experimentos prueban las ideas en forma cuidadosa y ordenada. Aunque no todos los experimentos siguen los mismos pasos en el mismo orden, muchos tienen un esquema parecido al que se describe aquí.

Plantear preguntas

Los experimentos comienzan planteando una pregunta científica. Una pregunta científica es aquella que se puede responder reuniendo evidencias. Por ejemplo, la pregunta "¿Qué se congela más rápido, el agua dulce o el agua salada?" es una pregunta científica, porque puedes realizar una investigación y reunir información para responderla.

Desarrollar una hipótesis

El siguiente paso es formular una hipótesis. Una **hipótesis** es una explicación posible para un conjunto de observaciones, o la respuesta a una pregunta científica. En ciencias, una hipótesis debe ser algo que se pueda poner a prueba. Una hipótesis se puede formular como un enunciado *Si… entonces…* Por ejemplo, una hipótesis sería "*Si añado sal al agua dulce, entonces tardará más en congelarse*". Las hipótesis enunciadas de esta manera son un esquema a grandes rasgos del experimento que debes realizar.

Diseñar un experimento

Luego, tienes que hacer un plan para poner a prueba tu hipótesis. Escribe tu plan en forma de pasos y describe las observaciones o mediciones que harás.

Dos pasos importantes en el diseño de un experimento son controlar las variables y formular definiciones operativas.

Controlar variables En un experimento bien diseñado, tienes que conservar igual todas las variables excepto una. Una **variable** es cualquier factor que puede cambiar en un experimento. El factor que modificas se llama **variable manipulada.** En nuestro experimento, la variable manipulada es la cantidad de sal que se añade al agua. Los demás factores, como la cantidad de agua o la temperatura inicial, son constantes.

El factor que cambia como resultado de la variable manipulada se llama **variable respuesta.** La variable respuesta es lo que mides u observas para obtener tus resultados. En este experimento, la variable respuesta es cuánto tarda el agua en congelarse.

Un experimento donde se mantienen constante todos los factores excepto uno, se llama **experimento controlado.** Estos experimentos incluyen una prueba llamada de control. En este experimento, el recipiente 3 es el de control. Como no se le añade sal, puedes comparar con él los resultados de los otros experimentos. Cualquier diferencia en los resultados debe obedecer tan sólo a la adición de sal.

Formular definiciones operativas Otro elemento importante de los experimentos bien diseñados es tener definiciones operativas claras. Una **definición operativa** es un enunciado que describe cómo se va a medir cierta variable o cómo se va a definir. Por ejemplo, en este experimento, ¿cómo determinarás si el agua se congeló? Quizá decidas meter un palito en cada recipiente al inicio del experimento. Tu definición operativa de "congelada" sería el momento en que el palito dejara de moverse.

Procedimiento experimental

1. Llena 3 recipientes con 300 mililitros de agua fría de la llave.
2. Añade 10 gramos de sal al recipiente 1 y agita. Añade 20 gramos de sal al recipiente 2 y agita. No añadas sal al recipiente 3.
3. Coloca los tres recipientes en el congelador.
4. Revisa los recipientes cada 15 minutos. Anota tus observaciones.

Interpretar datos

Las observaciones y mediciones que haces en los experimentos se llaman **datos.** Debes analizarlos al final de los experimentos para buscar patrones o tendencias. Muchas veces, los patrones se hacen evidentes si organizas tus datos en una tabla o una gráfica. Luego, reflexiona en lo que muestran los datos. ¿Apoyan tu hipótesis? ¿Señalan una falla en el experimento? ¿Necesitas reunir más datos?

Sacar conclusiones

Una **conclusión** es un enunciado que resume lo que aprendiste del experimento. Cuando sacas una conclusión, necesitas decidir si los datos que reuniste apoyan tu hipótesis o no. Tal vez debas repetir el experimento varias veces para poder sacar alguna conclusión. A menudo, las conclusiones te llevan a plantear preguntas nuevas y a planificar experimentos nuevos para responderlas.

Actividad

¿Influye en el rebote de una pelota la altura de la que la dejas caer? Usa los pasos que se describieron para planificar un experimento controlado e investigar el problema.

Destrezas de diseño tecnológico

Los ingenieros son personas que usan el conocimiento científico y tecnológico para resolver problemas prácticos. Para diseñar productos nuevos, los ingenieros a menudo siguen el proceso descrito aquí antes, aunque no siempre siguen los pasos en el mismo orden. Mientras lees estos pasos, piensa cómo podrías aplicarlos en los laboratorios de tecnología.

Identificar una necesidad

Antes de empezar a diseñar un producto nuevo, los ingenieros deben identificar la necesidad que intentan satisfacer. Por ejemplo, supón que perteneces al equipo de diseño de una empresa fabricante de juguetes. Tu equipo ha identificado una necesidad: un barco de juguete que no sea caro y sea fácil de armar.

Analizar el problema

Lo primero que hacen los diseñadores es reunir información que los ayude con el diseño nuevo. Esta investigación incluye buscar artículos en libros, revistas o en la Internet. A veces también incluye conversar con otros ingenieros que hayan resuelto problemas similares. A menudo, los ingenieros realizan experimentos relacionados con el producto que quieren diseñar.

Para tu barco de juguete podrías revisar juguetes parecidos al que quieres diseñar. Podrías hacer una búsqueda en la Internet. También podrías probar algunos materiales para ver si funcionan bien con el barco de juguete.

Dibujo para el diseño de un barco ▼

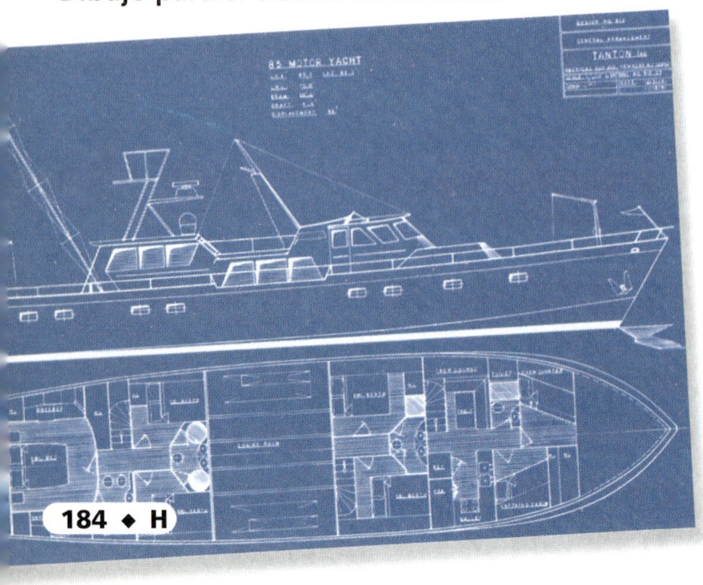

Diseñar una solución

La investigación provee a los ingenieros información útil para diseñar un producto. Los ingenieros trabajan en equipos cuando diseñan productos nuevos.

Generar ideas Por lo común, los equipos de diseño generan lluvias de ideas en las que cualquier integrante del equipo puede aportar algo. Una **lluvia de ideas** es un proceso creativo en el que las sugerencias de los integrantes del equipo dan ideas a los demás integrantes. Una lluvia de ideas puede proporcionar un nuevo enfoque para resolver un problema de diseño.

Evaluar restricciones Durante una lluvia de ideas, un equipo de diseño puede pensar en varios diseños posibles y evaluar cada uno.

Como parte de su evaluación, los ingenieros consideran las restricciones. Las **restricciones** son factores que limitan el diseño de un producto. Las características físicas, como las propiedades del material que usarás para hacer tu barco de juguete, son restricciones, así como el dinero y el tiempo. Si los materiales de un producto son muy caros o si se necesita mucho tiempo para fabricarlo, el diseño puede ser poco funcional.

Hacer intercambios Los equipos de diseño suelen hacer intercambios. En un **intercambio,** los ingenieros renuncian a un beneficio de un diseño propuesto para obtener otro. Al diseñar tu barco de juguete, tendrás que hacer intercambios. Por ejemplo, supón que un material es durable pero no es completamente a prueba de agua. Otro material resiste mejor al agua pero es frágil. Podrías decidir renunciar al beneficio de durabilidad para tener el beneficio de que sea a prueba de agua.

Construir y evaluar un prototipo

Una vez que el equipo ha elegido un plan de diseño, los ingenieros construyen un prototipo del producto. Un **prototipo** es un modelo de trabajo que se usa para probar un diseño. Los ingenieros evalúan el prototipo para ver si funciona bien, si es fácil y seguro de usar, y si soporta un uso repetido.

Piensa en tu barco de juguete. ¿Cómo sería el prototipo? ¿Qué materiales usarías para hacerlo? ¿Cómo lo pondrías a prueba?

Solucionar dificultades y rediseñar

Pocos prototipos funcionan a la perfección, por eso se tienen que probar. Luego de probar un prototipo, los integrantes del equipo de diseño analizan los resultados e identifican cualquier problema. El equipo trata de **solucionar las dificultades,** o sea arreglar los problemas del diseño. Por ejemplo, si tu barco de juguete tiene grietas o se tambalea, tendrás que rediseñar el barco para eliminar estos problemas.

Comunicar la solución

Un equipo de diseño debe comunicar el diseño final a la gente que va a fabricar el producto y a la que va a usarlo. Para hacerlo, el equipo podría usar diagramas, dibujos detallados, simulaciones de computadora y descripciones por escrito.

Actividad

Puedes usar el proceso de diseño tecnológico para diseñar y construir un barco de juguete.

Analizar e investigar

1. Ve a la biblioteca o haz una búsqueda en línea de barcos de juguete.
2. Investiga cómo se puede impulsar un barco de juguete, incluyendo viento, ligas elásticas o carbonato de sodio con vinagre.
3. Haz una lluvia de ideas para elegir los materiales, la forma y el modo de dirección de tu barco.

Diseñar y construir

4. Diseña un barco de juguete que
   - esté hecho de materiales disponibles
   - no mida más de 15 cm de largo y 10 de ancho
   - incluya un sistema de propulsión, un timón y un área de carga
   - avance 2 metros en línea recta llevando una carga de 20 monedas de 1 centavo
5. Haz tu diseño y escribe un plan paso por paso para construir tu barco. Después de que tu maestro apruebe tu plan, construye tu barco.

Evaluar y rediseñar

6. Prueba tu barco, evalúa los resultados y soluciona cualquier problema.
7. Basándote en tu evaluación, rediseña tu barco de juguete para que funcione mejor.

Crear tablas de datos y gráficas

¿Cómo se comprende el significado de los datos de los experimentos científicos? El primer paso es organizarlos para comprenderlos. Para ello, son útiles las tablas de datos y las gráficas.

Tablas de datos

Ya reuniste los materiales y preparaste el experimento. Pero antes de comenzar, necesitas planificar una forma de anotar lo que sucede durante el experimento. En una tabla de datos puedes escribir tus observaciones y mediciones de manera ordenada.

Por ejemplo, supón que un científico realizó un experimento para saber cuántas calorías queman personas con diversas masas corporales al realizar varias actividades. La tabla de datos muestra los resultados.

Observa en la tabla que la variable manipulada (la masa corporal) es el encabezado de una columna. La variable respuesta (en el experimento 1, las Calorías quemadas al montar en bicicleta) encabeza la siguiente columna. Las columnas siguientes se refieren a experimentos relacionados.

Calorías quemadas en 30 minutos

Masa corporal	Experimento 1: Ciclismo	Experimento 2: Baloncesto	Experimento 3: Ver televisión
30 kg	60 Calorías	120 Calorías	21 Calorías
40 kg	77 Calorías	164 Calorías	27 Calorías
50 kg	95 Calorías	206 Calorías	33 Calorías
60 kg	114 Calorías	248 Calorías	38 Calorías

Gráfica de barras

Para comparar cuántas Calorías quema una persona al realizar varias actividades, puedes crear una gráfica de barras. Una gráfica de barras muestra los datos en varias categorías distintas. En este ejemplo, el ciclismo, el baloncesto y ver televisión son las tres categorías.

Para crear una gráfica de barras, sigue estos pasos.

1. En papel cuadriculado, dibuja un eje horizontal, o eje *x*, y uno vertical, o eje *y*.
2. En el eje horizontal, escribe las categorías que vas a representar gráficamente. También escribe un nombre para todo el eje.
3. En el eje vertical anota el nombre de la variable respuesta. Incluye las unidades de medida. Para crear una escala, marca números con espacios equilaventes que cubran el intervalo de los datos que recopilaste.
4. Dibuja una barra por cada categoría, usando el eje vertical para determinar la altura. Haz todas las barras del mismo ancho.
5. Agrega un título que describa la gráfica.

Calorías quemadas por una persona de 30 kilos en 30 minutos

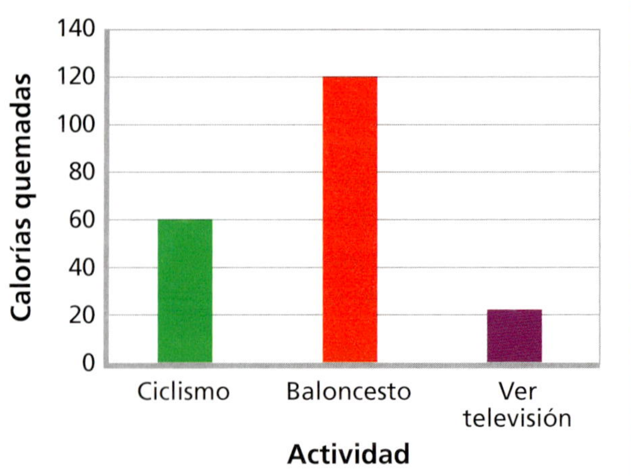

Gráficas lineales

Puedes trazar una gráfica lineal para saber si hay una relación entre la masa corporal y la cantidad de calorías quemadas al montar en bicicleta. En una gráfica lineal, los datos muestran los cambios de una variable (la respuesta) como resultado de los cambios de la otra variable (la manipulada). Conviene trazar una gráfica lineal cuando la variable manipulada es **continua,** es decir, cuando hay otros puntos entre los que estás poniendo a prueba. En este ejemplo, la masa corporal es una variable continua porque hay otros pesos entre los 30 y los 40 kilos (por ejemplo, 31 kilos). El tiempo es otro ejemplo de variable continua.

Las gráficas lineales son herramientas poderosas, pues con ellas calculas los valores de condiciones que no probaste en el experimento. Por ejemplo, con tu gráfica puedes estimar que una persona de 35 kilos quemaría 68 calorías al montar en bicicleta.

Efecto de la masa corporal en las calorías quemadas al practicar ciclismo

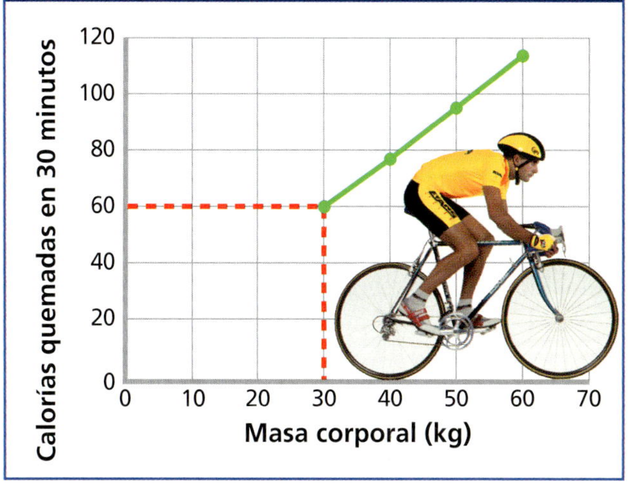

Para crear una gráfica lineal, sigue estos pasos.

1. En papel cuadriculado, dibuja un eje horizontal, o eje *x*, y uno vertical, o eje *y*.
2. En el eje horizontal, escribe el nombre de la variable manipulada. En el eje vertical, anota el nombre de la variable respuesta. Incluye las unidades de medida.
3. Para crear una escala, marca números con espacios equivalentes que cubran el intervalo de los datos que recopilaste.
4. Traza un punto en la gráfica por cada dato. En la gráfica de esta página, las líneas punteadas muestran cómo marcar el punto del primer dato (30 kilogramos y 60 calorías). En el eje horizontal, sobre la marca de los 30 kilos, traza una línea vertical imaginaria hacia arriba. Luego, sigue una línea horizontal imaginaria que se proyecte del eje vertical en la marca de las 60 calorías. Haz el punto en donde se cruzan las líneas.
5. Une los puntos con una línea continua. (En algunos casos, tal vez sea mejor trazar una línea que muestre la tendencia general de los puntos graficados. En tales casos, algunos de los puntos quedarán arriba o abajo de la línea. No todas las gráficas son lineales. En algunos casos, puede ser más apropiado dibujar una curva para unir los puntos.)
6. Escribe un título que identifique las variables o su relación en la gráfica.

Actividad

Crea gráficas lineales con los datos de la tabla de los experimentos 2 y 3.

Actividad

Acabas de leer en el periódico que en la zona donde vives cayeron 4 centímetros de lluvia en junio, 2.5 centímetros en julio y 1.5 centímetros en agosto. ¿Qué gráfica usarías para mostrar estos datos? Dibuja tu gráfica en papel cuadriculado.

Gráficas circulares

Al igual que las gráficas de barras, las gráficas circulares sirven para mostrar los datos en varias categorías. Sin embargo, a diferencia de las gráficas de barras, las gráficas circulares sólo se usan cuando tienes datos para *todas* las categorías que componen un tema. Las gráficas circulares a veces se llaman gráficas de pastel. El pastel representa todo el tema y las rebanadas son las categorías. El tamaño de cada rebanada indica qué porcentaje del total tiene cada categoría.

La siguiente tabla de datos muestra los resultados de una encuesta en la que se les preguntó a 24 adolescentes cuál era su deporte favorito. Con esos datos, se creó la gráfica circular de la derecha.

Deportes preferidos por los adolescentes

Deporte	Estudiantes
Fútbol	8
Baloncesto	6
Ciclismo	6
Natación	4

Para crear una gráfica circular, sigue estos pasos.

1. Dibuja un círculo con un compás. Marca el centro con un punto. Luego, traza una línea del centro a la parte de arriba del círculo.
2. Para determinar el tamaño de cada "rebanada", establece una proporción en la que *x* sea igual al número de grados de la rebanada. (*Nota*: Un círculo tiene 360 grados.) Por ejemplo, para calcular el número de grados de la rebanada del "fútbol", plantea la siguiente proporción:

$$\frac{\text{Estudiantes que prefieren el fútbol}}{\text{Número total de estudiantes}} = \frac{x}{\text{Número total de grados del círculo}}$$

$$\frac{8}{24} = \frac{x}{360}$$

Multiplica cruzado y halla *x*.

$$24x = 8\ 3\ 360$$
$$x = 120$$

La rebanada de "fútbol" tendría 120 grados.

Deportes preferidos por adolescentes

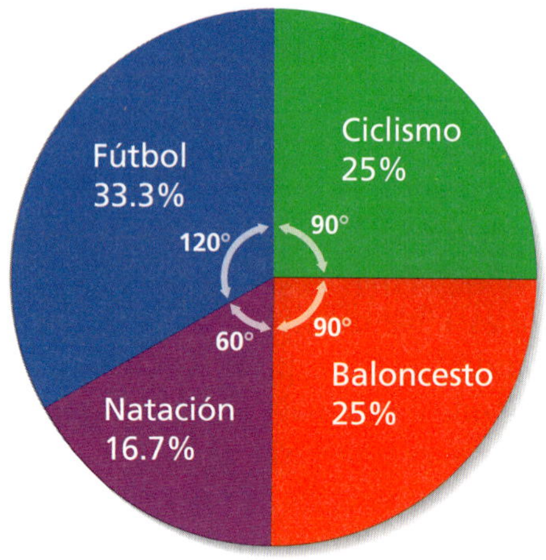

3. Mide con un transportador el ángulo de la primera rebanada. La línea de 0° es la que trazaste hasta la parte de arriba del círculo. Dibuja una línea que vaya del centro del círculo al extremo del ángulo que mediste.
4. Continúa alrededor del círculo, midiendo cada rebanada con el transportador. Comienza en el borde de la rebanada anterior para que no se traslapen. Cuando termines, el círculo debe estar completo.
5. Determina el porcentaje del círculo que representa cada rebanada. Para ello, divide el número de grados de cada rebanada entre los grados del círculo (360) y multiplica por 100%. En el caso de la rebanada de "fútbol", calcula el porcentaje como sigue:

$$\frac{120}{360} \times 100\% = 33.3\%$$

6. Colorea cada rebanada de un color diferente. Escribe el nombre de la categoría y el porcentaje que representa.
7. Escribe el título de la gráfica circular.

Actividad

En un salón de 28 estudiantes, 12 van a la escuela en autobús, 10 caminan y 6 van en bicicleta. Dibuja una gráfica circular para mostrar los datos.

Repaso de matemáticas

Los científicos usan las matemáticas para organizar, analizar y presentar datos. Este apéndice te ayudará a repasar algunas destrezas básicas de matemáticas.

Media, mediana y moda

La **media** es el promedio de los datos, o su suma dividida por el número de datos. El número intermedio de un conjunto ordenado de datos se llama **mediana.** La **moda** es el número que más aparece en un conjunto de datos.

Ejemplo

Un científico contó el número de cantos distintos de siete pájaros macho y reunió estos datos.

Cantos de pájaros machos

Pájaro	A	B	C	D	E	F	G
Número de cantos	36	29	40	35	28	36	27

Para hallar el número medio de cantos, suma el total de cantos y divide por el número de datos: en este caso, el número de pájaros macho.

$$\text{Media} = \frac{231}{7} = 33 \text{ cantos}$$

Para hallar la mediana del número de cantos, acomoda los datos en orden numérico y halla el número intermedio.

27 28 29 35 36 36 40

El número intermedio es 35, así que la mediana del número de cantos es 35.

La moda es el valor que más aparece. En estos datos, 36 aparece dos veces, y los demás valores sólo una vez, así que la moda es 36 cantos.

Práctica

Averigua cuántos minutos tarda cada estudiante de tu clase en llegar a la escuela. Luego, halla la media, la mediana y la moda de los datos.

Probabilidad

La **probabilidad** es la posibilidad de que ocurra un suceso. Se puede expresar como una razón, una fracción o un porcentaje. Por ejemplo, si lanzas al aire una moneda, la probabilidad de obtener cara es de 1 en 2, $\frac{1}{2}$ ó 50 por ciento.

La probabilidad de que ocurra un suceso puede expresarse con esta fórmula:

$$P(\text{suceso}) = \frac{\text{Número de veces que puede ocurrir el suceso}}{\text{Número total de sucesos posibles}}$$

Ejemplo

En una bolsa hay 25 canicas azules, 5 verdes, 5 anaranjadas y 15 amarillas. Si cierras los ojos y sacas una canica de la bolsa, ¿cuál es la probabilidad de que sea amarilla?

$$P(\text{canicas amarillas}) = \frac{\text{15 canicas amarillas}}{\text{50 canicas totales}}$$

$$P = \frac{15}{50}, \text{ o sea } \frac{3}{10}, \text{ o sea } 30\%$$

Práctica

Cada cara de un dado tiene una letra. Dos caras tienen *A*, tres caras tienen *B* y una cara tiene *C*. Si lanzas el dado, ¿cuál es la probabilidad de que una *A* quede arriba?

Área

El **área** de una superficie es el número de unidades cuadradas que la cubren. La portada de tu libro de texto tiene un área aproximada de 600 cm^2.

Área de un rectángulo y un cuadrado

Para hallar el área de un rectángulo, multiplica su longitud por su anchura. La fórmula del área de un rectángulo es

$$A = \ell \times a, \text{ o sea } A = \ell a$$

Como los cuatro lados de un cuadrado tienen la misma longitud, el área de un cuadrado es la longitud de un lado multiplicada por sí misma, o sea, al cuadrado.

$$A = l \times l, \text{ o sea } A = l^2$$

Ejemplo

Un científico estudia las plantas de un campo que mide 75 m × 45 m. ¿Qué área tiene el campo?

$$A = \ell \times a$$
$$A = 75 \text{ m} \times 45 \text{ m}$$
$$A = 3{,}375 \text{ m}^2$$

Área de un círculo La fórmula del área de un círculo es

$$A = \pi \times r \times r, \text{ o sea } A = \pi r^2$$

La longitud del radio se representa con r, y el valor aproximado de π es $\frac{22}{7}$.

Ejemplo

Halla el área de un círculo con radio de 14 cm.

$$A = \pi r^2$$
$$A = 14 \times 14 \times \frac{22}{7}$$
$$A = 616 \text{ cm}^2$$

Práctica

Halla el área de un círculo cuyo radio mide 21 m.

Circunferencia

La distancia alrededor de un círculo se llama circunferencia. La fórmula para hallar la circunferencia de un círculo es

$$C = 2 \times \pi \times r, \text{ o sea } C = 2\pi r$$

Ejemplo

El radio de un círculo es de 35 cm. ¿Qué circunferencia tiene el círculo?

$$C = 2\pi r$$
$$C = 2 \times 35 \times \frac{22}{7}$$
$$C = 220 \text{ cm}$$

Práctica

¿Qué circunferencia tiene un círculo de 28 m de radio?

Volumen

El volumen de un objeto es el número de unidades cúbicas que contiene. El volumen de una papelera, por ejemplo, podría ser de unos 26,000 cm^3.

Volumen de un objeto rectangular Para hallar el volumen de un objeto rectangular, multiplica la longitud del objeto por su anchura y por su altura.

$$V = \ell \times a \times h, \text{ o sea } V = \ell ah$$

Ejemplo

Halla el volumen de una caja con longitud de 24 cm, anchura de 12 cm y altura de 9 cm

$$V = \ell ah$$
$$V = 24 \text{ cm} \times 12 \text{ cm} \times 9 \text{ cm}$$
$$V = 2{,}592 \text{ cm}^3$$

Práctica

¿Qué volumen tiene un objeto rectangular con longitud de 17 cm, anchura de 11 cm y altura de 6 cm?

Fracciones

Una **fracción** es una forma de expresar una parte de un todo. En la fracción $\frac{4}{7}$, 4 es el numerador y 7 es el denominador.

Suma y resta de fracciones Para sumar o restar dos o más fracciones con el mismo denominador, primero suma o resta los numeradores. Luego, escribe la suma o diferencia arriba del denominador común.

Para sumar o restar fracciones con distintos denominadores, primero halla el mínimo común múltiplo de los denominadores, que se llama mínimo común denominador. Luego, convierte cada fracción a fracciones equivalentes que tengan el mínimo común denominador. Suma o resta los numeradores y escribe la suma o diferencia arriba del denominador común.

Ejemplo

$$\frac{5}{6} - \frac{3}{4} = \frac{10}{12} - \frac{9}{12} = 10 - \frac{9}{12} = \frac{1}{12}$$

Multiplicación de fracciones Para multiplicar dos fracciones, primero multiplica los numeradores y luego los denominadores.

Ejemplo

$$\frac{5}{6} \times \frac{2}{3} = \frac{5 \times 2}{6 \times 3} = \frac{10}{18} = \frac{5}{9}$$

División de fracciones Dividir por una fracción es lo mismo que multiplicar por el recíproco de la fracción. Un recíproco es un número cuyo numerador y denominador se han intercambiado. Para dividir una fracción por otra, primero invierte la fracción por la que vas a dividir. Luego, multiplica las dos fracciones.

Ejemplo

$$\frac{2}{5} \div \frac{7}{8} = \frac{2}{5} \times \frac{8}{7} = \frac{2 \times 8}{5 \times 7} = \frac{16}{35}$$

Práctica

Resuelve esto: $\frac{3}{7} \div \frac{4}{5}$

Decimales

Las fracciones cuyo denominador es 10, 100 u otra potencia de 10 suelen expresarse como decimales. Por ejemplo, la fracción $\frac{9}{10}$ puede expresarse como el decimal 0.9; la fracción $\frac{7}{100}$ puede escribirse como 0.07.

Suma y resta de decimales Para sumar o restar decimales, alinea los puntos decimales antes de hacer la operación.

Ejemplo

$$\begin{array}{r} 27.4 \\ +\ 6.19 \\ \hline 33.59 \end{array} \qquad \begin{array}{r} 278.635 \\ -\ 191.4 \\ \hline 87.235 \end{array}$$

Multiplicación de decimales Al multiplicar dos números con decimales, el número de lugares decimales del producto es igual al total de lugares decimales de los números que se multiplican.

Ejemplo

46.2	(un lugar decimal)
× 2.37	(dos lugares decimales)
109.494	(tres lugares decimales)

División de decimales Para dividir un decimal por un entero positivo, pon el punto decimal del cociente sobre el punto decimal del dividendo.

Ejemplo

$$15.5 \div 5$$

$$5\overline{)15.5} = 3.1$$

Para dividir un decimal por un decimal, tienes que reescribir el divisor como entero positivo. Hazlo multiplicando el divisor y el dividendo por el mismo múltiplo de 10.

Ejemplo

$$1.68 \div 4.2 = 16.8 \div 42$$

$$42\overline{)16.8} = 0.4$$

Práctica

Multiplica 6.21 por 8.5.

Razones y proporciones

Una **razón** es la comparación de dos números mediante una división. Por ejemplo, supón que un científico cuenta 800 lobos y 1,200 alces en una isla. La razón de lobos a alces puede escribirse como fracción, $\frac{800}{1,200}$, que se reduce a $\frac{2}{3}$. La misma razón puede expresarse como 2 a 3, ó 2 : 3.

Una **proporción** es un enunciado matemático que dice que dos razones son equivalentes. Por ejemplo, una proporción podría decir que $\frac{800 \text{ lobos}}{1,200 \text{ alces}} = \frac{2 \text{ lobos}}{3 \text{ alces}}$. A veces, podrás plantear una proporción para hallar o estimar una cantidad desconocida. Supón que un científico cuenta 25 escarabajos en un área de 10 m^2. El científico quiere estimar el número de escarabajos que hay en 100 m^2.

Ejemplo

1. Expresa la relación entre escarabajos y área como una razón: $\frac{25}{10}$, ó sea, $\frac{5}{2}$.
2. Escribe una proporción, donde x sea el número de escarabajos: $\frac{5}{2} = \frac{x}{100}$.
3. Multiplica cruzado; es decir, multiplica el numerador de cada fracción por el denominador de la otra fracción.

   $5 \times 100 = 2 \times x$, o sea, $500 = 2x$

4. Para hallar el valor de x, divide ambos lados por 2. El resultado es 250, o sea que hay 250 escarabajos en 100 m^2.

Práctica

Halla el valor de x en esta proporción: $\frac{6}{7} = \frac{x}{39}$.

Porcentaje

Un **porcentaje** es una razón que compara un número con 100. Por ejemplo, hay 37 rocas de granito en una colección de 100 rocas. La razón $\frac{37}{100}$ puede escribirse 37%. Las rocas de granito son el 37% de la colección.

Puedes calcular porcentajes de números distintos de 100 escribiendo una proporción.

Ejemplo

En junio, llueve en 9 de 30 días. ¿Qué porcentaje de días con lluvia hubo en junio?

$$\frac{9 \text{ días}}{30 \text{ días}} = \frac{d\%}{100\%}$$

Para hallar el valor de d, multiplica cruzado, como en cualquier proporción:

$$9 \times 100 = 30 \times d \qquad d = \frac{100}{30} \qquad d = 30$$

Práctica

Hay 300 canicas en un frasco, y 42 de ellas son azules. ¿Qué porcentaje de las canicas es azul?

Cifras significativas

La **precisión** de una medición depende del instrumento que usas para medir. Por ejemplo, si la unidad más pequeña de una regla es milímetros, la medición más precisa que podrás hacer será en milímetros.

La suma o diferencia de mediciones no puede ser más precisa que la medición menos precisa que se suma o resta. Redondea tu respuesta al mismo número de lugares decimales que tiene la medición menos precisa. Redondea hacia arriba si el último dígito es 5 ó más, y hacia abajo si el último dígito es 4 ó menos.

Ejemplo

Resta una temperatura de 5.2 °C a la temperatura de 75.46 °C.

$$75.46 - 5.2 = 70.26$$

5.2 tiene menos lugares decimales, así que es la medición menos precisa. Dado que el último dígito de la respuesta es 6, se redondea hacia arriba, a 3. La diferencia más precisa entre las mediciones es 70.3 °C.

Práctica

Suma 26.4 m a 8.37 m. Redondea tu respuesta según la precisión de las mediciones.

Las **cifras significativas** son el número de dígitos distintos de cero en una medición. Los ceros entre dígitos distintos de cero también son significativos. Por ejemplo, las mediciones 12,500 L, 0.125 cm y 2.05 kg tienen tres cifras significativas. Al multiplicar y dividir mediciones, la que tiene menos cifras significativas determina el número de cifras significativas en la respuesta.

Ejemplo

Multiplica 110 g por 5.75 g.

$$110 \times 5.75 = 632.5$$

Como 110 sólo tiene dos cifras significativas, se redondea la respuesta a 630 g.

Notación científica

Un **factor** es un número por el que otro número puede dividirse sin dejar residuo. En el ejemplo, el número 3 se usa como factor cuatro veces.

Un **exponente** indica cuántas veces se usa un número como factor. Por ejemplo, $3 \times 3 \times 3 \times 3$ puede escribirse como 3^4. El exponente ^{4} indica que el número 3 se usa como factor cuatro veces. Otra forma de expresar esto es decir que 81 es igual a 3 a la cuarta potencia.

Ejemplo

$$3^4 = 3 \times 3 \times 3 \times 3 = 81$$

La **notación científica** usa exponentes y potencias de 10 para escribir números muy grandes o muy pequeños en forma abreviada. Al escribir un número en notación científica, lo escribes usando dos factores. El primero es cualquier número entre 1 y 10; el segundo es una potencia de 10, como 10^3 ó 10^6.

Ejemplo

La distancia media entre el planeta Mercurio y el Sol es de 58,000,000 km. Para escribir el primer factor de la notación científica, agrega un punto decimal al número original de modo que tengas un número entre 1 y 10. En el caso de 58,000,000 el número es 5.8.

Para determinar la potencia de 10, cuenta los lugares que se movió el punto decimal. En este caso, se movió 7 lugares.

$$58{,}000{,}000 \text{ km} = 5.8 \times 10^7 \text{ km}$$

Práctica

Expresa 6,590,000 en notación científica.

Destrezas de comprensión de lectura

Tu libro de texto es una importante fuente de información científica. A medida que lees tu libro de ciencias, verás que fue escrito para ayudarte a comprender los conceptos de ciencias.

Cómo aprender con los textos de ciencias

Al estudiar ciencias en la escuela, aprenderás los conceptos científicos de diversas maneras. A veces realizarás actividades y experimentos interesantes para explorar ideas científicas. Para comprender plenamente lo que observas en los experimentos y actividades, necesitarás leer tu libro de texto. Para ayudarte en la lectura, se han resaltado las ideas importantes de modo que puedas reconocerlas. Además, una destreza clave de lectura en cada sección te ayudará a comprender lo que lees.

Usando las destrezas clave de lectura, mejorarás tu comprensión de la lectura; es decir, aumentarás tu capacidad para comprender lo que lees. A medida que aprendes ciencias, acumularás conocimientos que te ayudarán a comprender aún más lo que lees. Esos conocimientos te permitirán aprender todos los temas que se abordan en el libro.

Y, ¿sabes qué?, estas destrezas de lectura te serán útiles siempre que leas. Leer para aprender es muy importante en la vida, y ahora tienes la oportunidad de iniciar ese proceso.

A continuación se describen las destrezas clave de lectura que mejorarán tu comprensión de lo que lees.

Desarrollar el vocabulario

Para comprender los conceptos científicos de este libro, debes recordar el significado de los términos clave. Una estrategia consiste en escribir las definiciones de esos términos con tus propias palabras. También puedes practicar usando los términos en oraciones y haciendo listas de palabras o frases que asocias con cada término.

Usar el conocimiento previo

Tu conocimiento previo es lo que ya sabías antes de comenzar a leer acerca de un tema. Si te apoyas en eso, tendrás ventaja al aprender información nueva. Antes de iniciar una tarea, piensa en lo que ya sabes. Podrías hojear tu tarea de lectura, viendo los encabezados y las ilustraciones para estimular tu memoria. Anota lo que sabes en el organizador gráfico que viene al principio de la sección. Luego, a medida que leas, considera preguntas como las que siguen para relacionar lo aprendido con lo que ya sabías.

- ¿Qué relación hay entre lo que estás aprendiendo y lo que ya sabes?
- ¿Cómo te ayudó algo que ya sabes a aprender algo nuevo?
- ¿Tus ideas originales coinciden con lo que acabas de aprender? Si no, ¿cómo modificarías tus ideas originales?

Formular preguntas

Hacerte preguntas es una forma excelente de concentrarte en la información nueva de tu libro y recordarla. Debes aprender a hacer buenas preguntas.

Una técnica es convertir en preguntas los encabezados del libro. Entonces, tus preguntas te guiarán para identificar y recordar la información importante mientras lees. Ve estos ejemplos:

Encabezado: Uso de datos sismográficos

Pregunta: ¿Cómo se usan los datos sismográficos?

Encabezado: Tipos de fallas

Pregunta: ¿Qué tipos de fallas hay?

No tienes que limitar tus preguntas a los encabezados del libro. Haz preguntas acerca de todo lo que necesites aclarar o que te ayude a comprender el contenido. Las preguntas más comunes comienzan con *qué* y *cómo*, pero también puedes preguntar *por qué*, *quién*, *cuándo* o *dónde*. Aquí hay un ejemplo:

Propiedades de las ondas

Pregunta	Respuesta
¿Qué es la amplitud?	La amplitud es . . .

Examinar ayudas visuales

Las ayudas visuales son fotografías, gráficas, tablas, diagramas e ilustraciones. Las ayudas, como este diagrama de una falla normal, contienen información importante. Examina las ayudas y sus leyendas antes de leer. Ello te ayudará a prepararte para la lectura.

A menudo te preguntarán qué quieres aprender acerca de una ayuda visual. Por ejemplo, después de ver el diagrama de la falla, podrías preguntar: ¿qué movimiento hay a lo largo de una falla normal? Estas preguntas crean un propósito de la lectura: respondera tus preguntas. Examinar las ayudas visuales también es útil para recordar lo que ya sabes.

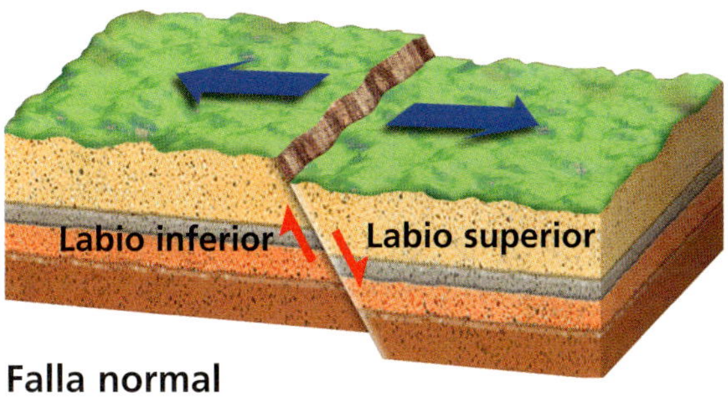

Falla normal

Hacer un esquema

Un esquema muestra la relación entre las ideas principales y las de apoyo, y tiene una estructura formal. Las ideas principales (temas) se escriben con números romanos. Las ideas de apoyo (subtemas) se escriben debajo de las principales y se rotulan A, B, C, etcétera. Un esquema se ve así:

Tecnología y sociedad
I. Tecnología a través de la historia II. El efecto de la tecnología en la sociedad A. B.

Con un esquema así, podrás captar de un vistazo la estructura de la sección. El esquema te ayudará a estudiar.

Identificar ideas principales

Mientras lees, es importante tratar de comprender las ideas y los conceptos de cada párrafo. Verás que cada párrafo del material de ciencias contiene mucha información y detalles. Un buen lector trata de identificar la idea más importante o amplia de cada párrafo o sección. Esa es la idea principal. El resto de la información del párrafo apoya o explica la idea principal.

A veces, las ideas principales se plantean directamente. En este libro, algunas ideas principales ya vienen identificadas como conceptos clave en negritas. No obstante, tú debes identificar las demás ideas principales. Para ello, hay que identificar todas las ideas de un párrafo o sección y preguntarse cuál de ellas es lo bastante amplia como para incluir a todas las demás.

Comparar y contrastar

Cuando comparas y contrastas, examinas las diferencias y semejanzas entre las cosas. Puedes usar un diagrama de Venn o una tabla para comparar y contrastar. El diagrama o la tabla, ya terminados, muestran en qué se parecen y en qué se diferencian las cosas.

Diagrama de Venn Un diagrama de Venn consiste en dos círculos traslapados. En el lugar donde los dos círculos se traslapan, escribe las características comunes de los datos que estás comparando. En uno de los círculos fuera del área común, escribe los diferentes rasgos o características de uno de los datos. En el otro círculo fuera del área común, escribe las características diferentes del otro dato.

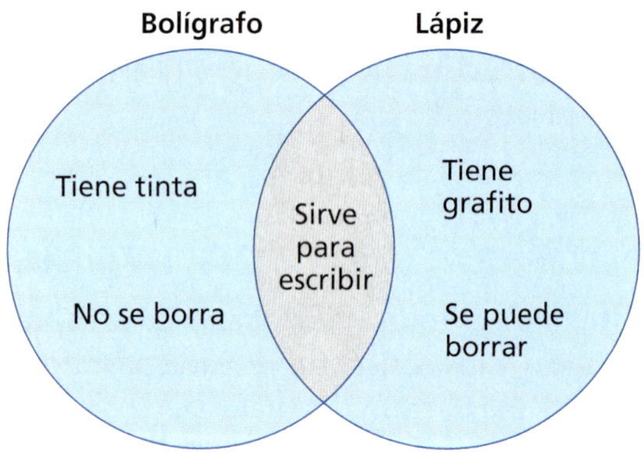

Tabla En una tabla de comparar/contrastar, escribe los datos que vas a comparar en la fila de arriba de la tabla. Luego, escribe los rasgos o características que vas a comparar en la columna de la izquierda. Completa la tabla escribiendo la información sobre cada característica o rasgo.

Vaso sanguíneo	Función	Estructura de la pared
Arteria	Lleva la sangre fuera del corazón	
Capilar		
Vena		

Ordenar en serie

Una serie es el orden en que se da un grupo de sucesos. Reconocer y recordar la serie de los sucesos es importante para comprender muchos procesos en ciencias. Algunas veces, en el texto se usan palabras como *primero, luego, durante* y *después* para señalar una serie. Un diagrama de flujo o un diagrama de ciclos te puede ayudar a visualizar una serie.

Diagrama de flujo Para hacer un diagrama de flujo, escribe una descripción breve de cada paso o suceso en un cuadro. Coloca los cuadros en orden, con el primer suceso al principio de la página. Luego, dibuja una flecha para conectar cada paso o suceso con el siguiente.

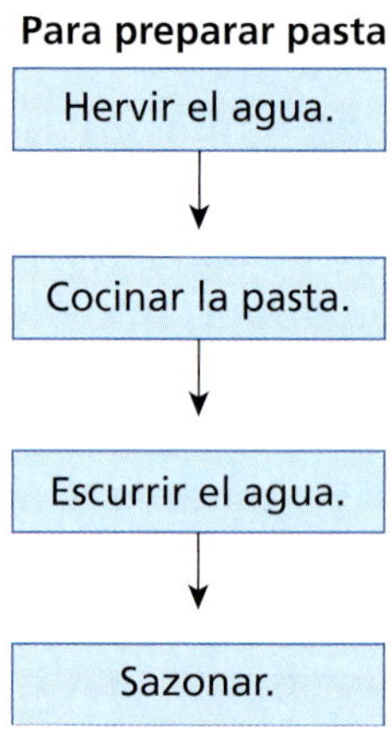

Diagrama de ciclos Un diagrama de ciclos muestra una serie continua o cíclica. Una serie continua no tiene final porque donde termina el último suceso, empieza el primero. Para crear un diagrama de ciclos, escribe el suceso inicial en un cuadro dibujado arriba y al centro de una página. Después, siguiendo un círculo imaginario en el sentido de las manecillas del reloj, escribe cada suceso en un cuadro siguiendo su propia serie. Dibuja flechas para conectar cada suceso con el que le sigue, para formar un círculo continuo.

Identificar evidencia de apoyo

Una hipótesis es una explicación posible a una observación hecha por un científico o una respuesta a una pregunta científica. Una hipótesis se pone a prueba varias veces. Las pruebas pueden producir evidencia que apoye la hipótesis. Cuando se tiene suficiente evidencia de apoyo, una hipótesis se puede convertir en una teoría.

Identificar la evidencia de apoyo para una hipótesis o teoría te puede ayudar a comprender mejor esa hipótesis o teoría. La evidencia consiste en hechos, o sea, información cuya exactitud se puede confirmar mediante pruebas u observaciones.

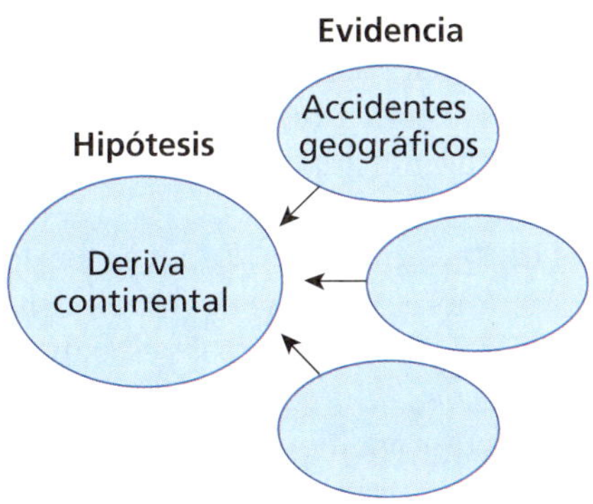

Relacionar causa y efecto

Identificar causas y efectos te ayuda a comprender las relaciones entre los sucesos. Una causa hace que algo suceda. Un efecto es lo que sucede. Cuando reconoces qué suceso provoca otro, estás relacionando causa y efecto. Palabras como *causa*, *porque*, *efecto*, *afecta* y *resulta* a menudo indican una causa o un efecto.

Algunas veces, un efecto puede tener más de una causa, o una causa puede producir varios efectos. Por ejemplo, las emisiones contaminantes de los autos y el humo de las plantas industriales son dos causas de la contaminación del aire. Algunos efectos de esta contaminación son la dificultad para respirar que tienen algunas personas, la muerte de las plantas a lo largo de la carretera y daños a las fachadas de los edificios.

En ciencias, hay muchas relaciones causa y efecto. Observar y comprender estas relaciones te ayuda a entender los procesos científicos.

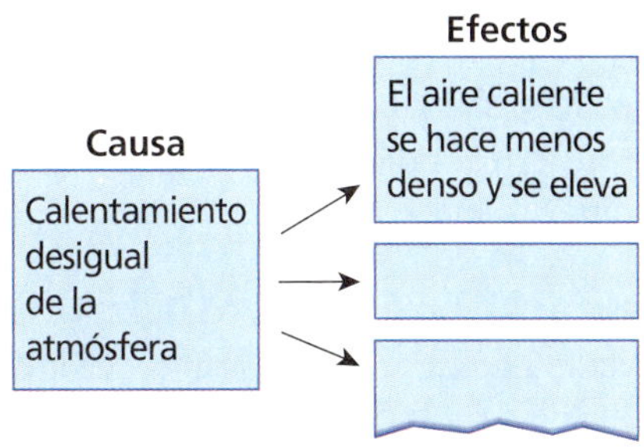

Hacer un mapa de conceptos

Los mapas de conceptos son útiles para organizar información sobre cualquier tema. Un mapa de conceptos se inicia con una idea principal o un concepto central y muestra cómo se puede subdividir la idea en subconceptos relacionados o ideas menores. De este modo, las relaciones entre los conceptos se hacen más claras y fáciles de comprender.

Construye un mapa de conceptos escribiendo conceptos (a menudo una sola palabra) dentro de óvalos que se conectan con palabras relacionadas. El concepto o idea principal se coloca en un óvalo en la parte superior del mapa. Los conceptos relacionados se acomodan en óvalos debajo de la idea principal. Las palabras relacionadas suelen ser verbos y frases verbales que se escriben entre las líneas que conectan los óvalos.

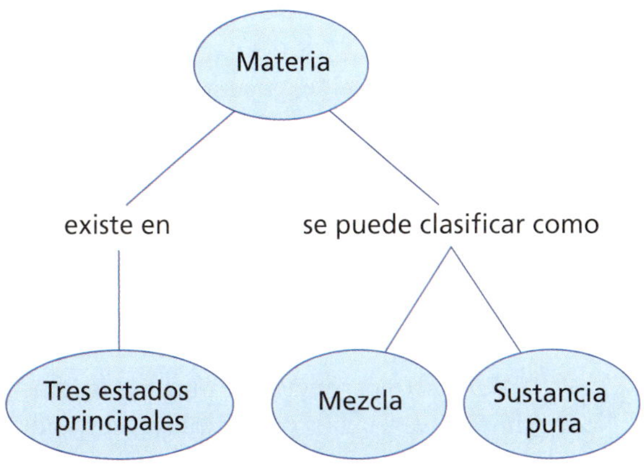

Símbolos de seguridad

Estos símbolos te advierten de posibles peligros en el laboratorio y te recuerdan trabajar con cuidado.

Gafas de protección Usa estas gafas para protegerte los ojos en actividades con sustancias químicas, fuego o calor, u objetos de cristal.

Delantal de laboratorio Usa un delantal de laboratorio para proteger tu piel y tu ropa de cualquier daño.

Rotura de objetos Maneja con cuidado los materiales que pueden romperse, como termómetros y objetos de cristal. No toques cristales rotos.

Guantes resistentes al calor Usa un guante para hornos u otra protección al manejar materiales calientes, como hornillos u objetos de cristal calientes.

Guantes de hule Usa guantes de hule desechables para protegerte del contacto con sustancias químicas u organismos que pudieran ser dañinos. Mantén las manos alejadas de tu rostro, y desecha los guantes según las indicaciones de tu maestro.

Calor Usa pinzas o tenazas para sujetar objetos calientes. No toques los objetos calientes con las manos descubiertas.

Fuego Sujétate el cabello y la ropa que te quede floja antes de trabajar con fuego. Sigue las instrucciones de tu maestro sobre cómo encender y apagar fuego.

Trabajar sin fuego Cuando uses materiales inflamables, asegúrate que no haya llamas, chispas o fuentes de calor expuestas.

Sustancia química corrosiva Evita el contacto del ácido u otras sustancias corrosivas con tu piel, ropa u ojos. No inhales los vapores. Lávate las manos al terminar la actividad.

Veneno No permitas que ninguna sustancia química te caiga en la piel ni inhales su vapor. Lávate las manos al terminar la actividad.

Vapores Al trabajar con vapores venenosos, hazlo en un área ventilada. Evita inhalar el vapor directamente. Huélelo sólo cuando tu maestro te lo indique abanicando el vapor hacia tu nariz.

Objetos afilados Tijeras, bisturís, navajas, agujas, alfileres y tachuelas pueden cortar tu piel. Dirige los bordes afilados en dirección contraria de donde estás tú o los demás.

Seguridad de los animales Trata a los animales vivos o conservados o a las partes de animales cuidadosamente para no lastimarlos o lastimarte. Lávate las manos al terminar la actividad.

Seguridad de las plantas Maneja las plantas sólo como tu maestro te indique. Avísale si eres alérgico a ciertas plantas; no realices una actividad donde se usen esas plantas. No toques las plantas nocivas, como la hiedra. Lávate las manos al terminar la actividad.

Descarga eléctrica Para evitar descargas eléctricas, nunca uses un equipo eléctrico cerca del agua ni cuando tus manos estén húmedas. Asegúrate de que los cables no estorben el paso. Desconecta el equipo cuando no lo uses.

Seguridad física Cuando un experimento requiera actividad física, evita lastimarte o lesionar a los demás. Avisa a tu maestro si algo te impide participar en la actividad.

Desechos Las sustancias químicas y otros materiales utilizados en la actividad deben eliminarse de manera segura. Sigue las instrucciones de tu maestro.

Lavarse las manos Lávate bien las manos al terminar la actividad. Usa jabón antibacteriano y agua caliente. Enjuágate bien.

Advertencia de seguridad general Sigue las instrucciones indicadas cuando veas este símbolo. Cuando se te pida que diseñes tu propio experimento de laboratorio, pide a tu maestro que apruebe tu plan antes de proseguir.

Reglas de seguridad en ciencias

Precauciones generales
Sigue todas las instrucciones. Nunca realices actividades sin la aprobación y supervisión de tu maestro. No tomes la actividad como un juego. Nunca ingieras alimentos o bebidas. Mantén el área de trabajo limpia y en orden.

Normas de vestimenta
Usa gafas de protección siempre que trabajes con sustancias químicas, objetos de cristal, fuentes de calor, o cualquier sustancia que pudiera entrar en tus ojos. Si usas lentes de contacto, avísale a tu maestro.

Usa un delantal o una bata siempre que trabajes con sustancias corrosivas o que manchen. Usa guantes de hule desechables cuando trabajes con organismos o químicos dañinos. Si tienes el cabello largo, sujétalo. Quítate o anúdate por la espalda cualquier prenda o adorno que cuelgue y que pueda entrar en contacto con sustancias químicas, llamas o equipo. Súbete las mangas largas. Nunca uses sandalias.

Primeros auxilios
Informa de todos los accidentes, lesiones o fuego a tu maestro, por insignificantes que sean. Averigua dónde está el botiquín de primeros auxilios, el equipo de emergencia y el teléfono más cercano. Identifica a quién llamar en caso de emergencia.

Seguridad con fuego y calor
Mantén los materiales combustibles lejos del fuego. Al calentar una sustancia en un tubo de ensayo, fíjate que la boca del tubo no apunte hacia ti o hacia los demás. Nunca calientes líquidos en recipientes cerrados. Usa un guante para hornos para levantar un recipiente caliente.

Seguridad con sustancias químicas
Nunca acerques la cara a la boca de un recipiente que contiene sustancias químicas. No toques, pruebes ni inhales una sustancia a menos que lo indique el maestro.

Usa sólo las sustancias químicas requeridas en la actividad. Cuando no uses las sustancias, mantén cerrados los recipientes que las contienen. Vierte las sustancias sobre el fregadero o un recipiente, nunca sobre tu área de trabajo. Desecha las sustancias químicas según las instrucciones de tu maestro.

Presta atención especial cuando trabajes con ácidos o bases. Cuando mezcles un ácido con agua, vacía primero el agua al recipiente y luego agrega el ácido. Nunca pongas agua en un ácido. Limpia inmediatamente todos los derrames y salpicaduras con mucha agua.

Uso seguro de objetos de cristal
Si algún utensilio de cristal se rompe o astilla, notifícalo de inmediato a tu maestro. Nunca tomes con las manos descubiertas ningún cristal roto o astillado.

Nunca fuerces tubos ni termómetros de cristal en topes de hule y tapones de corcho. Pide ayuda a tu maestro para hacer esto, si la actividad lo requiere.

Uso de instrumentos afilados
Maneja con cuidado los instrumentos afilados. Nunca cortes el material hacia ti, sino en dirección opuesta.

Seguridad con animales y plantas
Nunca realices experimentos que causen dolor, incomodidad o daño a los animales. Toma animales sólo si es indispensable. Si eres alérgico a ciertas plantas, mohos o animales, díselo a tu maestro antes de iniciar una actividad que implique su uso. Lávate bien las manos después de trabajar con animales, partes de animales, plantas, partes de plantas o tierra.

Durante el trabajo de campo, usa pantalones largos, mangas largas, calcetines y zapatos cerrados. Evita el contacto con plantas y hongos venenosos, así como las plantas con espinas.

Reglas al terminar experimentos
Desconecta el equipo eléctrico. Limpia tu área de trabajo. Elimina materiales de desecho según las indicaciones de tu maestro. Lávate las manos después de cualquier experimento.

Apéndice B Uso del microscopio

El microscopio es un instrumento indispensable en las ciencias de la vida. Te permite ver cosas demasiado pequeñas como para verse a simple vista.

Probablemente usarás un microscopio compuesto como el que se ilustra aquí. El microscopio compuesto tiene más de una lente que amplifica el objeto que se estudia.

Por lo regular, un microscopio compuesto tiene una lente en el ocular: la parte por la que miras. La lente del ocular por lo general tiene un aumento de 10 ×. Un objeto visto a través de esta lente se verá 10 veces más grande de lo que es.

El microscopio compuesto podría contener una o dos lentes adicionales llamadas objetivos. Si hay dos lentes objetivo, una es de baja potencia y la otra es de alta potencia. La lente objetivo de baja potencia suele tener un aumento de 10 × y la de alta potencia suele tener un aumento de 40 ×.

Para calcular el aumento total de un objeto, multiplica el aumento de la lente ocular por el aumento de la lente objetivo que estás usando. Por ejemplo, el aumento del ocular, 10 ×, multiplicado por el aumento de la lente objetivo de baja potencia, 10 ×, da un aumento total de 100 ×.

Usa la foto del microscopio compuesto para familiarizarte con las partes del microscopio y sus funciones.

Partes de un microscopio compuesto

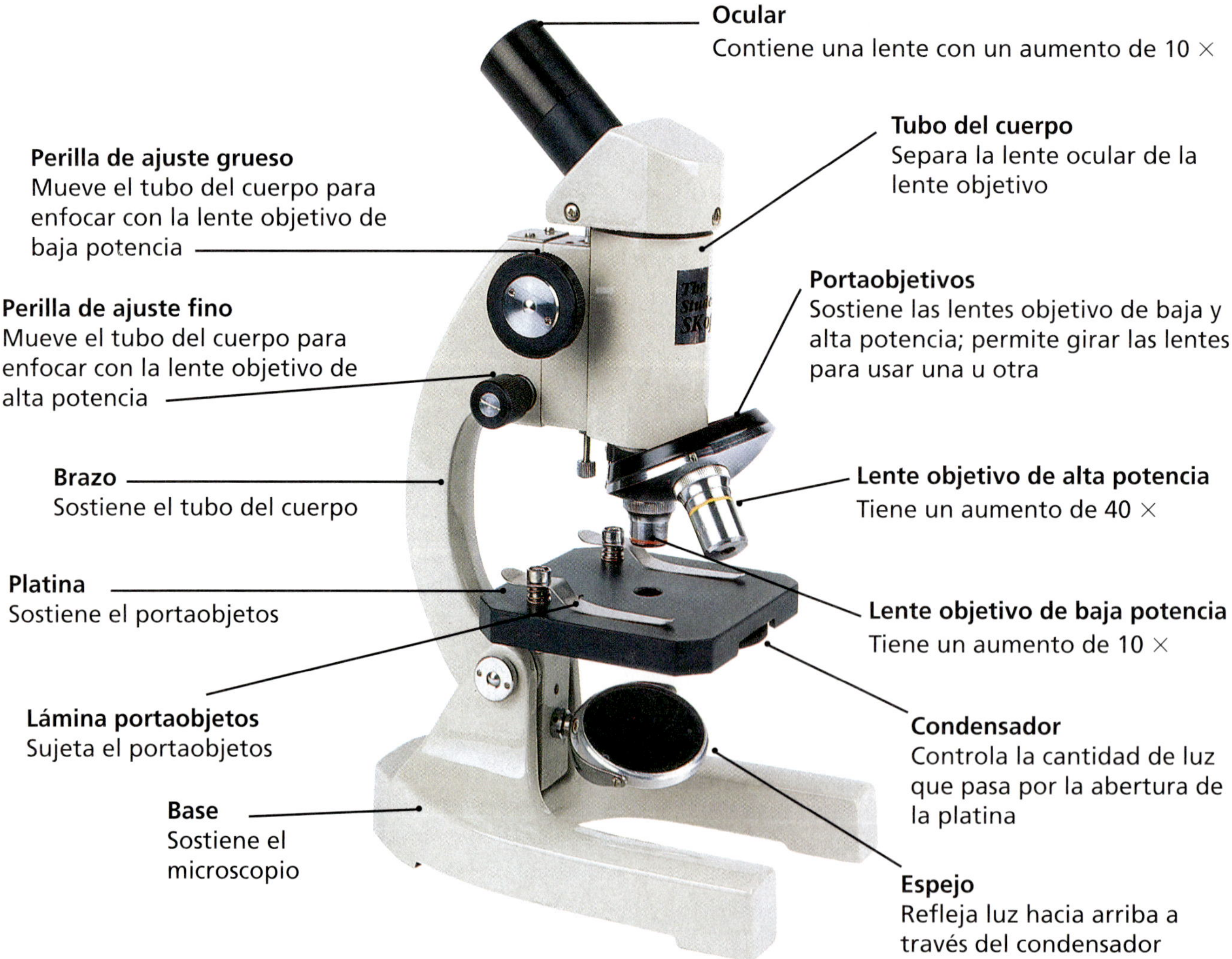

Uso del microscopio

Sigue estos procedimientos cuando trabajes con un microscopio.

1. Para mover el microscopio, sujeta el brazo con una mano y coloca la otra mano bajo la base.
2. Coloca el microscopio en una mesa con el brazo hacia ti.
3. Gira la perilla de ajuste grueso para elevar el tubo del cuerpo.
4. Gira el portaobjetivos hasta que la lente objetivo de baja potencia quede en posición.
5. Ajusta el condensador. Mirando por el ocular, ajusta también el espejo hasta ver un círculo brillante. **PRECAUCIÓN:** *Nunca uses luz solar directa como fuente de luz.*
6. Coloca un portaobjetos en la platina. Centra el espécimen sobre la abertura de la platina. Usa la lámina portaobjetos de la platina para mantener fijo el portaobjetos. **PRECAUCIÓN:** *Los portaobjetos de vidrio son frágiles.*
7. Mira la platina desde un lado. Gira con cuidado la perilla de ajuste grueso para bajar el tubo del cuerpo hasta que el objetivo de baja potencia casi toque el portaobjetos.
8. Mirando por el ocular, gira muy lentamente la perilla de ajuste grueso hasta enfocar el espécimen.
9. Para cambiar a la lente objetivo de alta potencia, mira el microscopio desde un lado. Gira con cuidado el portaobjetivos hasta que la lente objetivo de alta potencia quede en posición. Cuida que la lente no toque el portaobjetos.
10. Mirando por el ocular, gira la perilla de ajuste fino hasta enfocar el espécimen.

Cómo montar un espécimen en húmedo

Sigue estos procedimientos para montar un espécimen en húmedo en un portaobjetos.

1. Consigue un portaobjetos y un cubreobjetos limpios. **PRECAUCIÓN:** *Los portaobjetos y cubreobjetos son frágiles.*
2. Coloca el espécimen en el portaobjetos. El espécimen debe ser lo bastante delgado como para que la luz lo atraviese.
3. Con un gotero de plástico, coloca una gota de agua sobre el espécimen.
4. Coloca suavemente un borde del cubreobjetos contra el portaobjetos de modo que toque el borde de la gota de agua con un ángulo de 45°. Baja lentamente el cubreobjetos. Si quedan atrapadas burbujas de aire bajo el cubreobjetos, dale a éste unos golpecitos suaves con el borrador de un lápiz.
5. Retira el exceso de agua del borde del cubreobjetos con una toalla de papel.

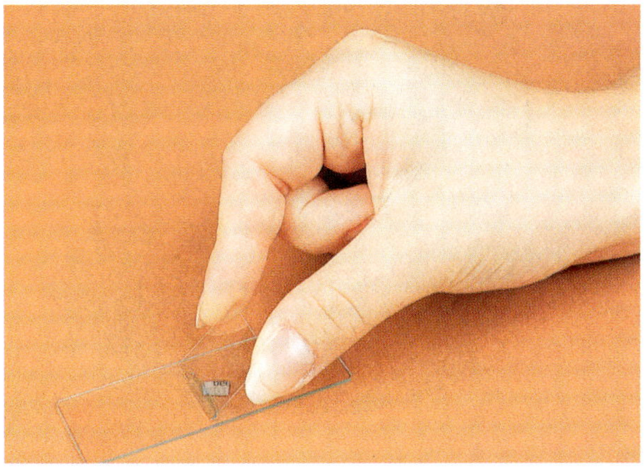

Glosario

A

acción capilar Fuerza de atracción combinada entre las moléculas de agua y entre esas moléculas y los materiales circundantes. (pág. 8)

acuicultura Crianza de organismos de agua salada y dulce. (pág. 160)

acuífero Capa subterránea de roca o sedimento que retiene agua. (pág. 36)

afloramiento Movimiento ascendente de aguas frías desde las profundidades del mar, causado por los vientos. (pág. 120)

afluente Arroyo o río más pequeño que desemboca en un río principal. (pág. 20)

aguas freáticas Aguas que llenan las grietas y espacios de las capas subterráneas de suelo y roca. (pág. 15)

aguas residuales Aguas que contienen desechos humanos. (pág. 62)

altura de una ola Distancia vertical desde la cresta de una ola hasta el valle. (pág. 96)

atolón Arrecife de coral con forma de anillo que rodea a una laguna poco profunda. (pág. 152)

B

bentos Organismos que viven en el fondo del océano u otro cuerpo de agua. (pág. 143)

bioluminiscencia Producción de luz por seres vivos. (pág. 156)

C

calidad del agua Grado de pureza del agua, determinado por medición de las sustancias que el agua contiene además de sus propias moléculas. (pág. 58)

calor específico Cantidad de calor necesaria para elevar en 1 °C la temperatura de cierta masa de una sustancia. (pág. 9)

chimenea hidrotermal Área en la que aguas oceánicas se cuelan por grietas del suelo oceánico, son calentadas por el magma subyacente y ascienden otra vez por las grietas. (pág. 157)

ciclo del agua Proceso continuo por el cual el agua pasa de la superficie terrestre a la atmósfera y regresa. (pág. 16)

clima Patrón de temperatura y precipitación típico de un área a lo largo de mucho tiempo. (pág. 118)

coagulación Proceso por el cual partículas presentes en un líquido forman cúmulos. (pág. 60)

concentración Cantidad de una sustancia que hay en cierto volumen de otra sustancia. (pág. 58)

condensación Proceso por el cual un gas se convierte en líquido. (pág. 11)

conservación Práctica de usar menos de un recurso para que no se agote. (pág. 52)

contaminación del agua Adición de cualquier sustancia que tiene un efecto negativo en el agua o los seres vivos que dependen de ella. (pág. 69)

contaminante Sustancia que causa contaminación. (pág. 69)

corriente Un gran volumen de agua que fluye por los océanos. (pág. 116)

corriente de resaca Torrente de agua que fluye con fuerza desde una playa hacia mar adentro por un canal estrecho en un banco de arena. (pág. 99)

crecida rápida Inundación repentina y violenta que ocurre en unas pocas horas, o incluso minutos, después de iniciada una tormenta. (pág. 81)

cuenca hidrográfica Área de terreno que suministra agua a un sistema fluvial. (pág. 21)

D

deriva litoral Movimiento de arena a lo largo de una playa. (pág. 99)

desalinización Proceso mediante el cual se obtiene agua dulce a partir de agua salada eliminando la sal. (pág. 54)

dique Elevación larga formada por depósitos de sedimentos a lo largo del cauce de un río. (pág. 83)

divisoria de aguas Elevación de terreno que separa una cuenca hidrográfica de otra. (pág. 21)

dorsal oceánica Cordillera continua en el suelo oceánico que serpentea por toda la Tierra. (pág. 135)

dureza Cantidad de los minerales calcio y magnesio que contiene el agua. (pág. 59)

E

efecto de Coriolis Efecto de la rotación terrestre sobre la dirección de los vientos y las corrientes. (pág. 117)

El Niño Suceso climático anormal que se presenta cada dos a siete años en el océano Pacífico y que causa cambios en los vientos, corrientes y patrones meteorológicos que duran uno o dos años. (pág. 119)

embalse Lago en el que se almacena agua para uso humano. (pág. 25)

energía cinética Forma de energía que tiene un objeto cuando está en movimiento. (pág. 85)

energía hidroeléctrica Electricidad producida a partir de la energía cinética del agua que baja por una catarata o presa. (pág. 85)

energía potencial Energía que está almacenada para usarse posteriormente. (pág. 85)

escollera Pared de piedra o concreto que se construye perpendicularmente a una playa para reducir la erosión. (pág. 101)

estuario Ensenada o bahía costera donde el agua dulce de los ríos se mezcla con el agua salada del mar. (pág. 148)

eutrofización Proceso por el cual se van acumulando nutrientes en un lago y producen un aumento en el crecimiento de algas. (pág. 26)

evaporación Proceso por el cual las moléculas en la superficie de un líquido absorben suficiente energía para pasar al estado gaseoso. (pág. 10)

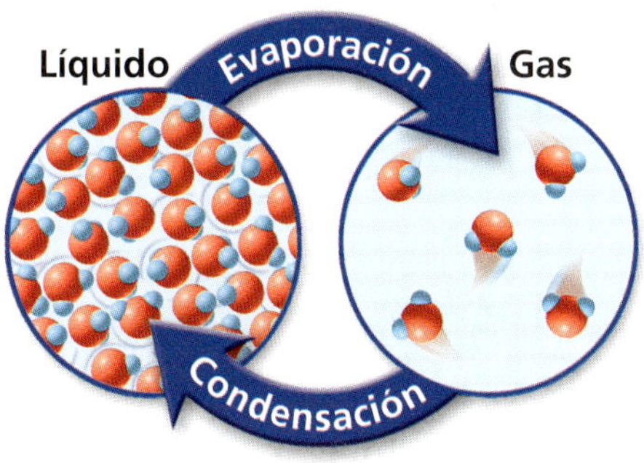

expansión del suelo oceánico Proceso por el cual se añade roca nueva al suelo oceánico a lo largo del borde de placas divergentes. (pág. 138)

F

filtración Proceso en el que el agua pasa por una serie de mallas que impiden el paso de partículas sólidas grandes. (pág. 60)

fosa Cañón profundo, de lados empinados, en el suelo oceánico. (pág. 136)

fotosíntesis Proceso por el cual las plantas usan el agua, el dióxido de carbono y la energía del Sol para elaborar su propio alimento. (pág. 13)

frecuencia Número de ondas u olas que pasan por un punto dado en cierto tiempo. (pág. 96)

fuente dispersa Fuente muy extendida de contaminación que es difícil vincular a un punto específico de origen. (pág. 69)

fuente localizada Fuente específica de contaminación que puede identificarse. (pág. 69)

Glosario

H

hábitat Lugar donde vive un organismo y donde obtiene todo lo que necesita para sobrevivir. (pág. 13)

humedal Área de terreno cubierta por una capa superficial de agua durante una parte del año, o todo el tiempo. (pág. 28)

I

impermeable Característica de los materiales, como la arcilla y el granito, que no dejan pasar fácilmente el agua. (pág. 35)

irrigación Proceso mediante el cual se suministra agua a áreas de terreno para que pueda sembrarse en ellas. (pág. 51)

L

llanura abisal Región llana, casi plana, de la cuenca oceánica profunda. (pág. 135)

lluvia ácida Lluvia u otra forma de precipitación que es más ácida de lo normal, debido a la contaminación del aire con moléculas de dióxido de azufre y óxido de nitrógeno. (pág. 73)

longitud de una ola Distancia horizontal entre dos crestas de ola. (pág. 96)

M

marea muerta Marea con la mínima diferencia entre pleamar y bajamar; se presenta cuando el Sol y la Luna ejercen su atracción en direcciones que forman un ángulo recto, durante los cuartos creciente y menguante de la Luna. (pág. 104)

marea viva Marea que presenta la mayor diferencia entre pleamar y bajamar; se presenta cuando el Sol y la Luna están alineados con la Tierra en la luna nueva y la luna llena. (pág. 104)

mareas Ascenso y descenso diario de las aguas de la Tierra en las costas. (pág. 103)

molécula polar Molécula que posee áreas con carga eléctrica. (pág. 7)

N

necton Animales que nadan libremente y pueden desplazarse por la columna de agua. (pág. 143)

nivel freático Límite superior de la zona saturada, o distancia hasta las aguas freáticas bajo la superficie terrestre. (pág. 35)

nódulo Protuberancia formada en el suelo oceánico cuando metales, como el manganeso, se depositan sobre pedazos de concha. (pág. 162)

nutriente Sustancia, como el nitrógeno o el fósforo, que permite el crecimiento de plantas y algas. (pág. 26)

O

ola Movimiento de energía a través de un cuerpo de agua. (pág. 95)

P

permeable Característica de materiales, como la arena y la grava, por los que pasa fácilmente el agua. (pág. 35)

pesticida Sustancia química empleada para matar insectos y otros organismos que dañan los cultivos. (pág. 74)

pH Medida de cuán ácida o básica es una sustancia, en una escala de 0 (muy ácida) a 14 (muy básica). (pág. 58)

placa Una de las grandes piezas de roca sólida que componen la capa superior de la Tierra. (pág. 137)

plancton Algas y animales diminutos que flotan en el agua a merced de las olas y las corrientes. (pág. 143)

plataforma continental Área poco profunda con pendiente suave del suelo oceánico que se extiende desde los márgenes de un continente. (pág. 134)

pozo artesiano Pozo por el que el agua se eleva debido a la presión dentro del acuífero. (pág. 38)

precipitación Agua que cae a la superficie terrestre en forma de lluvia, nieve, granizo o aguanieve. (pág. 17)

R

red alimentaria Relaciones de alimentación en un hábitat. (pág. 144)

S

salinidad Cantidad total de sales disueltas en una muestra de agua. (pág. 109)

sequía Período largo de escasas lluvias. (pág. 78)

solución Mezcla que se forma cuando una sustancia disuelve a otra. (pág. 8)

solvente Sustancia que disuelve otra sustancia. (pág. 8)

sonar Sistema que utiliza ondas sonoras para calcular la distancia a la que está un objeto. Su nombre proviene de la frase en inglés "*so*und *n*avigation *a*nd *r*anging" (navegación y determinación de distancias por sonido). (pág. 133)

sumergible Vehículo submarino hecho de materiales fuertes para resistir la presión. (pág. 113)

T

talud continental Región del suelo oceánico con pendiente empinada que baja del borde de la plataforma continental. (pág. 134)

tensión superficial Tirantez que hay en la superficie del agua debido a que sus moléculas polares tiran unas de otras. (pág. 8)

transpiración Proceso por el cual las plantas desprenden vapor de agua de sus hojas. (pág. 16)

tsunami Ola gigantesca, casi siempre causada por un sismo bajo el suelo oceánico. (pág. 98)

Z

zona de mar abierto Zona más profunda y oscura del océano, más allá de la plataforma continental. (pág. 142)

zona insaturada Capa de rocas y suelo encima del nivel freático en la cual los poros contienen aire además de agua. (pág. 35)

zona intermareal Área que se extiende desde la línea más alta de pleamar en tierra hasta el punto de la plataforma continental expuesto por la bajamar más baja. (pág. 142)

zona nerítica Área del océano que se extiende desde la línea de bajamar hasta el borde de la plataforma continental. (pág. 142)

zona saturada Área de roca o suelo permeable cuyas grietas y poros están totalmente llenos de agua. (pág. 35)

Índice

Los números de página correspondientes a los términos clave se muestran en **negrita**.
Los números de página correspondientes a ilustraciones, mapas y tablas se muestran en *cursiva*.

A

B

C

D

E

Índice

Los números de página correspondientes a los términos clave se muestran en **negrita.**
Los números de página correspondientes a ilustraciones, mapas y tablas se muestran en *cursiva.*

Índice

Los números de página correspondientes a los términos clave se muestran en **negrita**.
Los números de página correspondientes a ilustraciones, mapas y tablas se muestran en *cursiva*.

S

T

U

V

Z

Reconocimientos

Créditos del personal

Diane Alimena, Michele Angelucci, Scott Andrews, Jennifer Angel, Laura Baselice, Carolyn Belanger, Barbara A. Bertell, Suzanne Biron, Peggy Bliss, Stephanie Bradley, James Brady, Anne M. Bray, Sarah M. Carroll, Kerry Cashman, Jonathan Cheney, Joshua D. Clapper, Lisa J. Clark, Bob Craton, Patricia Cully, Patricia M. Dambry, Kathy Dempsey, Leanne Esterly, Emily Ellen, Thomas Ferreira, Jonathan Fisher, Patricia Fromkin, Paul Gagnon, Kathy Gavilanes, Holly Gordon, Robert Graham, Ellen Granter, Diane Grossman, Barbara Hollingdale, Linda Johnson, Anne Jones, John Judge, Kevin Keane, Kelly Kelliher, Toby Klang, Sue Langan, Russ Lappa, Carolyn Lock, Rebecca Loveys, Constance J. McCarty, Carolyn B. McGuire, Ranida Touranont McKneally, Anne McLaughlin, Eve Melnechuk, Natania Mlawer, Janet Morris, Karyl Murray, Francine Neumann, Baljit Nijjar, Marie Opera, Jill Ort, Kim Ortell, Joan Paley, Dorothy Preston, Maureen Raymond, Laura Ross, Rashid Ross, Siri Schwartzman, Melissa Shustyk, Laurel Smith, Emily Soltanoff, Jennifer A. Teece, Elizabeth Torjussen, Amanda M. Watters, Merce Wilczek, Amy Winchester, Char Lyn Yeakley. **Créditos adicionales:** Tara Alamilla, Louise Gachet, Allen Gold, Andrea Golden, Terence Hegarty, Etta Jacobs, Meg Montgomery, Stephanie Rogers, Kim Schmidt, Adam Teller, Joan Tobin.

Ilustración

David Corrente: 127, 171; **John Edwards and Associates**: 64–65, 99, 143; **Kevin Jones and Associates**: 16, 76; **XNR Productions**: 49, 137. **Todas las tablas y gráficas producidas por Matt Mayerchak.**

Fotografía

Investigación fotográfica Paula Wehde

Imagen superior de portada, Larry Ulrich; **inferior**, Stuart Westmoreland/Getty Images, Inc.

Página vi, Corbis; **vii**, Richard Haynes; **viii**, Richard Haynes; **x**, Norbert Wu; **1 superior**, Norbert Wu; **2–3**, Dale Stokes/Norbert Wu; **3t**, Norbert Wu; **3b**, Dale Stokes/Norbert Wu.

Capítulo 1
Páginas 4–5, Larry Carver; **5 detalle**, Richard Haynes; **6t**, Russ Lappa; **6–7b**, Randy Linchs/Sharpshooters; **8b**, Richard Haynes; **8m**, Visuals Unlimited; **8t**, Richard Haynes; **9**, Grafton Marshall-Smith/Corbis; **10l**, Karen Mancinelli; **10m**, Clive Streeter/Dorling Kindersley; **10r**, Japack/Leo de Wys; **12**, Rana Clamitans/Visuals Unlimited; **13**, AFP/Corbis; **17**, Norbert Schafer/Corbis; **18**, Richard Haynes; **19**, Dennis Welch/Imagestate; **24**, Dave G. Houser/Corbis; **25l**, Royalty Free/Corbis; **25r**, David Parker/Photo Researchers Inc.; **27**, AP/Wide World Photos; **28b**, Wolfgang Kaehler/Corbis; **28t**, Russ Lappa; **29l**, John Eastcott /Yva Momatiuk/Animals Animals/Earth Scenes; **29r**, Breck P. Kent/Animals Animals/Earth Scenes; **32**, Doug Perrine/Seapics; **33**, Salvatore Vasapolli/Earthscenes; **34**, Richard Haynes; **38**, John Paul Kay/Peter Arnold Inc.; **39**, Joseph Van Os/Getty Images, Inc.; **40**, Richard Haynes; **41**, Mark Thayer; **42**, Rana Clamitans/Visuals Unlimited.

Capítulo 2
Páginas 46–47, Julian Hirshowitz/Corbis; **47 detalle**, Richard Haynes; **49b**, Jim Richardson; **49t**, Corbis; **50l**, Liba Taylor/Corbis; **50r**, O. Louis Mazzatenta/National Geographic Image Collection; **51l**, Tom Bean/Getty Images, Inc.; **51r**, Richard T. Nowitz/Corbis; **53**, L. Lefkowitz/Getty Images, Inc.; **55**, Ralph A. Clevenger/Corbis Westlight; **56**, Russ Lappa; **57**, Uniphoto; **58**, Richard Haynes; **59**, Jim Cummins/Getty Images, Inc..; **64–65 todas**, Courtesy of Massachusetts Water Resources Authority, Boston, MA; **67**, Richard Haynes; **68t**, Russ Lappa; **68b**, Harrison Shull; **69**, Getty Images, Inc.; **71**, Bettmann/Corbis; **72 detalle l**, Digital Vision/Getty Images, Inc.; **72 detalle r**, Jouanne Thomas/Corbis; **72–73**, David Woodfall/Getty Images, Inc.; **73 detalle l**, Getty Images, Inc.; **73 detalle r**, Robert Goddyn/UPA; **74**, Tony Craddock/Photo Researchers, Inc.; **75**, Gabe Palmer/Corbis; **77**, Peter Essick/Aurora; **79**, AP/Wide World Photos; **79 detalle**, Svenja-Foto/Masterfile; **80**, Comstock; **81**, Grant V. Faint/Getty Images, Inc.; **82**, AFP/Corbis; **84**, Julia Waterlow/Corbis; **85**, Hubert Stadler/Corbis; **87**, AP/Wide World Photos; **88**, Hubert Stadler/Corbis.

Capítulo 3
Páginas 92–93, Ron Sanford/Corbis; **93 detalle**, Index Stock Imagery, Inc.; **94t**, Richard Haynes; **94–95b**, Aaron Chang/Corbis; **100l**, Robert Gill; Papilio/Corbis; **100r**, Jim Wark/Airphoto; **101**, Jim Wark/Airphoto; **102**, Gene Ahrens/Bruce Coleman, Inc.; **103**, Gene Ahrens/Bruce Coleman, Inc.; **104**, Fred Bruemmer/DRK Photo; **107**, Maher Attar/Corbis Sygma; **108–109**, Peter M. Fisher/Corbis; **110**, Alon Reininger/Corbis; **111b**, Norbert Wu; **111t**, Dave Fleetham/Seapics; **114**, Richard Haynes; **115**, Mark Thayer; **116**, Russ Lappa; **118**, Raven/Explorer/Photo Researchers, Inc.; **119**, Jeffrey Greenberg/Visuals Unlimited; **121**, Andrew J. Martinez; **123**, Richard Haynes; **124l**, Fred Bruemmer/DRK Photo; **124r**, Peter M. Fisher/Corbis.

Capítulo 4
Páginas 128–129, Darrell Gulin/Dembinsky Photo Associates; **129 detalle**, Richard Haynes; **130b**, State Library of NSW; **130t**, Russ Lappa; **131**, Herb Kawainui/HawaiianEyes.com; **131 detalle**, Photograph Courtesy Peabody Essex Museum; **132l**, Norbert Wu/Corbis; **132r**, Hulton Archive/Getty Images, Inc.; **133l**, Scott Camanzine/Photo Researchers, Inc.; **133r**, 2004 Jay Wade; **138–139t**, Dorling Kindersley; **139b**, Russ Lappa; **141**, Richard Dunoff/Corbis; **143l**, E.R. Degginger/Photo Researchers, Inc.; **143r**, Tim Heller/Mo Yung Productions; **148**, David R. Frazier; **148 detalle l**, Corbis; **148 detalle r**, George McCarthy/Nature Picture Library; **149b**, Andy Martinez/Photo Researchers, Inc.; **149t**, Lynda Richardson/Corbis; **150b**, Corbis; **150t**, Richard Haynes; **151l**, Doug Perrine/Seapics; **151r**, Andrew J. Martinez; **152**, Japack/Corbis; **153**, Australia Picture Library/Corbis; **153 detalle l**, Seapics; **153 detalle r**, Fred Bavendam; **154**, Corbis; **155**, Martin Ruegner/Image State/Picture Quest; **156**, Seapics; **156 detalle**, Bruce Robinson/Corbis; **157**, WHOI; **158b**, Seapics; **158t**, Richard Haynes; **160b**, Russ Lappa; **160t**, Clyde H. Smith/Peter Arnold, Inc.; **161**, Arnulf Husmo/Getty Images, Inc.; **163l**, Bob Torrez/Getty Images, Inc.; **163r**, Bill Nation/Corbis Sygma; **164t**, Frans Lanting/Minden Pictures; **164b**, Richard Haynes; **165**, Richard Haynes; **166**, Corbis; **166–167 fondo**, Corbis;**168**, Russ Lappa; **170l**, Corbis; **170r**, Doug Perrine/Innerspace Visions.

Página 173b, Panoramic Images; **173m**, University Art Collection, Tulane; **173t**, North Wind Picture Archive; **175**, Richard Pasley/Liaison/Getty Images, Inc.; **176 detalle**, Bettmann/Corbis; **176 página de periódico**, Russ Lappa; **176–177**, Clint Farlinger; **177 detalle**, Richard Sisk/Panoramic Images; **178**, Tony Freeman/PhotoEdit; **179b**, Russ Lappa; **179m**, Richard Haynes; **179t**, Russ Lappa; **180**, Richard Haynes; **182**, Richard Haynes; **184**, Morton Beebe/Corbis; **185**, Richard Haynes; **187b**, Richard Haynes; **187t**, Dorling Kindersley; **189**, ImageStop/Phototake; **192**, Richard Haynes; **199**, Richard Haynes; **200**, Russ Lappa; **201 ambas**, Russ Lappa; **202**, Bruce Robinson/Corbis; **203**, AP/Wide World Photos; **204**, John Paul Kay/Peter Arnold Inc.; **205**, Doug Perrine/Seapics; **206**, Norbert Schafer/Corbis.

Versión en español

Editorial Compuvisión México.

Créditos del personal

Marina Liapunov, Claudio Barriga.